我們的中國

我们的中国

李 零

生活·讀書·新知 三联书店

Copyright © 2016 by SDX Joint Publishing Company.
All Rights Reserved.

本作品版权由生活·读书·新知三联书店所有。
未经许可，不得翻印。

图书在版编目（CIP）数据

我们的中国／李零著．—北京：生活·读书·新知三联书店，2016.6　（2024.5重印）
ISBN 978 – 7 – 108 – 05557 – 6

Ⅰ．①我⋯　Ⅱ．①李⋯　Ⅲ．①人文地理学－中国　Ⅳ．①K901

中国版本图书馆CIP数据核字（2015）第239395号

问于父老（梁鉴摄）

第二编

周行天下

从孔子到秦皇汉武

目次

1　自序

7　大地上的《论语》
　　——电视纪录片脚本

125　读《鲁国之图碑》

149　秦汉祠畤通考

177　汾阴后土祠的调查研究
　　附录一：汾阴后土祠的祭祀活动
　　附录二：汾阴后土祠和孤山的地理位置
　　附录三：金《后土庙像图碑》的布局和榜题

267　从船想到的历史
　　——以东周、秦汉时期的考古发现为例

自 序

中国地理书，《禹贡》是第一经典。

《禹贡》以大禹治水为母题，只讲山水泽地和以山水泽地界画的九州，不讲政区，但此书却是汉魏以来所有地理书的源泉。汉魏以来的地理书，不但讲山水泽地，如《山经》、《水经》、《水经注》，要祖述《禹贡》；就连讲政区沿革，如以《汉书·地理志》为代表的各种郡国志，也要祖述《禹贡》。秦汉以来的郡县都是套在九州（或十二、十三州）的框架下讲。

《禹贡》讲禹迹，禹迹是大禹治水，随山浚川，一个脚印一个脚印走出来的。这个故事很有象征意义。

我认为，研究地理，走路很重要。不仅对研究山水泽地重要，就是讲政区沿革，也一样重要。

走路不光看山水，看风景，更重要是看人类活动的痕迹。中国山水，人文背景很深，研究地理，离不开考古。

考古是在地上地下做工作。考古和地理都是读地书。

古代没有现代化的交通工具：飞机、火车、轮船。旅行，除了双脚，只有舟车，太不容易。你不理解这一点，你就不能理解古人出远门是什么心情，你就读不懂古诗，没法明白生离和死别怎么差不多，亲人为你送行，为什么依依难舍，长亭更短亭，一程又一程。

古代行者有好几种，一种是军人，一种是商人，一种是寻仙访药的方士，一种是宦游天下的学者，一种是巡狩封禅、到处视察工作的帝王。士农工商，只有工蹲在城里，农待在乡下，不怎么挪窝。

我这本集子只谈三大旅行家，第一是孔子，第二是秦始皇，第三是汉武帝。孔子是宦游的代表，秦皇汉武是巡狩的代表。

孔子生于鲁，鲁是周公的封地。孔子一生都在做梦，梦想恢复西周大一统。这个梦叫周公之梦。中国的解梦书都是打着他的旗号。

周公之梦是第一个中国梦。为了推销这个梦，孔子周游列国，到过很多国家。《庄子·天运》借老聃之口，说他遍干七十二君，口干舌燥，一无所获。其实，所谓遍干诸侯，只是到过的国家比较多，比别人多而已，哪有七十二君？

读《史记》，书中有个《十二诸侯年表》。说是十二诸侯，其实除了周，一共是13个国家。这13个国家是《左传》中最活跃的国家，即孔子时代最主要的国家。西周封建，以洛阳为中心，在殷商故地设五大占领区，齐、鲁、晋、卫、燕。这五个国家最重要。其次是洛阳以东的五个小国：曹、郑、宋、陈、蔡。其次是秦、楚，一个在洛阳以西，一个在洛阳以南。吴国，相传是吴太伯之后，本来很重要，《史记》三十世家，它是第一家，但表中列在最后。

春秋晚期，晋、楚最强，孔子最想去，但去晋被子路拦阻，去楚遭叶公拒绝，他只到过楚国的边境。燕在齐北，吴在鲁南，他没去。孔子到过几个国家呢？除了他所在的鲁，我们可以算一下。早先，他去过周、齐。晚年，他去过卫、曹、宋、郑、陈、蔡、楚。上述13

国,加上周,一共14国,他去了10个。10个国家,这在当时已经不得了。但他老人家终其一生,足迹从未出于山东、河南二省。

读《论语》,太史公的读法是当传记读,我最欣赏。2007年,我分两次,一次山东,一次河南,追随孔子的足迹,到过孔子去过的所有地方。

我读《论语》,是读大地上的《论语》。孔子旅行的出发点是曲阜,曲阜有什么古迹,有幅地图很重要,我对《鲁国之图》碑上的地名一一做了考证,收获很大。

周公之梦,孔子没做成。晚年的他,灰心丧气很失落。他说,他连话都不想说了,晚上做梦,连周公也梦不见了。然而,他万万想不到的是,再造中国,自有人在,这就是秦始皇和汉武帝。

秦始皇的大一统是中国的第二次大一统。汉武帝踵其事,进一步完善了这个大一统。

秦皇汉武得天下,来之不易。他们整天操心受累跑大圈,全是为了看住守住这个得来不易的大一统。

秦皇汉武的巡狩封禅固然是模仿大禹治水,但他们关注的事可不光是水涝灾害、贡赋输纳。他们还沿长城、黄河、长江,一路祭祀山川,一路寻仙访药,一路视察军国大事。

秦皇汉武靠郡县治天下,各种郡国志类的地理书因此而兴,越来越多,终于成为中国史书的一大类。《隋书·经籍志》始立地理类,就是以此类为主。现在的历史地理学，政区沿革是大宗。但有趣的是，《隋志》地理类的第一部却是《山海经》。《山海经》是寻仙访药的导游书，本草、博物、志怪，全都搁一块儿，跟所有地理书都不一样。《汉书·艺文志》把它列入《数术略》的形法类，本来是当看风水的书。

《山海经》讲山水，照例会讲沉埋玉璧、奉祭酒食，其祠如何。《禹贡》也有"旅"这个术语。旅就是祭祀山川。这种活动，《史记·封禅书》、《汉书·郊祀志》言之最详。二书也讲敬祀鬼神，但与《山海经》有根本不同，它更关心的不是鬼神，而是鬼神管着的地。中国古代的封禅郊祀是以天地山川为核心。山也好，水也好，它代表的是中国这片蓝天下的土地，反映的是中国的天下观。它记载的祠畤往往见于《汉书·地理志》。研究《汉书·地理志》，这两篇东西是重要参考。

秦汉帝国的天下，东土和西土，分界线在崤函之地，即河南灵宝。崤函以西的祠畤是以甘泉宫、后土祠和雍五畤为中心，崤函以东是以八主祠为中心。

这些祠畤，从秦代到西汉结束，数量高达七百多所，很多已不得其详。为此，我曾带田天在渭水流域做调查，并指导王睿做论文，调查八主祠，发掘八主祠。我很希望她们能把这个工作做下去，有更多的人把这个工作做下去。我把我早先读《史记·封禅书》和《汉书·郊祀志》的札记收进此集，那只是个探路的作品。这次做了一点儿补充。

  2002年，我和唐晓峰还特意考察过后土祠，写过一篇调查报告，也算一个样品吧。

  这些研究都是围绕两次大一统。

2014年11月7日写于北京蓝旗营寓所

監本纂圖重言重意互註論語卷上

學而第一 凡十六章。陸氏音義曰以學為首者明人必須學也

集解 音義曰何晏集解

子曰學而時習之不亦說乎 馬曰子者男子之通稱也王曰時者學
昔以時誦習之誦習以時學無廢業所
為說懌說音悦注同補尺證反圝音亦
悅深而樂淺一云悅在内曰悅自外曰樂

有朋自遠方來 包曰同門曰朋

不亦樂乎

人不知而不愠不亦君子乎 慍怒也凡人有所不知君子不怒
紆問反鄭云怨也

有子曰 孔曰弟子有若

其為人也孝悌而好犯上者鮮矣 少也上言孝弟之人必恭順好欲犯其上者
鮮少也上好呼報反下同好犯下及注同鮮仙善反下及注同
重言鮮矣三本篇里仁陽貨各一

不好犯上

而好作亂者未之有也君子務本本立而道生

大地上的《论语》
——电视纪录片脚本

说 明

六七月份，天很热。传统文化更热。

很多人打电话，铃声不断。

凤凰卫视：世纪大讲堂、锵锵三人行、文化大观园、一虎一夕谈，我都谢绝了。

还有一回，央视什么人，打来电话，说他们组了个班子，领导高度重视，已经进驻某某大楼，诚聘文史界的专家，也包括我。我说，你怎么知道我，他说是孔庆东推荐。我说，我不善言辞，讲话没兴趣，如果可以，我倒有个建议，就是不妨上孔子走过的地方，一个地点一个地点，挨盘儿转一圈儿，我愿意跟着跑。后来没下文。

再后来，山东电视台找来了。一起来的，还有中华书局的几位。我的老朋友，曲阜长大的李肇祥，多年不见，也在座。他们家，"文革"那阵儿受迫害，被赶到孔林住，当年，谭厚兰带人挖孔子墓，他就在场，曲阜怎么批孔，他最清楚。

有人说，我是山西老西儿，不懂山东圣人。现在怎么样，孔子家的老乡来了，人家根本不这么看，叫我如何不感动。

饭桌上，听对方介绍，意思，我听明白了。今年孔诞，在山东曲阜，台里策划，推出个节目，叫《新杏坛》，如果同意，他们请我上头一讲，后面还有好几位。孔子说，"匿怨而友其人，左丘明耻之，丘亦耻之"。我说，跟骂我者同台演出，我不乐意。他们说，不不，不是同台演出，节目是分开录，我说不行。

说实话，我对媒体采访已经烦透了。以前，《中华读书报》打电话，我说，我不想谈这些，我想清静。他们就把这样的话也登出来：李教授说，他要清静。

这次，跟山东人见面，我说，我不想跟任何人凑热闹。说着说着，就转到上面的那个建议上来了。其实，只是随便一说。

我没想到，他们欣然同意。我很感谢他们的理解和支持。

事情就这么简单。我是这样走上孔子路的。

其实，这只是一次普通的访古，不是朝圣。

文物古迹，别时容易见时难，我希望用我的眼，用山东电视台的眼，记录我们看到的东西，给研究孔子留点资料。

上路前，我先做了一点案头工作。看地图，一个县一个县地查，《中国文物地图集》，山东分册没出，看他们的《文物志》；河南分册有，我把河南分册查一遍。还有《水经注》等地理书，以及有关的考古简报，攒了一肚子的问题。

曲阜是重点。我带了宋俞舜凯《鲁国之图碑》的摹本。

孔子一辈子，从未出过今山东、河南二省，明确记载的国家，不超过10个。

6月28日—7月10日，我们在山东境内，到过山东淄博市的临淄齐故城，以及天齐渊、河崖头5号墓和孔子闻韶处，临朐县的沂山和东镇庙，莒县的莒县博物馆和莒故城，费县的费邑故城，平邑县的龟蒙顶、颛臾古城、南武城和曾子墓，泗水县泉林镇的卞邑故城、子路巷、泉林和卞桥，曲阜市的鲁故城、三孔、颜庙、陋巷、周公庙、舞雩台、碑刻博物馆，还有附近的少昊陵和尼山一带，嘉祥县的武梁祠，济宁市的济宁市博物馆，汶上县的中都故址、蚩尤冢和所谓"九公墓"，宁阳县东庄乡的成邑故城，新泰县的梁父山，泰安市的泰山。

7月21—30日，我们在河南境内，到过河南新郑市的郑韩故城、郑伯墓地，洛阳市的王城遗址和成周城遗址、孔子问礼处、周公庙、天子六驾、三山王陵，叶县的叶县故城、叶公墓、刘秀庙，淮阳县的太昊陵、陈楚故城和弦歌台，上蔡县的上蔡故城、蔡叔度墓，商丘县的燧皇陵、阏伯台、宋故城遗址、明归德府城和文雅台，兰考县的仪封人请见孔子处，濮阳市的戚城遗址和子路坟，濮阳县的帝丘城遗址，内黄县的二帝陵，浚县的子贡墓，长垣县的蒲城旧治。

此行，凡历24个县市，行程6000公里。

为了拍电视，我给山东电视台写了个本子。他们拍了个片子，走走停停，总是要我讲点什么。我说，我只希望拍古迹，不喜欢出现在镜头里。

后来，这个片子没有播出，我觉得挺好，因为我的目的已经达到了。

[字幕]
这是一件说来偶然却也并非巧合的事情。

公元前800—公元前200年，特别是公元前500年前后，在几个世界上最古老的文明国度中，几乎不约而同，突然出现了一批伟大的贤哲：中国的孔、墨、老、庄，印度的释迦牟尼，波斯的琐罗亚斯德，犹太的以赛亚，希腊的巴门尼德、赫拉克里特和柏拉图……

在随后的两千几百年里，人类的精神一直追随着他们……

第一集
序幕：周公之梦

[题辞]

　　昔殷纣乱天下，脯鬼侯以飨诸侯。是以周公相武王以伐纣。武王崩，成王幼弱，周公践天子之位，以治天下。六年，朝诸侯于明堂，制礼作乐，颁度量，而天下大服。七年，致政于成王。成王以周公为有勋劳于天下，是以封周公于曲阜，地方七百里，革车千乘，命鲁公世世祀周公以天子之礼乐。（《礼记·明堂位》）

[画面]

1. 孔子像（用通行的《孔子行教像》），下注：孔子（前551—前479年）。
2. 《论语》（定州八角廊汉简本《论语》，《文物》1981年8期，1—10页；宋元版《论语》；现代出版的《论语》；《论语》的外文译本）。

[解说]

　　我们要讲的是一个真实的故事。故事的主人公是大家熟知的孔子，更尊敬的说法，是"孔夫子"。西方传教士创造的Confucius，就是"孔夫子"的译音。

　　他是一位古代经典的传授者，也是一位社会现实的批评家。他和他的学生聚在一起，经常品评人物，纵论天下。他们的对话集，就是著名的《论语》。

　　百家争鸣是发源于他，

　　虽然，他是诸子百家的攻击对象。

　　文官考试是发源于他，

　　虽然，他自己的仕途并不顺利。

[画面]

　　月光如水，树影婆娑。

[解说]

　　孔子，当世不得志，死后多殊荣。尽管人们赋予了他太多的头衔，将他神圣化，但他首先是人，和我们一样，有着喜怒哀乐的人。夜深人静，他也会做梦，像我们一样。

[画面]

　　1．周公像。

　　2．敦煌遗书中的《周公解梦》。

[解说]

　　孔子有个梦，贯穿他的一生。他常常梦见一个叫周公旦的人。

　　孔子有名，他的梦也有名。后世的占梦书，常常要托周公的名。

[画面]

　　1．黄土高原。

　　2．陕西岐山县的北部，凤凰山，西周早期的王陵就分布在它的五爪梁上。

[解说]

　　大国都是从小国崛起。

　　周公的周，原来只是一个小地方。

　　公元前11世纪，有个部落从今陕西西部崛起，在黄土高原的一隅。古人称为周原，现在也叫周原。

　　这个小国的首领叫西伯昌。据说，他是以孝、让立国。孝是尊老、敬老、养老，让是忍让、谦让、退让。他以这样的美德为号召，平息了虞、芮两国的领土之争，因而赢得了西土各国的拥戴，成为商王统治下的一方霸主，当时叫西方伯，后来叫周文王。

[画面]
上博楚简《容成氏》，上面的文字是：

……于是乎九邦叛之，丰、镐、舟、䚈、于、鹿、耆、崇、密须氏。文王闻之，曰："虽君无道，臣敢勿事乎？虽父无道，子敢勿事乎？孰天子而可反？"受闻之，乃出文王于夏台之下而问焉，曰："九邦者其可来乎？"文王曰："可。"文王于是乎素端褰裳以行九邦，七邦来服，丰、镐不服。文王乃起师以向丰、镐，三鼓而进之，三鼓而退之，曰："吾所知多尽，一人为无道，百姓其何罪？"丰、镐之民闻之，乃登文王。

[解说]
这是发生在商代末年的故事。当时的商王叫纣，历史上有恶名，几千年来，一直是暴君的代名词。

史书说，西伯昌在西方的势力越来越大，崇侯虎向纣王告状，说西伯昌积德行善，诸侯顺之，将不利于纣王。所以，纣王把西伯昌抓起来，关在羑（音yǒu）里（今河南汤阴）的一所监狱里。

西伯昌的手下用美女、文马和各种珍奇宝物贿赂商王。商王说，啊，这么多好东西，光是一件，就足以让我把他放出来了。他不但把西伯昌放出来，还赐之弓矢斧钺，授以征伐的权力。然后，西伯昌伐犬戎，伐密须，伐耆，伐于，伐崇，建都于丰。七年后，他死了。他的儿子继承他的遗志，终于推翻商朝。这就是所谓"武王革命"。

最近，上海博物馆发表的馆藏楚简透露出新的线索。原来，当西伯昌深陷牢狱之灾，而计无所出时，是一场叛乱救了他。这场叛乱，发生在今陕西中部和北部，山西南部和河南西部，参加者有九个国家，丰、镐、舟、罟、于、鹿、耆、崇、密须。纣王发愁，不知如何是好，西伯昌说，只要把我放出来，我可以平定这场叛乱。于是商王把他放出来，派他平定叛乱。

西伯昌出狱，如鱼得水。他是打着平叛的旗号，乘机扩大自己的地盘，不但夺取了整个关中地区，还占领了晋南豫西的夏朝故地，形成对商王朝的合围之势。孔子叫"三分天下有其二"（《论语·泰伯》）。

西伯昌死后，他的儿子周武王，继续东进，誓师孟津，决战牧野，一举推翻商朝。这件事是托福于西伯昌，受惠于他的怀柔政策。从此，周从一个蕞尔小国发展为泱泱大国，成为上古三代王朝中国力最强盛，文化最发达，疆域最辽阔的国家。西伯昌和他的儿子不一样，不是以武，而是以文，享有盛名。他们把西伯昌称为周文王。

孔子对这两位先王的功业极尽赞美，称之为"文武之道"。"文"是软道理，"武"是硬道理。他更喜欢软道理，即文王的文，自以为天降大任，自己的职责就是守护这种文。

[画面]

1. 凤凰山下的周公庙，其中有个对联，是讲周公之梦。
2. 遗址出土的西周卜甲（大龟背甲）。
3. 遗址出土的西周卜甲（带"周公"铭文）。
4. 西周铜器中的"周公东征"：禽簋、塱鼎（拓本和释文）。
5. 洛阳的周公庙，洛阳《周公庙》的《周公解梦碑》。
6. 曲阜的周公庙，宋真宗大中祥符二年（1009年）的《文宪王庙碑》。

[解说]

周公旦是周文王的儿子，周武王的兄弟，他和自己的父兄一起打天下，是周初的十大功臣之一。

周武王死后，他的儿子周成王即位。当时，天下未定，成王还是小孩，周公旦不顾流言蜚语，忍辱负重，一度摄政，七年后，还政成王，成为后世贤臣的榜样。他是中国历史上最有名的顾命大臣。

周公旦住在洛阳，负责镇守东方和平定东方的叛乱。他把自己的长子伯禽封为鲁侯，即鲁国的第一代国君，而把自己的次子君陈留在身边。从此，伯禽的后代世世为鲁侯，君陈的后代世世为周公。

周原有周公庙，洛阳有周公庙，曲阜也有周公庙。

历代的周公，都是鲁国的远亲。

周公旦是鲁国的始祖，孔子最佩服的政治家。他封伯禽于鲁，是鲁国历史的开端。当时的命辞，早已失传，但有一段话，还保存在《论语》中：

> 周公谓鲁公曰："君子不施（弛）其亲，不使大臣怨乎不以。故旧无大故，则不弃也。无求备于一人。"（《论语·微子》）

孔子是个历史学家。

古人的历史观往往都是循环论。在他们看来，每个朝代，都有自己的盛世和衰世，就像每年的"寒来暑往，秋收冬藏"（《千字文》）。夏天，我们常常忘记冬天的寒冷，误以为严寒就是凉爽。冬天，我们又常常忘记夏天的炎热，误以为酷热就是温暖。

孔子是个带有理想色彩的复古主义者，但又非常现实。他赞美唐、虞，赞美三代，却并不打算回到遥远的古代。他要复的古，是离他最近的西周盛世，就像冬天怀念夏天，只是刚刚过去的那个季节。他的复古是有限复古。

孔子说，"周监于二代，郁郁乎文哉！吾从周"（《论语·八佾》）。从周的办法，就是从鲁做起，以鲁所保留的周礼作起点，以退为进，一步步向周公的时代迈进。

他在漫漫长夜中苦苦追寻，只是这个梦。

第二集
智者乐水，仁者乐山

[题辞]

　　孔子曰："知（智）者乐水，仁者乐山；知（智）者动，仁者静；知（智）者乐，仁者寿。"（《论语·雍也》）

　　孟子曰："孔子登东山而小鲁，登太山而小天下，故观于海者难为水，游于圣人之门者难为言。"（《孟子·尽心上》）

（一）打开地图

[画面]

1．春秋全图（标出齐、鲁、莒；秦、晋；周、宋、卫、陈、蔡、曹、郑；楚、吴、越；燕国和鲜虞）。

2．齐鲁全图（标出齐、鲁、莒、邾、滕、薛、郳）。

3．齐鲁大地（空中俯瞰，地貌）。

4．地图上的八主祠（祭祀遗址，标在齐鲁全图上）。

5．八主祠的镜头，海市蜃楼。

[字幕]（加在[画面]5下）

　　东五祠：成山日主祠（在今山东荣成市东北成山头）、芝罘阳主祠（在今山东烟台市北芝罘岛上）、莱山月主祠（在今山东龙口市东南）、三山阴主祠（在今山东莱州市北）、琅琊四时主祠（在今山东胶南市西南）。

　　西三祠：临淄天主祠（在今山东淄博市临淄古城南的天齐渊）、梁父地主祠（在今山东新泰市西北）、东平兵主祠（在今山东汶上县西南）。

[解说]

　　孔子生活在东周时代，当时的天下，小国林立，东方有齐、鲁、莒，

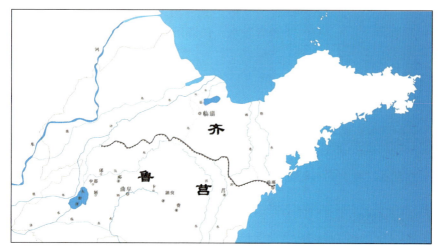

齐、鲁、莒

西方有秦、晋，中原腹地有周、宋、卫、陈、蔡、曹、郑，南方有楚、吴、越，北方有燕国和鲜虞。

今天的山东半岛，是古代天下的东方。这一地区，是商朝的大后方，星罗棋布，密布着许多东夷古国。它是个古国博物馆。

周人征服东夷，在这片土地上封建了齐、鲁二国。鲁国依山，齐国傍海，泰山以北横着一道齐长城，起平阴，终琅琊，把鲁国和齐国分开。土著莒国是夹处于齐、鲁之间。

鲁国的近邻，北面是齐国，东面是莒国，南面是邾、滕、薛、郳等小国，西面是曹、卫和宋。

秦始皇和汉武帝，巡行海上，从浙江绍兴到辽宁绥中。山东半岛，给他们留下了深刻印象。

他们的领土，自西向东，无远弗届，却止步于这海阔天空。"日月之行，若出其中；星汉灿烂，若出其里"（曹操《步出夏门行》）。前面是什么呢?他们充满了好奇。

东方著名的八主祠就是分布于此。

八主祠是由西三祠和东五祠组成。西三祠,代表天地人三才,分布在内陆。东五祠代表阴阳、日月和四时,面朝大海。

这是一片充满神奇的土地。

它是古代方仙道的故乡,也是古代圣贤云集的地方。邹鲁多缙绅之士,儒生是鲁地的一大特产。齐国有稷下学宫,也是天下的学术中心。

这就是孔子生活的土地。

(二)登东山而小鲁

[画面]

1. 蒙山:龟蒙顶,顶点碑,《孔子登东山小鲁碑》(新刻),登顶石阶旁的石刻(明崇祯九年刻)。

2. 峄山:《峄山碑》(在孟庙),登东山小鲁处。

[解说]

孔子爱山。鲁地多山,著名高山有泰山、徂徕山、鲁山、沂山、蒙山和崂山。最高峰,海拔都在1000米以上。鲁国就是以山东中南部的高山丘陵为依托。

孔子生于鲁,泰山在其北,蒙山在其东。

孟子说,"孔子登东山而小鲁,登太山而小天下"(《孟子·尽心上》),登上东山、泰山这样的高峰,才能缩地而观之,看见鲁国之大,天下之大。

孔子说的"东山",到底在哪里?一向有两种说法,一种是蒙山,一种是峄山。峄山不太高,海拔只有545米,但山形奇特,巨石累累,也是有名的山,秦始皇登临此山,曾留下著名的峄山刻石。

孟子是邹人。邹是古代的邾，秦汉改称邹。很多人都以为，孟子说的"东山"肯定是他老家的这座名山，没跑。

这两座山，后世都有"孔子登东山而小鲁处"，可以充分满足后人的想象。但峄山在鲁国之南，是邾国依托的小山，并不在鲁国之东；真正在鲁国之东的名山，其实是蒙山。

蒙山的主峰是龟蒙顶，在平邑县的东北，海拔1150米，是山东境内仅次于泰山的第二高峰。山上的风景，非常美丽。

(三) 登泰山而小天下

[画面]

1．泰山：岱庙，孔子登临处，玉皇顶、日观峰、月观峰。
2．沂山：东镇庙，玉皇顶和玉皇阁。
3．《泰山刻石》。
4．蒿里山，蒿里山出土的唐玄宗禅地玉册和宋真宗禅地玉册。
5．泰安东更道和泰安东更道出土的六件铜缶和一件铁盘。
6．孔子登临处，明《登高必自》碑。

[解说]

孟子说，孔子"登太山而小天下"，"太山"即"泰山"，本义是大山，很多名山，古代都叫大山或太山，如华山也叫华太山，霍山也叫霍太山。

山东的泰山有两座，一座是五岳之首，即所谓东岳。另一座是东泰山，隋唐以来，改名沂山。

泰山，其最高峰，玉皇顶，海拔1524米，是山东最高的山。

沂山是五镇之首，即所谓东镇。其最高峰，海拔1032米，也是有名的山。

北京的天坛、地坛、先农坛，都供奉着它们的牌位。

泰山是古代最著名的山。

古代帝王，封禅泰山，前后有六次。封是在高山之上，封土为坛，祭天；禅是在小山之下，除地为场，祭地。封，只在泰山之上；禅，地点很多。如泰安市的蒿里山、社首山、介丘山、亭亭山，新泰市的梁父山、云云山，莱芜市的肃然山。

齐鲁，好讲阴阳五行。泰山，坐北朝南，山上祭天，山下祭地，左边是日观峰，右边是月观峰，就像北京的六坛，天坛在南，地坛在北，日坛在东，月坛在西，也是体现这种安排。

登高可以望远。

泰山上，有四望天下的各种景点，如瞻鲁台、周观峰、秦观峰、越观峰等等。

古人说，"会当凌绝顶，一览众山小"（杜甫《望岳》）。只有站在这样的制高点，才能尽收天下于眼底。

泰山顶上有著名的《泰山刻石》。秦始皇统一天下，李斯为了宣传他的伟业丰功，为他刻了六块大石头，四件都在山东。这些珍贵文物，经历代椎拓，只剩残石，现在藏于岱庙之中。

1747年，清乾隆十二年，泰山日观峰出土过宋真宗祭天的两匣玉册（下落不明）。

1931年，泰安市蒿里山出土过唐玄宗禅地玉册和宋真宗禅地玉册（现藏台北"故宫博物院"）。

1954年，泰安市东更道出土过六件铜缶和一件铁盘（铜缶有铭文，作"右冶尹"和"楚高"，现藏山东省博物馆）。

这些都是古代祭祀泰山的遗物。

一般认为，孔子登临的泰山就是泰安市的泰山。

孔子登临处在泰山脚下。《礼记·中庸》说，"登高必自卑"。

(四) 智者乐水

[画面]
1．汶水、泗水、洙水、沂水。
2．尼山孔庙的观川亭，山下的沂河和尼山水库。
3．卞邑故城。
4．卞桥。
5．卞桥镇。
6．泗水泉林。

[解说]
孔子接触最多的河是四条河：汶水、泗水、洙水、沂水。

他周游列国，去过卫国。卫国挨着黄河，是著名的黄泛区。古人说，他临河而叹，没有过黄河（《史记·孔子世家》）。过了黄河，就是晋国的地盘。

孔子乐水，喜欢在水上钓鱼。

他有一句名言，"子在川上曰：'逝者如斯夫，不舍昼夜！'"（《论语·子罕》）这是感叹人生苦短，时光流逝，像河水一样。他还有一句话，是"钓而不纲"（《论语·述而》），即只用渔竿钓鱼，不用大网捞鱼。

这两句话，都是很普通的话。

他老人家从未说明，他是在哪条河边发感慨，哪条水上钓鱼玩，放心，自有好事者替他安排。尼山孔庙和泗水泉林都有"孔子观川处"。"孔子钓鱼处"，也是到处都有。

这当然是后人的附会。

泗水泉林，水特别好。

陪同我们参观的是泗水宣传部部长韩继迁先生。

卞桥也特别美。

这座桥，一边是金大定年间的石刻，一边是明嘉靖年间的石刻。栏板

泗水卞桥：子路故乡卞邑的桥

卞桥栏板上的雕刻：卞庄刺虎图

上的图画，皆有题记，其中一幅是《卞庄刺虎图》。卞庄子是卞邑出名的勇士。

那里有个卞桥镇，镇上还保留着卞邑故城的城墙。

这里有子路巷，传说是子路的故乡。

陪同我们参观的是王衍佑老师。王老师今年74岁，现在退休，参加编县志。他说，他有个哥哥，在加尔各答和河内当公使级参赞。

卞邑是卞庄子和子路的老家，那里是出勇士的地方。

子路之勇，常人不能及。

(五) 浮海居夷

[画面]

1．成山头。

2．芝罘岛。

[解说]

山东的海域，是在齐国境内和莒国境内，鲁国没有海。

孔子到过海上吗？这是很多人都想知道的一件事。

孔子晚年很失望，他赌气说，"道不行，乘桴浮于海。从我者，其由与（欤）？"要说航海，谁会跟我走，只有子路吧？子路听说，甭提多高兴。因为老师很少夸他。然而，老师接着说，"由也好勇过我，无所取材"（《论语·公冶长》），你倒比我胆大，可造船的材料还不知在哪儿呢。

还有一次，孔子说，他想搬到九夷之地住。九夷是江淮一带少数民族居住的地方。有人对他说，那样的地方也太简陋了吧，怎么能住？他说，"君子居之，何陋之有？"（《论语·子罕》）

这只是发发牢骚而已。

他并没航过海，也没真去九夷。如果去，也恐怕是去琅琊，从山东胶南，乘船去江浙一带。

今连云港孔望山，据说是孔子望海的地方，山上还有所谓孔子问郯子的问官台，这些都是后人附会。

《庄子·天运》说，孔子自称，他拜见过七十二个国君，这是庄周寓言的夸大。其实，除去鲁，孔子只到过周、齐、卫、曹、宋、郑、陈、蔡和楚国的边境，充其量，也就是九个国家。最西，他到过周都洛阳；最北，他到过齐都临淄；最南，他到过陈都淮阳、蔡国的故地和楚国边境的叶县。

这些国家，除齐、楚是东方大国，大部分都是小国。他没去过秦、晋、燕、吴、越，也没到过楚国的腹地。

他这一辈子，到处奔波，却从未出过今山东、河南二省。他的旅行范围，没法和秦皇汉武相比。

他是平民，只能自费旅行。

(六）可信的不可爱，可爱的不可信

[画面]

　　1．出发。

　　2．旅途。

　　3．问路。

　　4．跋涉。

　　本片是一部人文地理考察性质的纪录片。在本片中，我们将带领大家，游览孔子曾经居住和可能到访的地方，以时为经，以地为纬，沿着他的足迹，重新体会孔子，重新领悟《论语》。

　　我们长驱万里，辗转于二十多个县市，在现代城市的水泥榛莽中，在野草丛生的荒郊野外，到处寻找孔子当年活动的遗迹。

　　我们究竟还能看到什么？出发之前，难以想象。

　　然而，我们来了，我们看到了。

　　想到的都看到了，没有想到的也看到了。

　　希望大家能分享我们的快乐。

　　我们的发现，可以分为四类，一是孔子到访的山川河流，最古老；二是他到访的古城旧邑和有关出土物，也是孔子时代的遗物；三是后人创造的古墓和祠庙，年代比较晚，多半是宋元以来，特别是明清时期的东西；四是仍然活动在这些地点的父老乡亲，他们的生活，他们对古代的记忆、传说和想象……

　　中国的古迹分两种，一种是古代原有，岁月沧桑，残存于地面，或出土于地下，荒烟衰草，断壁残垣，并不好看。然而，它们是真古迹。还有一种，则是后人登临怀古，发思古之幽情，为寄托感情，为满足想象，人为造出来的东西，不管怎么雕梁画栋、金碧辉煌，也毕竟是人为制造，孔子见不着，也想不到。

王国维说，"可信者不可爱，可爱者不可信"（《三十自序二》，收入《王国维遗书》，上海：上海古籍书店，1983年，第五册，《静庵文集续编》，21页正—22页背）。

你要分辨两者的不同。

人为制造的古迹也是古迹。"凡弊者新之，狭者广之，下者高之，旧所无者创之"（开元七年《孔夫子庙碑》）。这种纪念性或凭吊性的古迹，虽不同于前者，年代也相对晚一些，但来源仍然可能比较早，同样属于文物保护的范围。更何况，它背后的想象，本身也是个连续的传统。

由于近现代的破坏，特别是"大跃进"和"文革"的破坏，很多古迹都不复存在。近年来，配合旅游开发，各地又重修和兴建了许多崭新的古迹，新则新矣，往往豪华而丑陋。

这次拍摄，沿途所见，孔子到过的古城，想不到，大部分还在，但很多遗址，都岌岌可危。古建往往是推倒重来，让人不胜唏嘘。而更可扼腕叹息的是，我们的这些创造，也将作为我们这个时代的古迹，被我们的后人登临凭吊。

古物，凡是可以被人利用，下场一律很惨。

在没有文化的愚夫愚妇看来，古物被保存保护在博物馆里，供人观赏，那有什么用。他们根本不知道，历史价值，思想价值，也是一种价值，而且是更高的价值。

文史哲，都是以无用为用。

比如石刻，如果不是作为文物，只是作为石头，它有什么用？不是被人修桥铺路，就是被人垫房砌墙，再不然，就是拿去烧石灰。古城是土墙，用途比较小，搬不走，卖不掉，两三千年过去，还在，实在是命大造化大。但即使土墙，也有一点用，人民群众的力量是无穷的，他们挖山不止，挖土不止，土城上面植树种庄稼，土城旁边，非法盖房子，几乎到处如此。它们的保护，存在很多问题。也许哪天就见不到了。

别时容易见时难。

古为今用,对古物是毁灭性打击。它对我们的启发,还不只是文物。

现在,野外的石刻,随时都有被盗的危险。出于无奈,它们大多都已搬离原址,收藏于县市的文物部门。将来,很难知道是哪里的东西。

比如我们考察的蚩尤冢,冢前立着块蚩尤碑,就在我们到达之前不太久,今年4月27日,已经失窃,至今没有破案;我们在蒙山脚下拍摄《重修颛臾王庙碑》,临走,还嘱托蒙山的管理部门,一定要把这块残碑收起来。但我们前脚刚走,东西就丢了。

令人痛心呀!

第三集
父母之邦

[题辞]

　　柳下惠为士师,三黜。人曰:"子未可以去乎?"曰:"直道而事人,焉往而不三黜?枉道而事人,何必去父母之邦?"(《论语·微子》)

　　孔子之去齐,接淅而行。去鲁,曰:"迟迟吾行也,去父母国之道也。"(《孟子·万章下》)

(一)少昊之虚

[画面]

1. 曲阜市地图。
2. 《鲁国之图碑》上的景灵宫。

3．寿丘牌坊。

4．宣和大碑。

5．景灵宫遗址（废墟）。

6．少昊陵前院。

7．少昊陵后院：前面的石坛。

8．少昊陵后院：后面的土丘。

9．登丘四望，看少昊之虚。

[解说]

孔子是宋国贵族孔父嘉的后代。孔父嘉是宋国的大司马。宋国是他的"祖国"，即西周以来，他的祖先世代居住的国家。

周灭商，封商朝的后代于宋。宋国的贵族是前朝遗老。他们的特点是守旧、古板、死心眼。比如宋人热衷占卜，特别执着。宋襄公，自称"亡国之余"，"不鼓不成列"（《左传》僖公二十二年），死守古代军法，不肯趁楚师半渡，没有摆好阵势，发动攻击，兵败身死，被天下笑。

孔父嘉被杀，孔子这一支是避乱而移居鲁国，传到他这一代，大约是第四代。他爸爸是新移民，妈妈是鲁国人。鲁国是他的"父母之邦"。

鲁国，是周公东征，占领商奄故地，在东方建立的殖民国家。周公封长子伯禽于此，建立鲁国。

古人说，鲁是建于"少昊之虚"（《左传》定公四年），即今曲阜市一带。曲阜市是中国著名的旅游城市，它是以孔子故里而著称。

曲阜这个名称，见于《礼记·明堂位》，很早就有。它是以一道隆起的土岗而得名。这道土岗在哪里？古书说法不一，有人说在城中，有人说在城东，其实，更可信的说法，它是位于鲁城的北面，从今少昊陵一带，一直延伸到鲁城西北角外，然后向南拐，贴着西墙的外侧。

曲阜市的前身是两周时期的鲁故城。鲁城改名曲阜是隋开皇十六年（596年）。北宋大中祥符五年（1012年），曲阜县一度改称仙源县，移治

景灵宫遗址

景灵宫,即现在的寿丘和少昊陵。金代又改回来,仍叫曲阜县。鲁城或曲阜,分开讲,是两个地方,鲁城在西,曲阜在东,合起来,都叫鲁城,都叫曲阜。

宋真宗是个热衷复古的皇帝,他对鲁城的发祥地情有独钟,所以把县城搬到寿丘和少昊陵,给它起了个神秘的名字。

北宋的仙源县,县衙在曲阜鲁故城东北的景灵宫,即今旧县村附近。"旧县"就是仙源县。它是鲁国的发祥地。

宋代的仙源县是什么样?有一幅石刻古地图,为我们提供了宝贵线索。这幅古地图,就是宋绍兴二十四年(1154年)俞舜凯的《鲁国之图碑》(曹婉如等编《中国古代地图集(战国—元)》,北京:文物出版社,1990年,图版49—51)。俞舜凯是南宋人,但地图反映的是北宋的仙源县。它对理解孔子故乡的古迹，帮助非常大。在下面的叙述中，我们将随时提到它。

这幅地图上的景灵宫，是建于宋真宗大中祥符五年。从画面上，我们还能看出，这是一组规模宏大的建筑，原来的面积比当时的孔庙和周公庙都大。

对比宋代的地图，我们可以看一下现在的寿丘和少昊陵。它们的前身是景灵宫。

宋代的景灵宫，其实有很多宫殿。地图只能表现其大概。它分前后两部分。前院，南面开两门，东西各有一门。三组建筑，第一组标"县衙"、"县学"；第二组标"景灵宫"，第三组标"太极观"。后面的院子，标"寿丘"。

现在的寿丘和少昊陵，宽度减少，但长度还摆在那里。从南往北走，有很长一段路。

我们看到的，首先是寿丘坊。

寿丘坊的北面是一个院子，院内有荷花池，两旁巍然屹立，是宣和大碑。

宣和大碑，是宋徽宗所立。大碑原有四通，还没来得及刻字，金兵就来了。我们从日伪时期的老照片看，这些大碑都是躺在地上，碎成很多块。现在立在荷花池旁的大碑，是其中的两通，东边一通无字，西边一通有两个大字："庆寿"，字是元至元四年（1267年）燕山老人补刻，横着写，从右往左读。它们是1991和1992年，经过修补，才立起来的。其他两通，打碎的残碑，还在院子的后面。

这两通大碑，抬头仰望，非常高，通高16.95米，宽3.75米，厚1.14米，光是赑屃（音bì xì），即驮碑的大龟，就比人还高，高达2.22米。宋代把这么大的碑拉到此处，再立起来，真不知要耗费多少人力，俗称"万人愁"。它比河北正定的五代大碑还高，堪称天下第一碑。正定的五代大碑，是打碎后埋在地下，出土后加以拼缀，估计原高14—15米，宽3.6米，厚0.88米（郭玲娣、樊瑞平《正定出土五代巨型石龟碑座及残碑》，《文物》

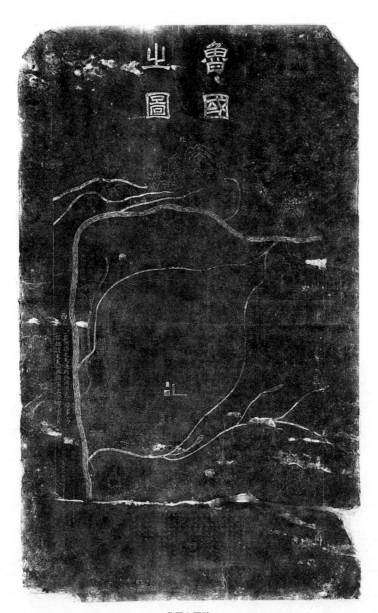

鲁国之图碑

宣和庆寿大碑

2003年8期,67—76页),比起这两通大碑,还是小了点。

然后,出此院,往北走,是一条长路,两边,古柏参天。约120米,有一堆石块,石块很大,俗称"八卦石"。这就是景灵宫遗址暴露在地面的部分,北边有保护标志。项春生告诉我说,有文献记载,景灵宫中原有黄帝夫人像,毁于火。

然后,再往前走,约80米,是清代的少昊陵。

现在的少昊陵是乾隆三年(1738年)修建。宋代叫寿丘,丘字犯孔子讳,金元改称寿陵,清代又改称少昊陵。

我们看到的少昊陵,分前后两部分:前院是享殿,殿宇前,有明清碑刻;后院,前有石坛,状如金字塔,俗称"万石山",是用一块一块石板贴起来的。坛顶有个小亭,亭里有个石像,据说是少昊像。《鲁国之图碑》,景灵宫的后面是"寿丘",它的前面有三座殿,后面是这个坛。元杨奂《东游记》提到这个坛,说"前有白石像,为火爆裂",就是上面提到的石像。这个石像,"文革"时期,头部被砸毁。但日伪时期的老照片,上面还有这个像,杨奂说,坛有石栏,"穷工极巧,殆神工所刻也",现在已看不到。

绕过"小金字塔",后面是个小丘,状如坟丘。登丘远望,可见院外是一片高地,有铁路从后墙外穿过。院内的小丘是连着外面的高地,其实是这片高地的一部分。《鲁国之图碑》只画前面的坛,后面看不见。院墙以北,标注"穷桑"。

这里的少昊陵,既名寿丘,又叫少昊陵,是何缘故?大家会问:它们究竟是一回事,还是两回事?如果是一回事,为什么有两个名?如果是两回事,它的哪一部分是寿丘,哪一部分是少昊陵?

查阅古书,答案并不复杂。

中国古代传说,既说黄帝生寿丘,寿丘在鲁城东门之北,又说黄帝和少昊都是在穷桑登帝位,都曲阜,甚至说穷桑就是曲阜(《史记·周本纪》

河北正定出土的五代大碑（碑额）

河北正定出土的五代大碑（龟趺）

少昊陵：嬴姓祖庭

正义引《帝王世纪》和或说）。这个后院，既称寿丘，又称少昊陵，原因在这里。

看来，寿丘、穷桑、曲阜，都是少昊之虚的不同说法。

少昊之虚是曲阜鲁城的象征。

中国的古城，往往有这类古迹。我们在其他古城，也经常碰到这类古迹。它们都是以传说人物，作为古城的符号。

(二) 尼山、颜母山和防山

[画面]

1. 曲阜市地图。
2. 《鲁国之图碑》上的尼山、宣圣庙、毓圣侯祠。

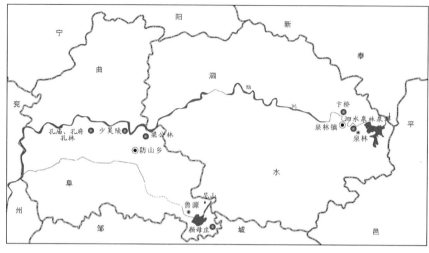

曲阜

3. 鲁源村,《古昌平乡碑》,刘氏家祠。

4. 尼山五老峰。

5. 夫子洞。

6. 尼山孔庙,庙中的批孔标语。

7. 毓圣侯祠。

8. 孔子观川处。

9. 颜母山。

10. 颜母祠。

11. 扳倒井。

12. 颜林(颜子墓)。

13. 防山。

14. 梁公林(齐国公墓)。

[解说]

出曲阜鲁故城，向东南走，是孔子的出生地和他父母的葬地。

陪同前往的是曲阜市文物局的项春生副局长。

孔子的爸爸叫叔梁纥（音hé），是陬（音zōu）邑宰或陬邑大夫，即鲁国派驻陬邑的长官；妈妈，叫颜徵在。

司马迁说，孔子的出生地是鲁国昌平乡的陬邑，即汉代昌平乡下面的一个小地方（《史记·孔子世家》）。昌平乡是以昌平山而得名。

今曲阜市东南角的鲁源村，据说，就是孔子的故乡。

我们一进村，就看到了康有为题字的《古昌平乡碑》，树在十字路口。项局长说，这不是原碑。现在，文物在野外，必丢无疑，他把它藏了起来。

1912年，辛亥革命后的第二年，康有为和陈焕经成立孔教会，要把儒教立为国教。他们打的是中国旗号，学的是西方传统，模仿欧洲大一统，宗教大一统。这是受西方侵略的强烈刺激。他们看到，西人除船坚炮利，还有精神武器。

国粹只是表面文章。

此碑是1924年立，碑文用孔诞纪年。康氏跟耶诞抬杠，上款作"孔子生二千四百七十五年"，下款作"甲子九月康有为敬书"。甲子是西历的1924年。

当时的中国，水深火热。康氏以为，只有孔教，才能救中国，当然要到这里朝拜。

鲁源村，村南是昌平山。这里是孔子的老家，但村中的居民，没有一个姓孔，多数都姓刘。村里的老房子，已经拆得差不多。村南有个老房子，是刘氏的家祠。看来，姓孔的居民早就离开了这个穷苦的乡村，去向是曲阜城。

然后，我们去看尼山五老峰。

尼山，在鲁源村的东南，原名尼丘山，孔子取名孔丘，字仲尼，就是根据这座山。后人去掉丘字，是避孔子的名讳。

尼山有五峰，也叫五老峰。狭义的尼丘，专指中峰。

司马迁说，孔子生下来，和别人不一样，他的脑瓜，形状比较怪，四边高，中间低（《史记·孔子世家》），和尼丘一个样。但令人不解的是，人的脑瓜怎么会长成这个样。过去，有一张照片，从空中拍的，此山的中间真的是凹下去一块。出于好奇，我们很想看看上面是什么样，可惜从山下看不见。

夫子洞在山下，尼山孔庙在山腰，是这里的两个景点。

夫子洞，也叫坤灵洞，是个非常小的洞，人只能俯身而入。洞内原有石床石枕和孔子石像，洞口立着《尼山孔子像记碑》，刻于元至元三十一年（1294年）。"文革"期间，洞被捣毁，现在是用石板搭建。石像无存，碑移尼山书院。传说孔子就出生在这个洞里。

另外，古书还有一种说法，孔子是生于女陵山的空窦（《水经注》卷二五、《史记·孔子世家》正义）。

女陵山在什么地方？它是尼山的别名，还是另一座山？古书没有说。《鲁国之图碑》上有"女陵山"，位置在尼山西南，旁边是"白陵山"、"孟子墓"、"孟子庙"和"四基山"，看来已入今邹城市的北境。空窦，即孔窦，汉《建宁元年史晨碑》提到"孔渎、颜母井"，"孔渎"就是孔窦。这是另一个夫子洞。

尼山孔庙，规模比较小，但年代比较早，据元后至元五年（1339年）的《尼山书院碑》记载，此庙始建于后周显德中（954年）。《鲁国之图碑》作"宣圣庙"。"宣圣庙"是唐朝的叫法。

这个庙中，还有"文革"批孔的标语，历历在目。

尼山孔庙的西跨院有毓圣侯祠，《鲁国之图碑》作"毓圣侯庙"。所谓毓圣侯，是尼山的山神，孔子出名，山也封侯。

孔庙东南角有孔子观川亭。登亭眺望，可见沂河南注，汇成尼山水库

尼山夫子洞：相传孔子出生处

尼山孔庙

（也叫圣水湖）。

然后，我们驱车前往颜母庄，路上拍摄颜母山和尼山水库。

颜母庄，是个集市，非常热闹。这个村，据说是孔子妈妈家，也就是孔子他姥姥家。但这里的居民，也没有姓颜的。

穿过颜母庄，一条大路，通往山头村。路上可见颜母山的背面。山上有采石场，已被勒令停工。

颜母祠，在山头村的一块高地上，大门紧锁，不得其门而入，有村民说，没关系，东墙有洞。在他的带领下，我们从这个洞进入。

院子很小，乱草丛生，地上躺着一通明代的残碑，即弘治六年（1493年）的所谓《颜母祠碑》，碑首在屋里，靠墙放着。

碑是六十一代衍圣公孔弘泰等立，原文作"有周故孔夫子外祖颜府君祠"，它纪念的不是孔子的妈妈，也不是孔子的姥姥，而是孔子的姥爷。

颜母庄有扳倒井，在颜母祠西。这口井，"文革"遭破坏，现在重修，水势已大不如前。

最后，我们来到孔子父母的葬地梁公林。

梁公林，在曲阜东，泗水南，防山北。梁公是孔子的爸爸叔梁纥，《鲁国之图碑》作"齐国公墓"。"齐国公"是宋代的叫法，元代封启圣王。

这里有两座墓，一座是孔子父母的合葬墓，墓碑是金明昌五年（1194年）立，作"圣考齐国公墓"，叫法和《鲁国之图碑》一样，墓前有元代的翁仲；一座是孔子哥哥的墓，墓碑是明永乐年间立，作"圣兄伯尼墓"，孟子的哥哥叫孟皮。孟是庶长，不能称伯。孟皮称伯尼，完全是杜撰，不但没有根据，也不合古代的惯例。

颜府君祠：孔子外祖父的祠

梁公林：孔子父叔梁纥墓

(三) 曲阜鲁故城

[画面]

1. 曲阜市地图。
2. 曲阜鲁故城遗址遗迹分布图（山东省文物考古研究所等《曲阜鲁国故城》，济南：齐鲁书社，1982年）。
3. 《鲁国之图碑》上的鲁故城。
4. 鲁城周围的河流：泗水、洙水、小沂河、大沂河。
5. 曲阜鲁城的城墙、城门和道路。
6. 周公庙。
7. 鲁灵光殿遗址。
8. 石刻博物馆中的汉代石刻，有些石刻还保留了"文革"批孔的口号。
9. 明曲阜城：阙里、孔庙、孔子故宅门、孔府、陋巷、颜庙。
10. 孔林。
11. 舞雩台。

[解说]

曲阜这个名称，是以一道隆起的土岗而得名，刚才已经说过。它从今少昊陵一带，一直延伸到鲁城东北角外。

鲁城东北角外，郦道元也叫曲阜。他说，曲阜上有"大庭氏之库"和"季氏宅"。季氏宅内有"武子台"（《水经注》卷二五）。

季武子台是季武子宅内的台观。《鲁国之图碑》把"季武子台"标在鲁城东北角外，洙水、庆源河分叉的夹角内。此台居中，左边是"上春里"、"少昊里"、"洙南里"，右边是"大庭乡"。

大庭是神农，《鲁国之图碑》，城内与"齐门里"比邻，有个"神农里"，或与"大庭乡"有关。

"少昊里"则和少昊所居的"穷桑"有关。

它说明，这一带是寿丘曲阜向西延伸的部分。两个地方是同一个地理单元。

《鲁国之图碑》，鲁城西墙外，有一条南北向的土岗，也标"曲阜"。

曲阜市的前身是两周时期的鲁故城。这个古城，一直沿用到西汉中期。《鲁国之图碑》是画仙源县，但还是在城圈下面标注"古鲁城"。

我们可以看一下曲阜鲁故城的遗址遗迹分布图。在这幅图上，西周鲁故城，东西长、南北窄，四角椭圆，呈长方形，规模最大；汉代鲁故城，向西南收缩，略小；明代曲阜城，向西南再收缩，最小。这个小城，完全是以孔庙、孔府为范围，其实是个孔氏城。三个古城好像套装的盒子，打开一个，还有一个。《鲁国之图碑》，画法不太准确，它把鲁城画成了圆的。

曲阜的大盒子，是西周时期的鲁故城。此城由四水环绕。曾子说，孔子教于"洙泗之间"（《礼记·檀弓上》）。"洙泗之间"是鲁城的代名词。洙水和泗水是两条河。《论语·先进》讲四子侍坐，提到"浴乎沂，风乎舞雩"，曾点洗澡的"沂"，也是两条，现在叫大沂河和小沂河。《水经注》卷二五讲鲁城水系，郦道元说，泗水源于卞，现在的泗水县；沂水源于鲁城东南，尼丘山西北；洙水是泗水在鲁城东北分出的一支。

鲁城四水，洙水在南，泗水在北，没问题。小沂河在北，大沂河在南，也没问题。问题是，它的护城河，水从哪里来。

鲁城的护城河，北面和西面，比较清楚，它是以洙水为护城河。但东面和南面，不知是什么河。鲁城东面的护城河，南半截还有河道，北半截只剩干涸的城壕；南面的护城河，只有西半截，即明城南墙的一段还在，东半截也断流。过去多以为，洙水是发源于鲁城东北角的五泉，现在看来，并不正确。

洙水和泗水，二者是什么关系，古人有两种说法：一种是洙在北，泗在南；一种是泗在北，洙在南（《水经注》卷二五）。这是为什么？

对解开这个矛盾，《鲁国之图碑》也提供了重要线索。在这幅地图上，

西周鲁城东墙

鲁城的护城河是从泗水分出的两个支流。偏北的一条，顺北墙和西墙，在鲁城西侧注入"泗水"，这是"洙水"。洙水在五泉分叉是对的，但不是在五泉发源。偏南的一条，顺东墙和南墙，在鲁城西南，注入"泗水"，这是"庆源河"。"庆源河"是泗水的支流，也可视为泗水。"洙泗之间"是这两个支流之间。只有这样理解，古人说的"阙里背洙面泗"（《水经注》卷二五引《从征记》）才讲得通。沂水，图中有四条支流，最西的两条，一条未标水名，一条是"沙河"，源头在上游，图中看不到；往东走，才标"沂河"，源头在尼山、防山一带；再往东走，是"雩水"。"雩水"是从"逵泉"发源。它是以舞雩台而得名，但图中未标舞雩台，只有"舞雩里"和"雩坛里"。"逵泉"的西边也有"泉台里"，都是相关的地名。南边的四条河，雩水是现在的小沂河，沂水是现在的大沂河。《论语》说的"沂"，郦道元说的"沂水"，就是指这两条河。

42

在《鲁国之图碑》上，鲁城的护城河有三座桥，洙水上一座，是通"孔林"；庆源河上两座，一座通"大庭乡"，一座通"始明门"。

鲁故城，城内多半是被晚期的东西覆盖，但西周的城墙还在。"文革"结束后，1977年3月—1978年10月，山东省的考古工作者对曲阜鲁故城进行过全面勘查。据钻探实测，东墙长2531米，南墙长3250米，西墙长2430米，北墙长3560米，总长11771米。城墙的东南部保存最好，墙高10米，基宽50米。墙下立有保护标志和石刻的平面图。

这座古城，分布着鲁侯的宫庙台观、贵族的府邸、平民的住宅、手工作坊和市场，还有当地土著和周移民的墓葬。其布局到底是什么样，要靠考古发掘去揭露。我们只能从现存遗存，琢磨一下它的大致格局。

首先，它有12座城门，过去探出11座，缺南东门，项局长说，经发掘，已经补全，确实是12个。

附注：

这12座城门的名字，《鲁国之图碑》上都有（用字幕表现）：

东三门：东北始明门、正东建春门、东南鹿门。

南三门：东南章门、正南稷门、西南零门。

西三门：西南归德门、正西史门、西北麦门。

北三门：西北龙门、正北圭门、东北齐门。

图上，城门附近，或有以城门命名的里名，如"齐门"内有"齐门里"，"始明门"外有"始明里"，"建春门"外有"建春里"，"归德门"外有"归德里"。

这些城门，见于古书，有一些不同说法。如稷门也叫高门（《水经注·泗水》），《鲁国之图碑》在"稷门"内标注"高门里"；史门也叫吏门（《公羊传》闵公二年），史吏相通；鲁城北门，也叫争门或净门（《公羊传》闵公二年、《说文·水部》）。

另外，鲁城还有郭门或外门，如莱门（《左传》哀公六年和八年），《鲁国之图碑》在"始明门"外标注"莱门"，杜预说是"鲁郭门也"；石门（《论语·宪问》），郑玄说是"鲁城外门"；子驹门（《左传》文公十一年），贾逵、杜预说是"鲁郭门"。

其次，《考工记》的王城，是九经九纬，它也有五条横街，五条纵街。这些街道，多不可考。

我们只知道，鲁城有一条叫"五父之衢"的街道。据说，孔子的母亲死后，他想把父母合葬，却不知父亲葬在何处。他把母亲的棺材停在五父之衢，向路人打听。最后，问过"郰曼父之母"，才知道自己的爸爸是葬在防（《礼记·檀弓上》）。古人说，五父之衢是"鲁县东南道名"（《左传》襄公十一年杜预注）或"曲阜县东南二里鲁城内"（《史记·孔子世家》正义引《括地志》）。但《鲁国之图碑》有"五父里"，却是标在鲁城的东北角。

鲁城似可分为六区，北三区，南三区。

在《鲁国之图碑》上，北三区，是以"文宪王庙"即周公庙居中，东为"胜果寺"，西为"白鹤观"。"胜果寺"东是"臧武子井"、"神农里"、"齐门里"和"颜林"。"白鹤观"西是"褒圣里"、"孔圣村"、"庄公台"和"昭公台"。南三区，是以鲁灵光殿遗址的南部和古泮池居中，西为"文宪王庙"即孔庙，东为"义门东氏宅"和"开元里"。

"白鹤观"，今已不存。

"臧武子井"，旧有元至正年间（1341—1368年）的《臧武子故台碑》，现藏孔庙中。

鲁城内有很多夯土台基，它们到底是什么建筑的遗存，古书有不少说法，学者有很多猜测。

鲁城最重要的夯土台基，要属郦道元所说"臧武子井"西面的"周公台"，即今周公庙和周公庙以北的夯土台基，地势最高。

周公庙：相传子入太庙每事问处

周公庙，就是《论语》两次提到的"太庙"。现在的周公庙，是清代的周公庙，规模比较小，位置偏南。庙中有宋大中祥符二年（1009年）的《文宪王庙碑》。"文宪王庙"是宋代的叫法。《鲁国之图碑》的周公庙，正作"文宪王庙"。它的面积很大，几乎占据了北城的整个中部。它的两边各有一组建筑，西边是"白鹤观"，东边是"胜果寺"。"胜果寺"这个地名，现在还有，叫"盛果寺"，是周公庙以北的一大块地方，和宋代的概念不一样。

在《鲁国之图碑》上，胜果寺东南，有个"颜林"。这个颜林，"文革"后荡然无存。

曲阜有两个颜林。一个是防山附近的颜林，即所谓东颜林，也叫颜子林或复圣林。它是模仿曲阜孔林和梁公林，除颜回自己的墓，还有他爸爸、儿子、孙子的墓。颜回的爸爸，也是孔子的学生，叫颜路。这个墓

大地上的《论语》　45

地，《鲁国之图碑》是作"颜子墓"。另一个颜林，才是《鲁国之图碑》上的"颜林"，即所谓西颜林。它是颜氏后裔的墓地，晋唐之际，颜氏当侍郎的很多，也叫侍郎林。任昉《述异记》说，"曲阜古城有颜回墓"（《太平御览》卷九六一），似乎后者也有颜回墓。

在《鲁国之图碑》上，还有很多标为"台"的地名，可能也是古代建筑的遗址，如"季武子台"、"襄仲台"、"庄公台"、"昭公台"、"斗鸡台"、"泮宫台"。"义门东氏宅"前也有一个台。

"季武子台"，上面已经提到，今周公庙东出土过一通清代的《季武子之台碑》。

"襄仲台"，旧说在古城豁南小泉村东。

"庄公台"，旧说在城东南三里，又名雨观台。

"昭公台"，旧说在雨观台西南约50米。

"斗鸡台"，旧说在城东七里大壑外约50米。

另外，还有望父台（鲁公台），等等。

它们和《鲁国之图碑》的记载不太一样。

一般认为，周公庙所在的一大片遗址，就是鲁城的宫城所在。这片遗址后边，是手工作坊。今周公庙正好在这片夯土基址的东南，也就是坐北面南的前边和左边。学者认为，其布局似乎含有前朝后市、左祖右社的意味在内。它让人想起《周礼·考工记》的营国之制。中国的城市规划，比如明清时期的北京城，就继承了这套设计。它的皇城和紫禁城，就相当于这一部分。

汉代遗址，最重要，当属灵光殿遗址和埋在地下的汉城。

灵光殿，是西汉鲁恭王的宫殿，据说是建在春秋鲁僖公的殿基上（王延寿《鲁灵光殿赋序》，《文选》卷一七）。这里一直是鲁城的中心，汉代到宋代，鲁国、鲁县或曲阜县，治所一直设在这里，宋真宗大中祥符五年（1012年），才搬到今少昊陵一带，改称仙源县。

汉鲁灵光殿遗址

  灵光殿在哪儿,《鲁国之图碑》也提供了重要线索。它在"文宪王庙"的北边,画有一道冂形墙基,开口在南,正好把"文宪王庙"和"胜果寺"框在里面。宋代的胜果寺,不是在周公庙的后边,而是在它的东边,两者不一样。

  现在,值得注意的是,"文宪王庙"的南边,有一段空地,空地以南,也有一道形状相反的围墙,开口在北,大体和北面的围墙相对,"文宪王庙"和"胜果寺"下面的遗址,即标注"小石城"的遗址,和北面围墙内的遗址,很可能属于同一组建筑,即灵光殿。"小石城"三个字的两旁,标有"灵光殿基",这片遗址的南面有"灵光里",也和灵光殿有关。

  还有,我们注意到,"小石城"的西南角有"伯禽井"和"端门里"。"端门里"靠近的门,应即端门。这是遗址的南门。相当故宫的午门。端

大地上的《论语》 47

日本人发掘出土的汉鲁灵光殿北陛刻石

门旁标"两观",则是孔子诛少正卯的地方(《孔子家语·始诛》)。孔子诛少正卯,见《荀子·宥座》等古书。"两观",郦道元叫"双石阙"(《水经注》卷二五)。它是遗址南端的门阙,既可能是灵光殿的南阙,也可能是鲁宫城的南阙。鲁城稷门外,旧有明代的《两观台碑》,已经亡佚,立碑者似乎是把两观当成了鲁城的南门。

1942年,日本东亚文化协议会在曲阜发掘,曾在今周公庙的附近出土过灵光殿的北陛刻石。这件文物,现藏曲阜汉魏碑刻博物馆。

灵光殿以南,是所谓古泮池、古泮宫。《鲁国之图碑》标有三个水池:"太子池",是长方形,即所谓太子钓鱼池,太子即鲁恭王;"泮水",是正方形;"曲池里"北有一水池,作曲尺形,顾名思义,就是"曲池"。

金明昌二年(1191年),太子池旁出土过《五凤二年鲁孝王刻石》,现藏曲阜汉魏碑刻博物馆。

它们的旁边是两个台："泮宫台"和"斗鸡台"。"斗鸡台"，相传是季平子和郈昭伯斗鸡的地方，郦道元说是两个台（《水经注》卷二五），《鲁国之图碑》上也是两个台。此处原有嘉靖四十五年的《古泮宫碑》，现藏孔庙。

汉代的出土物，主要是汉魏碑刻博物馆收藏的两汉碑刻（23件），以及翁仲、辟邪等石刻。有些出自孔庙，有些出自孔林，还有一些是四郊汉墓所出。

它们，也留下了时代印记。有些石刻，上面还有批孔的口号。

郦道元说，孔林有"铭碑三所"，孔庙有汉魏碑刻七通，五碑有字，两碑无字（《水经注》卷二五）。馆藏的《孔宙》、《孔彪》、《孔褒》、《孔谦》等碑可能出自孔林，而《乙瑛》、《礼器》、《韩敕》、《史晨》等碑可能出自孔庙。

汉代的鲁城，完全是埋在地下。考古发掘证明，西汉早期和中期的鲁城，还是沿用春秋战国的鲁城，汉城是西汉晚期才有。它的东北角其实是压在灵光殿的遗址上。

现在的曲阜市，到处被现代建筑覆盖，车水马龙，红尘滚滚，旅游景点，主要是宋代以来，金元以来，特别是明清以来的遗迹，特别是与凭吊孔子有关的各种遗迹。这些古迹，主要集中在明代的曲阜城内。

明代的曲阜城，偏于鲁城西南，本是鲁城的平民区，和北京的宣武区相似。但孔子和颜回，后来是大名人。孔庙、阙里、孔子故宅门、孔府、陋巷、颜庙是城中的六大景点。

孔庙，本来是孔子的家。孔子住的里，叫阙里。阙里是古代原有的里名。《论语·宪问》有"阙党童子"，就是住在这一带。阙里之所以叫阙里，是因为它挨着鲁宫城的阙门。

孔子的家，只是个不大的院子，颜母住正房，孔子住西房，夫人住东房（《水经注》卷二五）。孔子死后，因宅设庙，规模越来越大，越盖越豪华。他根本想不到。

现在的孔庙是明清的孔庙，明代把住的地方分出，变成孔府。孔庙、孔府之间的那条巷子，现在叫阙里。阙里的北头，是所谓孔子故宅门。孔府西边有一条巷子，巷子北头有个牌坊，叫陋巷坊，是表示颜回贫居陋巷的陋巷。陋巷北头是颜庙。这都是后来的布局。

孔庙，《鲁国之图碑》叫"文宪王庙"，这是宋代的叫法。宋代的孔庙非常大，几乎占据了南三区的整个西区，比现在的孔庙、孔府加起来还大。图上的"阙里"是指这一大片。它的东边，紧挨着陋巷，过了陋巷，就是灵光殿遗址的南部。

当时的孔庙，和现在不一样，但相当大成殿前的院子里，已经有"杏坛"和两棵"手植柏"。

孔子手植柏，一般多称为孔子手植桧。柏也叫栝（kuò）或桧（guì）。

孔庙旁边的陋巷，旁边标着"陋巷里"。陋巷北口，只有一口"颜子井"。今陋巷井，旁有明万历六年（1578年）的《陋巷故址碑》，可见，这口井是陋巷的标志物。颜庙有元皇庆元年（1312年）《陋巷故址之碑》，它记载着陋巷的长宽，长是92—93步，宽是16步。

我们从宋图看，颜庙是后来才盖起来的，当时还没有。

在《鲁国之图碑》上，"文宪王庙"的西边是"矍相圃"和"矍相里"，从图上看，是个四面有围墙和门道的地方，按该图的画法，是个小城。矍相圃是孔子和弟子习射的地方（《礼记·射义》），等于当时的运动场。

矍相圃，原有明《古矍相圃碑》。现在，什么都没有，代替它的是个电影院，但日伪时期的老照片上还有。

在《鲁国之图碑》上，鲁城西墙外，洙水入泗处，有"子我墓"和"崇儒里"。子我墓即宋代的宰予墓，和清代的宰予墓位置大不一样。

清代的宰予墓，原在东关外，后来荒废，失其所在。清康熙年间，在古城村东南发现断碑：《齐公宰子墓碑》，就在当地修了个宰予墓。墓前原

曲阜陋巷井：相传颜回贫居陋巷处

有清康熙四十七年（1708年）的《先贤宰子之墓碑》，现已不存，但在日伪老照片上，还能看到。

鲁城以北，有孔氏的家族墓地。这片墓地，现在叫孔林。

北宋天禧五年（1021年），称孔子为"至圣文宣王"，"至圣"是宋代的叫法。

有人以为，孔林应叫至圣林，孔林只是俗称。但在《鲁国之图碑》上，这片墓地却是标为"孔林"。"孔林"也是宋代的叫法。

这片墓地，除偶尔发现过一点汉代石刻，主要的东西全是宋以来的。宋代，孔林还没有林墙。现在的林墙，是元至顺三年（1332年）才有。有趣的是，它的南墙是修在西周鲁故城的北墙上。

洙水从墙的北面流过，原来是鲁故城的护城河，现在也成了孔林的一景。

曲阜小沂河：曾点游泳的地方

出鲁故城的雩门，即南三门的西南门，小沂河和大沂河之间，还有一个古迹，也很有名。这就是舞雩台。

舞雩台，是鲁国祈雨的祭坛，现在是个土台。《鲁国之图碑》未标"舞雩台"，但西有"舞坛里"，东有"舞雩里"，南有"雩水"，还是和舞雩台有关。

这座土台，现存大小，南北长115米，东西宽120米，高7米，长宽高可能都有所缩小，如郦道元说，"坛高三丈"（《水经注》卷二五），约合8.4米，就比现在高出1.4米。

台下，用石栏围起，就是用以表示原来的范围。

我们登上土台，只见长满荒草，草丛中有不少农民挖的红薯坑（埋红薯的坑）。台上原有二碑，一碑是明嘉靖四十五年（1566年）的《舞雩坛碑》，现存孔庙中；一碑是《圣贤乐趣碑》，已毁于"文革"。现在立在台

舞雩台，孔子散步的地方

舞雩台上的舞雩坛碑

上的碑都是复制品。

1977—1978年，考古学家解剖过这个土台，结果证明，这确实是西周古迹。

1979年，舞雩台还出土过一件汉代刻石，上面有两个"庑"字，现藏汉魏石刻博物馆。

舞雩台在雩门外，略向东偏。孔子住阙里，离雩门最近。他和学生散步，出此门南行不太远，就是舞雩台。

孔子和孔子的学生，他们驻足登临，就是这个台。

舞雩台出土的鹿刻石

鲁城以南，还有圜丘。郦道元说，"沂水又西迳圜丘，丘高四丈余"（《水经注》卷二五）。"丘高四丈余"，约合11.2米。《鲁国之图碑》，是把"古圜丘"标在沂水的南面。

另外，年代较晚，还有两处古迹：

（1）有若墓。在城南南泉村东南，1986年立有保护标志。

（2）林放墓和林放问礼处。在城南林家村西北，1986年立有保护标志。

林家村的居民，自认为是林放的后代。林放问礼处，原有乾隆四十九年（1784年）立的《问礼故址碑》，现藏孔庙。

这座古城，还埋藏着很多秘密，值得探索的问题，很多很多。

第四集
学而时习之，不亦说乎

[题辞]

　　子曰："学而时习之，不亦说（悦）乎？有朋自远方来，不亦乐乎？人不知而不愠，不亦君子乎？"（《论语·学而》）

（一）适周问礼

[画面]

　1．洛阳市地图（注意：画出王城、汉魏洛阳城和洛阳旧城的范围）。

　2．东周王城遗址的平面图。

　3．王城遗址西北角残存的夯土堆。

　4．汉魏洛阳城的平面图。

　5．金村、村北寨门、金村大墓所在的庄稼地。

　6．汉魏洛阳城的西北角以及东墙。

　7．天子六驾车马坑。

　8．周王陵。

　9．武梁祠出土的《孔子见老子像》和其他《孔子见老子像》。

　10．孔子入周问礼处。

[解说]

　　孔子的一生，主要是教书育人。他活了73岁，1—50岁，一直待在家里，读书是自娱自乐，教书是助人为乐，他很快乐。这是他一生中最快乐的时光。

1—15岁,是他的青年时代。他是陬邑有名的大孝子,从小热爱礼乐,就连做游戏,和小朋友玩,都是演习礼乐。晚年,他回忆说,他是"十五而志于学,三十而立"。"十五而志于学",是从15岁立志学礼乐。"三十而立",是30岁才学成。他是在30岁上出名,以精通礼乐,闻名于鲁。

30岁以后,他不满足于自己的见闻,曾两次出游。一次是34岁,上周都洛阳;一次是35岁,上齐都临淄。就像今天的山东青年,离开自己的老家,到济南和北京转一转。当时的洛阳,是天下的首都,临淄是大国的首都,都是大地方。

孔子到洛阳访问,主要是向老子问礼。

他到过的周,有两座城,一座是王城,一座是成周城。

我们在洛阳地区的考察,是由河南省文物局洛阳二队的宋云涛队长陪同。

王城,在今河南洛阳市西工区涧河的东西两岸,上世纪50年代,考古工作者对它进行勘探发掘,已经找到它的大致范围。它的夯土城墙,绝大部分都埋在地下。北墙最完整,长2890米,东墙已被水冲毁,西墙和南墙还断续存在。宋队长说,地面上的城墙,只有一个地方还可以看到,就是它的西北角。

我们开车,去找这个西北角。车子开到涧水桥,宋队长回忆,就在此桥附近。他下来问路,往东走,建材市场旁边有个加油站。他说找到了。

加油站的后墙有个小门。经联系,加油站的职工为我们打开了这个小门,里面是几所房屋的夹角,夯土堆就锁在这个夹角内。

我们拍了录像。

成周城,在汉魏洛阳城的地下。我们开车,经白马寺,东行,到达汉魏洛阳城。这片遗址很大,有一片围起的地区,是阊阖门遗址,一片摩托车旁,很多探工正在钻探。

一条大路向北,我们来到金村。金村,村北有寨门,上书"气接邙岭"。金村在汉魏洛阳城的北端,前面不远,就是邙山。村东有一片庄稼

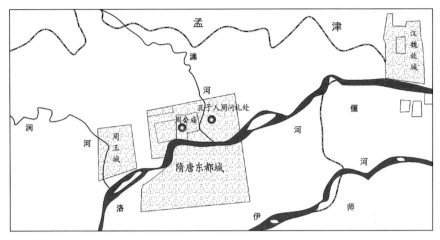

洛阳故城

地,就是著名的金村大墓所在。站在这里,向北向西看,可见汉魏洛阳城的东北角。返回,开到南边的公路上,可见汉魏洛阳城的东墙。

东周时期的洛阳,为我们留下了很多古迹,如洛阳市中心的"天子六驾"车马坑,洛阳市西南的周王陵,都是属于这一时期的遗迹。

洛阳也有周公庙,是隋唐洛阳城留下的古迹,就在唐应天门遗址的旁边。现在的建筑虽然晚,是明清时期的建筑,但纪念的事情却很古老。

孔子入周问礼,是个非常有名的故事。这个故事,一直有人怀疑。尊孔者不愿相信,孔子学问这么大,怎么会纡尊降贵,向道家的祖师爷请教。他们宁愿相信,这是后世道家编造的神话。但这种说法,战国就有,汉代更是时髦说法。如汉画像石,孔子见老子,就是非常流行的主题。

汉画像石上,孔子见老子像,例子很多,最初广为人知,是武梁祠的画像石。

武梁祠的画像石,孔子见老子像,早就不在嘉祥,现藏山东济宁市博物馆。其左端题记曰:

孔子见老子画像，在洪氏《隶续》。乾隆丙午冬，钱唐黄易得此石于嘉祥武宅山，敬移济州府学。（乾隆丙午是1786年）

画面上方，老子在右，拄杖而立，面朝左，旁注"老子"，孔子在左，袖中执雁，面朝右，旁注"孔子"，孔子身后是一辆两匹马的马车，旁注"孔子车"。他们中间，是个叫项橐的小孩。项橐脸朝孔子，问孔子。他手中拿着个玩具，叫鸠车。

鲁迅论及孔子的形象，他的印象是：

这位先生是一位很瘦的老头子，身穿大袖口的长袍子，腰带上插着一把剑，或者腋下挟着一枝杖，然而从来不笑，非常威风凛凛的。假使在他的旁边侍坐，那就一定得把腰骨挺的笔直，经过两三点钟，就骨节酸痛，倘是平常人，大约总不免急于逃跑的了。（《在现代中国的孔夫子》，《鲁迅全集》，第6卷，北京：人民文学出版社，1958年，248页）

他的印象就来自这类画像。鲁迅博物馆有两幅《孔子见老子像》拓本，都出自武梁祠的画像石。

我们不要忘记，汉初尊老子，老子的影响非常大，孔子见老子，是借老子宣传孔子，这是聪明的宣传策略。

汉代流行的这类画像，来源是当时的壁画。

汉文帝时期，蜀郡太守文翁在成都修建的文翁学宫，里面就有孔子及七十子的画像。

汉灵帝光和元年（178年），洛阳鸿都门设置的学宫，据说也有这类壁画（《后汉书·蔡邕传》）。

洛阳东关：相传孔子入周问礼处

鸿都门是东汉太学所在，位置在汉魏洛阳城的东南，《熹平石经》就立在附近。

孔子见老子，在哪儿见？王城还是成周城？不知道。

为了满足这种想象，后人在洛阳旧城的东关，即今瀍河区东关通巷北口和东关大街立了两个景点，一个是老子故宅，一个是孔子入周问礼处。

我们经过东关桥，来到洛阳市的回民聚居区。

老子故宅，现在已被拆掉。孔子入周问礼处，原来是文庙，现在只有一通石碑，清雍正五年（1727年）立，碑额作"重修文庙碑记"，碑文作"孔子入周问礼乐至此"。立碑者想象，孔子来洛阳，一定是从东门进入，所以把碑立在这里。而他要见老子，老子也就出现在旁边。

想象的力量是无穷的。

（二）适齐观乐

[画面]

  1．淄博市临淄区地图。

  2．齐国故城。

  3．齐国历史博物馆。

  4．东周殉马坑。

大地上的《论语》 59

5．晏婴墓。

6．天齐渊。

7．韶院村。

[解说]

　　齐国故城，临淄古城，位于淄博市临淄区齐都镇，两周时期，一直是齐国的国都。我们的考察是由山东省考古所临淄工作站的魏成敏先生陪伴。

　　齐城分大小城，开十三门。左有系水，右有淄水。系水已枯竭，淄水南流，经过牛山北麓。

　　其大城是城，在东。西墙长2812米，基宽32—43米；北墙长3316米，基宽33—43米；东墙长5209米，基宽20—26米，部分区段基宽30—33米；南墙长2821米，基宽17—25米。

　　小城是郭，在西。西墙长2274米，基宽20—30米；南墙长1402米，基宽28米；东墙长2195米，基宽38米；北墙长1404米，基宽28米。

　　齐城西北隅，还保存着古城的排水道口。西墙，也保存着城垣遗址。

　　明清时期的临淄城，只占齐城南门一带的一小块，比齐城小得多。

　　齐国历史博物馆，陈列着当地出土的重要文物，其中有不少齐国的乐器。

　　孔子35岁，曾到此一游，见过齐景公和晏婴。五年前，他们曾访问过鲁国，向孔子问礼，留下深刻印象。虽然，齐景公借口自己太老，不肯重用孔子，但孔子还是很有收获。他到齐国的最大收获，是欣赏音乐。

　　孔子说，"晏平仲善与人交，久而敬之"（《论语·公冶长》），是个值得尊重的人，跟他相处越久，越佩服他。但对齐景公，印象并不好，"齐景公有马千驷，死之日，民无德（得）而称焉"（《论语·季氏》）。

　　晏婴墓，在古城内。魏先生说，这是个假墓，我们探过，墓底是生土。看来，这只是个凭吊性的古迹，出于怀念，后人堆建了此墓。

　　东周车马坑，其实是河崖头5号墓。墓坑四壁是垒石为穴，墓穴四周，全是殉马。这座大墓，年代与齐景公相近，学者推测，就是齐景公的

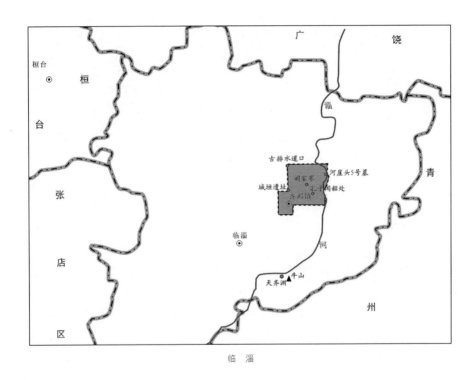

临淄

墓。《论语》说"齐景公有马千驷",这里的殉马居然有600匹之多。

临淄故城,齐城南7.5公里有牛山,牛山的西北麓,淄水北岸,是著名的天齐渊。

天齐渊是齐国胜景,纪念它的祠,是八主祠的第一祠,天主祠。齐国称齐,据说与此有关。

魏先生凭回忆为我们引路,一路打听,经过一个挖沙场,终于找到天齐渊。

天齐渊,是个泉眼,古代的泉眼往往称渊。这个泉眼,过去流量很大,据说是五泉并出(1957年),日涌水达69000方。上世纪80年代,因为炸山

淄博临淄区河崖头大墓

淄博临淄区闻韶村：相传孔子在齐闻韶处

闻韶村出土的石磬

采石，泉水断流，已经变成乱石窝，但石壁上还有流水痕迹；原来的建筑早已毁弃，但地上还遗留着砖瓦和建筑构件。石碑，已移置临淄石刻艺术馆。如果没人指点，你很难相信，眼前的一切，就是齐国最重要的古迹。

齐城内，阚家寨一带，经常出土一种带"天齐"铭文的瓦当，有些是战国的，有些是汉代的。

看来，渊在城外，祠在城内。

真正的天齐渊已毁，人们在新建的临淄区，又造了一个天齐渊，亭、台、水、榭，一应俱全，可惜全是假的。

孔子在齐观乐，欣赏过《韶》乐的演奏。听过演奏，"三月不知肉味"，说"不图为乐之至于斯也"（《论语·述而》），一直赞叹《韶》，说它比《武》更好，"尽美矣，又尽善也"（《论语·八佾》），完美得无以复加。

孔子酷爱音乐，曾跟很多乐师学习，如鲁国的乐师师襄子，就教过他鼓瑟击磬。他教学生，"兴于诗，立于礼，成于乐"（《论语·泰伯》），把乐教当作最高境界。四子侍坐，有琴瑟伴奏（《论语·先进》）。心情郁闷，则击磬以发（《论语·宪问》）。

齐城内，有韶院村。韶院村，原名枣院村。《临淄县志》记载，嘉庆年间，村人掘地得古碑，上刻"孔子闻韶处"，后来附近又出土过石磬数枚，所以才把村名改为韶院村。宣统三年（1911年），村人重立了《孔子闻韶处碑》。有趣的是，1983年，这里又出土了一块石磬，有"乐車（磬）"二字，正是东周时期的东西，现藏齐国历史博物馆。

他的一生，都伴随着音乐。

第五集
从政的烦恼

[题辞]

子贡曰:"有美玉于斯,韫椟而藏诸?求善贾(价)而沽(贾)诸?"子曰:"沽(贾)之哉!沽(贾)之哉!我待贾(价)者也。"(《论语·子罕》)

佛肸(音 bì xī)召,子欲往。子路曰:"昔者由也闻诸夫子曰:'亲于其身为不善者,君子不入也。'佛肸以中牟畔(叛),子之往也,如之何?"子曰:"然,有是言也。不曰坚乎,磨而不磷;不曰白乎,涅而不缁。吾岂匏瓜也哉?焉能系而不食?"(《论语·阳货》)

[画面]
1. 费邑故城。
2. 郈邑故城。
3. 成邑故城。
4. 中都故城。
5. 夹谷之会处。

[解说]

孔子爱读书,读书是为了做官。种庄稼,他不喜欢。没有官做,他宁肯挨饿。

仕与不仕,对他来说,是个哈姆雷特式的老问题。这个问题,终生都苦恼着他。

古人活得短,五十就算老。在他看来,一个人,四五十岁还不出名,一辈子也就完了(《论语·子罕》)。他说的出名,跟从政、为政分不开。

费县的费邑遗址

可惜的是，他这一辈子，前50年，一直没有机会做官，书生老去，机会方来。他是51岁，才在鲁国做官。

春秋晚期，鲁国的国君，鲁襄公、鲁昭公、鲁定公、鲁哀公，他都赶上了，但鲁襄公在世时，他还是个小孩。

孔子在世时，鲁国是由三桓把持朝政。所谓三桓，是鲁国的三大贵族：季氏、叔氏和孟氏。孟氏也叫仲氏。他们都是鲁桓公的后代，分别担任鲁国的大司徒、大司马、大司空。

季氏传了三代，季平子、季桓子和季康子。孔子打交道最多，主要是后两位。叔氏是叔孙武叔。孟氏，是孟懿子。

他们担任大臣，不但在鲁城有府邸，也在鲁城之外有封邑。三家的封邑，就是著名的"三都"。季氏的封邑在费（音bì），叔氏的封邑在郈（音

大地上的《论语》 65

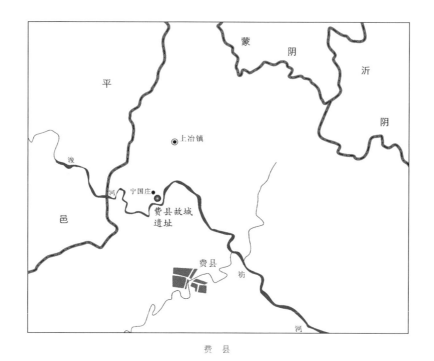

费 县

hòu），孟氏的封邑在成。费在鲁城西南，郈、成在鲁城西北。他们在两处置家，各有家臣管理。比如阳货为季氏宰，就是替他管鲁城府邸的大管家；公山弗扰为费邑宰，就是替他管费邑的大管家。

我们对"三都"做了实地考察。

费邑故城，在今费县（属临沂市）西北，上冶镇西毕城、古城、宁国庄村一带，是东周和汉代连续使用的古城。古城呈长方形，北眺蒙山，东、南两面临浚河（古治水），北墙和南墙宽约875米，东墙长2150米，西墙长2350米，城中最宽处约1125米，总面积达222.8万平方米。地面仍有残垣，时断时续，高约3—5米，宽约15—30米。小月河横穿古城。城中有一东西向的丘陵，把城分为两半，北高南低。南城墙和北城墙外，均

费邑遗址出土的地砖

地砖图像复原

有城壕。我们走日东高速来到这里。公路纵穿古城,很宽,古城遗址就在公路两边。2002、2003年,山东省文物考古研究所为了配合这条公路的开通,曾在这里发掘和勘查。路西,古城西北角,有一大坑,是所谓季桓子井,坑的北侧有石碑两通,一通为乾隆年间费县知县骆大俊所立《季桓子井碑》,一通为嘉庆年间孙星衍等人立的《季桓子得羵(音fén)羊之井碑》。地面上到处都是砖瓦陶片。陪同我们的是费县文化局的干部王文明先生。

郕邑故城,在今东平县(属泰安市)的东南。

成邑故城,出发前,只知道大方向在今宁阳县(属泰安市)东北,具体地点并不清楚。我们到宁阳县,先去磁窑镇,一打听,才知道,此城在今宁阳县东庄乡的南故城村一带。我们从东庄乡出来,西行右拐,来到一大片庄稼地前。向西走,经过一道人工修建的土梁,登上古城废墟。陪同我们考察的,是宁阳县委宣传部的杨丽华女士和东庄乡管理区的书记邢礼彪先生。

成邑故城位于东庄乡西,南北长约850米,东西宽约630米,原来是长方形,地面残存是古城的东北角,东、北两面,残墙还有约100米长,最高处,高约12米,宽约20—30米。我们从废墟上远眺,周围很开阔。

邢书记指着说,古城东边是东庄乡,南面是南古城村,西面是西故城村,北边是北故城村,东庄乡,其实就是东故城村。这些地名,都与古城有关。我们在东墙上,正好碰到一位老汉,据他介绍,古城的东、南、西三面原来有河环绕。这个古城也是东周和汉代连续使用。

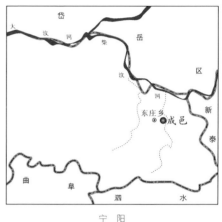

三桓,势力最大是季氏。孔子对季氏最不满,经常批评。叔孙武叔,跟季氏跑,也令他讨厌。孔子死后,抬高子贡,毁谤孔子(《论语·子张》),就是这个人。他们当中,跟孔子关系最近,其实是孟氏。孟氏多孝子,孔子很欣赏。孟敬子临死,把他的两个儿子托付给孔子,其中之一,就是孟懿子。孟懿子拜孔子为师,对他最尊敬。

孔子51—54岁,一共当过四年官。

51岁,当中都宰。

52岁,先当司空,后当大司马,为鲁昭公沟墓,于夹谷之会,相鲁定公,与齐国会盟,为鲁国赢得了外交胜利。

54岁,堕三都,杀少正卯。

这是他的政绩。

中都在汶上县(属济宁市)。我们到汶上考察,特地寻找过它的遗址。陪同我们考察的是汶上县博物馆的前馆长,李继平先生。中午吃饭,李馆长说,孔子是他们的第一任县长,现在的县长是第268位,孔子当年治中都,中都是个和谐社会。

中都故城,遗址在次丘镇朱庄村。我们在朱庄村一带眺望,地面上没有任何痕迹。从前这里有过"孔子讲堂"和"孔子钓鱼处",朱氏的族谱还画有它们的图,但现在也不复存在。

另外,当地有所谓"九公墓",地点在汶上县西南邻近嘉祥县的南旺镇一带,传说是鲁桓公到鲁昭公九个鲁侯的墓地。这里,原来有九个岗堆,现在只有一个,还有痕迹可辨。这个"九公墓",未经考古勘查,不

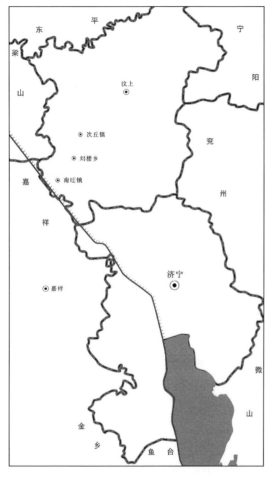

汶上、济宁

能证实就是鲁侯的墓地。但《左传》定公二年说,鲁昭公被三桓逼走,死在乾侯,季桓子想把他葬在"阚公氏",即鲁国的公墓,被鲁大夫荣驾鹅劝止。季桓子把鲁昭公葬在鲁侯墓地的墓道南,和鲁国先君的墓葬是分开的。后来,孔子当鲁司寇,才"沟而合诸墓"。这里,值得注意的是,阚的地点正在汶上县南旺镇一带。

既然鲁侯的墓地在中都,孔子当中都宰,很可能就是负责鲁侯墓地的管理。我们都知道,陵墓修建,属于土木工程,古代往往由刑徒从事,就是归司空和司寇管。司空和司寇有密切关系。孔子当司空,钱穆推测,是少司空,很有道理。孟懿子既然是大司空,他当的司空,自然是少司空,也就是孟懿子的助手。他从中都宰,当到少司空,当到大司寇,恐怕都是由孟氏推荐。

孔子参加的夹谷之会。夹谷在哪里?主要有莱芜、新泰二说,双方都有一些晚期凭吊的古迹作支持。这次谈判,大体是在齐鲁的边界上,位置大约在齐长城的内外,与齐、鲁二国的首都,距离差不多。

孔子堕三都,是为了打击三桓。当时,由于三桓的家臣势大凌主,接

大地上的《论语》 69

莱 芜

二连三，先后发生阳货之乱、侯犯之乱、公山弗扰之乱，三桓暂时接受了他的主张。但是，一旦把这些势力打下去，他们就不再需要孔子。在齐国的压力下，孔子离开了鲁国。

孔子从政，经常为站队的问题而苦恼，当时各国都有类似三桓的卿大夫专政，他们的势力比国君大，唯一可以制衡他们的力量，就是他们的陪臣。孔子多次犹豫过，在这两股恶势力之间，他该选择什么？

他说，他想当官，就像藏在珠宝盒里的宝玉，待价而沽。他不能像挂在墙上的葫芦，只中看，不中吃。

可是，他的运气并不好，当他已经接近权力的巅峰，他才发现，前面还有不可逾越的障碍。

第六集
知其不可而为之

[题辞]

　　孔子适郑，与弟子相失，孔子独立郭东门。郑人或谓子贡曰："东门有人，其颡似尧，其项类皋陶，其肩类子产，然自要（腰）以下，不及禹三寸。累累若丧家之狗。"子贡以实告孔子。孔子欣然笑曰："形状，末也。而谓似丧家之狗，然哉！然哉！"（《史记·孔子世家》)

（一）概况

[画面]

　　1. 曲阜市的周游列国雕像。
　　2. 地图：孔子周游列国的路线：鲁—卫—曹—宋—郑—陈—蔡—叶—陈—卫—鲁。

[解说]

　　公元前497年，孔子55岁，在齐国的政治压力下，他被迫离开鲁国，前往卫国，到其他国家，寻找政治出路。这一去就是14年。

　　有些古书说，此次出行，孔子拜见过70多个国君（如《庄子·天运》、《汉书·儒林传》），这是夸大之辞。其实，他只访问过7个国家。

　　他的出游，主要目标是卫国，即今河南濮阳市一带。他在卫国，前后住过9年。

　　55—59岁，有五年的时间，他是在卫国度过：两年在卫国游历，三年为卫灵公做事。

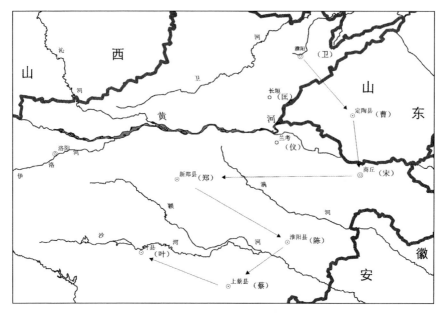

孔子周游列国路线图

60岁这一年,卫灵公去世,卫灵公的太子逃亡在外,受晋国支持,准备返国即位,但卫国却立了卫出公即太子的儿子即位。卫国政局不稳,他决定自卫南下,经曹、宋、郑,到达陈国。陈国是他选择的第二个国家。

61岁,他事陈湣公,又是三年。

62岁,晋国发生佛肸之乱,他曾考虑到北方最强大的国家晋国去发展,最终放弃。

63岁,他决定离开陈国,到南方最大的国家楚国做最后一试。他经蔡地,即与陈国邻近的蔡地,西行,到达楚国北方边境上的叶县,同楚国的封疆大吏叶公见面,希望楚昭王能重用他,不成功。不得已,他经陈国,返回卫国。回来的路线可能与来路相似。

64—67岁,他事卫出公,又是四年。最后返回鲁国,已经68岁。

他的这段经历,一般叫"周游列国"。游历范围,除曹国,都在今河南省的范围之内。

下面,让我们按照他的行程,一一介绍他到过的地方。

(二) 去鲁适卫

[字幕]

55岁(前497年),去鲁适卫。

56岁(前496年),过匡被围,经蒲返卫。

57—59岁(前495—前493年),仕卫灵公。

[画面]

地图:孔子去鲁适卫的路线,鲁—匡、蒲—卫(曲阜—长垣—濮阳)。

1. 颛顼陵(二帝陵)

[画面]

颛顼陵陵园外景。

颛顼陵的旧门和旧墙。

颛顼陵。

帝喾陵。

[解说]

鲁国和卫国,彼此邻近,两国的都城,基本上是在同一条横线上。孔子离开鲁国,从曲阜西行,一马平川,不用渡黄河,就可直接到达卫国,当时的黄河还在卫国的西边。

卫国,是黄河故道摇头摆尾经常决堤泛滥的地区。卫国曾屡次迁都,除避兵祸,也避水患。西周初年,卫国是封于沫,即今河南淇县,位置在黄河故道的西边。春秋,搬到黄河故道的东边。前后三迁其都,总趋势,是不断往东迁。

春秋时期的卫,先迁于曹,再迁楚丘,都在今滑县境内。公元前629年,卫迁帝丘,是最后一站。此后388年,卫一直以帝丘为都。

孔子到过的卫城是帝丘,在今濮阳东南。所谓帝丘,是指"颛顼之虚"(《左传》昭公十七年)。杜预说,西晋就有颛顼冢,位置在当时的濮阳城内。西晋时候的濮阳城,是在今濮阳县的西南。

现在的颛顼陵是在内黄县。内黄这个地名是区别于外黄,意思是在黄河的内侧,即黄河的东南。此陵在濮阳县西,俗称"二帝陵"。二帝陵是两个沙丘,颛顼陵在东,帝喾陵在西,始建于唐大和四年(830年),屡兴屡废,明清以来的建筑,已被黄沙掩埋,房倒屋塌。有老人回忆说,小时候,捉迷藏,他们挖开沙土,可以钻进当时的庙堂。现在的陵园是近年重建,焕然一新:除旧门、旧墙等遗迹,以及元以来的碑刻,还保留着,大部分东西都是新的。

这个颛顼陵真的就是颛顼的陵墓吗?

很多人都希望如此,特别是当地人。

然而事实并非如此。颛顼只是一个传说人物。

考古学家已经探明,它的下面是个新石器遗址,仰韶、龙山时期的东西都有。它不但不是颛顼的陵墓,也不是西晋的颛顼冢。

颛顼冢,只是一个文化符号,它代表的是帝丘城的古老渊源。

这个想象,确实很古老,但它毕竟是想象。

2.卫故城

[画面]

濮阳市和濮阳县的地图。

濮阳故城和西水坡遗址,城内的四牌楼等景点。

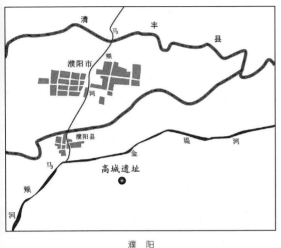
濮阳

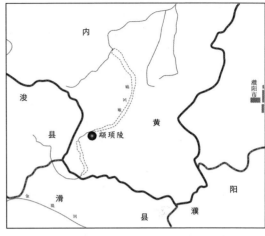
颛顼陵

卫故城的平面图。

高城村遗址。

黄河故道的遗迹。

金堤河。

[解说]

　　河南濮阳，是座非常古老的城市。今濮阳市内，有春秋时期著名的戚城遗址，是子路战死的地方。它的南面，是明清以来的濮阳县。县城建在五代澶州北城的范围内，至今保存着高大城墙。旧城内，明代建筑四牌楼一带，还保存着明清以来的老街；御井街一带，还保存着澶渊之盟的见证，宋代的《回銮碑》。县城西南角，是蚌塑"龙虎图"的出土地，即著名的仰韶文化遗址，西水坡遗址。

　　不过，我们不要以为，孔子到过的卫城，就在濮阳市区或濮阳县城的范围内。

　　孔子到过的卫城是叫帝丘。卫嗣君五年（前320年），卫国领土缩小，

大地上的《论语》　75

只限于濮水北面的一小块儿，才改称濮阳。它的得名是因为城在濮水的北岸。战国时期的濮阳，据说在濮阳县的西南，既不是现在的濮阳市，也不是现在的濮阳县。我们要找帝丘，最好找到战国时期的濮阳。可惜，古代的濮水已经消失于地面。它在什么地方呢？

帝丘在什么地方，长期以来，一直是个谜。《中国文物地图集》河南分册（北京：中国地图出版社，1992年）曾提到过一个叫高城遗址的地方。过去认为，这是濮阳地区最大的一个新石器遗址，有些专家称之为"中心遗址"，但它也包含周代的东西。地图编辑者说，"据传，这里是卫国晚期都城帝丘，但未发现城垣遗迹"。

值得庆幸的是，最近，考古学家已经解开了这个谜团。2003—2006年，原为河南省考古文物研究所的考古学家袁广阔（现在任教于首都师范大学）和濮阳市文物局的张相梅等学者为这个问题提供了答案，他们的调查，就是围绕高城遗址而展开。

陪同我们到现场拍摄的张相梅说，他们的调查，最初是配合"五帝工程"。这个工程的名字，很不科学，现在已改名为"文明探源工程"。濮阳地区找五帝，他们首先想到的，就是寻找颛顼城。颛顼城到哪儿找，他们首先想到的，就是高城遗址。

高城遗址，位置在濮阳县东南的五星乡高城村一带，离濮阳县城约10公里。这个村子为什么叫高城村，过去有一种说法，它是颛顼高阳氏的城。村东有个程庄遗址，俗称"颛顼太子墓"。当地居民，都是移民，据说是由渤海湾迁来，村子很大，分为东高城村和西高城村，居民以高姓为主。村子周围的地名，往往与城有关，如城角地、东郭集，等等。张相梅说，当地老乡都说，这里有城，并且告诉她，村中有通清代碑刻，碑文明确说，这里是叫"颛顼城"。他们见到这通碑，真是兴奋极了。

这是最初吸引他们的地方。

说来有趣，张相梅说，他们刚到高城村调查，目的是挖颛顼城，但挖来挖去，最后挖出的却是帝丘。帝丘城的城墙完全埋在地下。这里是著名的黄泛区，古城的城垣之所以长期找不到，原因很简单，它们是深埋在淤沙之下。淤沙太深，水位太高，她说，考古发掘很艰苦。

现在，经过多年发掘，古城的四至和大体轮廓已真相大白。其北墙是2420米，东墙是3790米，南墙是2361米，西墙是3986米。古城的城头是在地下两三米，墙基在地下十多米。我们在地面上当然无法看到。

我们驱车前往这片遗址，路上经过了金堤河。

金堤河，是一条东西向的河流，它是以一条著名的防洪长堤而得名。这条长堤，据文献记载，至少汉文帝十二年（前168年）就已存在。它的南面，是黄河故道频频泛滥的地方。

古代的帝丘城在其南，后世的濮阳城在其北。

事情非常清楚，春秋战国的帝丘城是毁于黄河泛滥，五代以来的濮阳城是向西向北迁徙。

卫与鲁同姓。孔子说，"鲁、卫之政，兄弟也"（《论语·子路》）。卫国富庶（《论语·子路》），卫多君子（《左传》襄公二十九年）。这个兄弟国家，给他留下深刻印象。他出游14年，有9年是待在卫国。

现在，这座古城是沉睡在地下。

3．匡、蒲

[画面]

  长垣县地图。
  长垣旧城图。
  蒲城旧治區。
  长垣旧城的西南角。

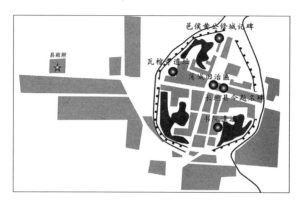

长垣县城

[解说]

长垣县(现归新乡市),也是孔子到过的地方。这里也是黄泛区。

陪同我们拍摄的是长垣县文化馆馆长李建新先生。

长垣,是汉代的名字,战国叫首垣。该县东面,原有一道南北向的土垄,据说就是长垣这个名字的来历。古人修建这道长垣,是用来干什么?有人说是用于军事防御。但古人堙河为防,往往是双重用途,它也可能与防洪有关。

司马迁说,孔子居卫,到过匡、蒲(《史记·孔子世家》)。孔子过匡被围,见《论语·子罕》;过蒲,《论语》没有提到。这是他的第一次蒙难。

蒲城,是卫国防御晋国的重要边邑,子路曾任蒲城宰。一般认为,蒲的位置大约在长垣旧城。此城建于明洪武二年(1369年),周长4540米,不太大。城圈略呈圆形,外面有护城河环绕,城内有个十字街,把城区划分为四块儿。除去东北,其他三块儿都有水池。水池是挖土筑城留下的遗迹。砖城毁于抗日战争,土城在西南角还留下了一点痕迹。

现在,土城的西南角,正在大兴土木,建铜塔寺公园。南墙的残垣,东边的一截还露着土,西边的一截被重新打扮,用石块包装,焕然一新。

墙上有大标语，可以说明一切。西墙所在，现在是居民楼，楼下的门墙，故意做成城墙状。水池上的桥也是新的，旁边还盖了很多大楼。市民在这里吹拉弹唱。

我们还能感受到古城的存在吗？

蒲城旧治匾，现藏长垣县文管所，原来悬于县衙，横书，现在被锯成四块儿，拼成竖写的一行。

匡在什么地方？旧说即隋代的匡城县，地点在长垣县西南十五里。

这些说法，都还缺乏考古证据。

4．仪封请见处

［画面］

《孔子圣迹图》：第56幅"仪封仰圣"。

请见夫子处。

［解说］

兰考（现归开封市），在长垣县西南，也是著名的黄泛区。当地的名人是焦裕禄，我们都熟悉。我们原以为，这里是黄沙遍地，但看到的却是一片绿色，沿途还有大片的荷花池。

现在的兰考是由兰仪、考成二县合并而成，而兰仪又是由仪封、兰阳二县合并而成。仪封县，是元代设置，旧治在兰考县东的仪封乡。

仪封，这个地名，本身就来自《论语》。《论语·八佾》说，孔子过仪，仪封人，即当地管理边界的官员，请求见孔子。他对孔子的学生说，你们何必为自己背井离乡而苦恼，天下无道已经很久了，老天将以你们的老师为木铎，用以警醒世人。

《中国文物地图集》河南分册说，仪封乡的仪封村西，立有"请见夫子处"残碑。我们驱车前往，终于找到这个地点，但我们看到的不是这块

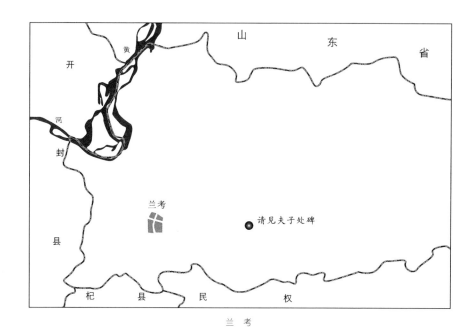

兰　考

残碑，而是一块兰考县人民政府立的水泥碑，上面写着"请见夫子处"，是兰考县重点文物保护单位。

原碑哪里去了？老乡说，很多年前，被搬到派出所院里的井旁。找到派出所，院里却没有井，原来，院子已经被隔开，井在隔壁。

最后，我们才打听出来，碑已经被拉到县里。

孔子到过的仪，也是卫国的边邑。

他在卫国的边境上转来转去，是为什么呢？

也许他在犹豫，我是应该留在卫国呢，还是上其他地方？我是上西边的晋国呢，还是上南方的楚国？

他是一个经常犹豫的人。

(三) 去卫适陈

[字幕]

60岁（前492年），自卫经曹、宋、郑至陈。

61—63岁（前492—前489年），仕陈湣公。

[画面]

地图：孔子去卫适陈的路线，卫—曹—宋—郑—陈（濮阳—定陶—商丘—新郑—淮阳）。

[解说]

孔子去卫，是在公元前493年。这一年，卫灵公去世。

灵公是个好色的老头。他宠爱夫人南子。南子是美女，与美男宋朝通奸，路人皆知。奇耻大辱，让太子蒯聩受不了。公元前496年，他刺杀南子，不成功，逃往晋国，让他的爸爸很生气。蒯聩本来是合法继承人，但灵公死后，南子却立蒯聩的儿子即位，是为卫出公。第二年，蒯聩受晋国支持，返国争政，不得入。虽然蒯聩并未成功，但他们父子争政的阴影却一直笼罩着卫国。

孔子预感，卫国将乱，打算南下避祸，时间就在灵公去世前。

当时，灵公也预感到死后的危机，他向孔子请教军事，孔子很冷淡，只说两句话，我学过"俎豆之事"，没学过"军旅之事"，然后，就离开了卫国。

灵公之问，是担心晋国的军事干涉，孔子之答，是讥其无礼。卫灵公身为国君，却把家里搞得一团乱。孔子很失望，觉得灵公无道，卫国是无论如何不能待了。

这一年，他正好60岁。

孔子南下，是经曹、宋、郑到达陈，在陈国找到落脚点。

他事陈湣公，一干就是三年。

孔子从卫到曹到宋是东南行,比较顺。从宋到郑是西行,从郑到陈是东南行,弯子绕得比较大。一路颇费周折。

1. 曹故城

[画面]

定陶县。

[解说]

曹,在今山东定陶县西北(现归山东菏泽市),从春秋战国到秦汉时期,一直是古代最发达的商业都市。《论语》没提到孔子过曹。

2. 宋故城

[画面]

商丘市地图。

商丘县城图。

商丘县城,从南门上拍摄,北面是北门,东南是文雅台,南面是南湖,西面是宋故城遗址的西半部。南湖的南面有个牌坊,是老南关。

睢阳故城,在商丘县城和老南关之间。

阏伯台。

燧皇陵。

宋故城遗址平面图,包括商丘县城和睢阳故城。

宋故城遗址的西南隅,位置在阏伯台、燧皇陵西,孙庄和郑庄之间。

《孔子圣迹图》:第65幅"宋人伐木"。

文雅台。

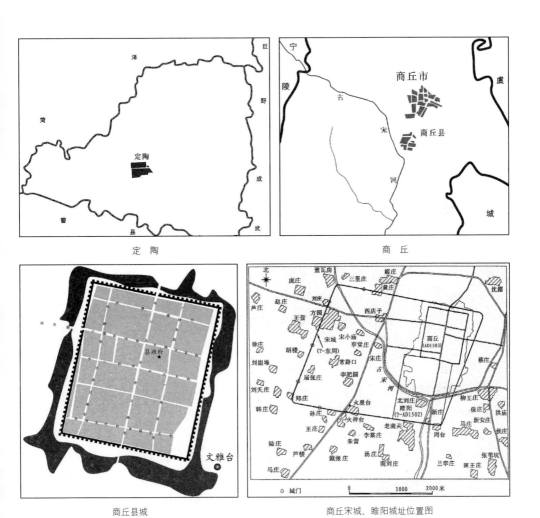

定陶

商丘

商丘县城

商丘宋城、睢阳城址位置图

[解说]

宋国是孔子的"祖国"。他到宋国是回老家。

在这之前,孔子回过老家吗?

古书有这样一个记载。有一次,鲁哀公问孔子,您穿的衣服是儒服吗?孔子说,"丘少居鲁,衣逢掖之衣;长居宋,冠章甫之冠",我听说,君子之学要博大,只要好,不管哪个地方的学问,都要吸收,至于穿衣服吗,还是入乡随俗,穿当地的好。我不知道,什么叫"儒服"(《礼记·儒行》)。"逢掖之衣"是周服(一种宽大的衣服),"章甫之冠"是殷冠。似乎他长大后在宋国住过一段。

宋故城,在河南商丘市。

现在的商丘市,南面是商丘县。

今商丘县城是明归德府城,城中有归德府衙。古城还保存着完好的城墙和护城河。城南的护城河,其实不是河,而是两个大湖,即所谓南湖。

城外原有护城大堤,现在看不到。

出商丘县城,经南湖一带到老南关,是北宋南京城的遗址,这个遗址的下面是汉以来的睢阳故城。

孔子到过的宋城在哪里?过去也是谜。

这里是黄泛区的南端,黄河也曾在这里肆虐。《中国文物地图集》河南分册说,"睢阳城下可能叠压着春秋宋国都城,因淤积过深而无法探明",情况和卫故城相似。

古人说,陶唐氏的火正叫阏(音è)伯,居商丘,司大火(《左传》襄公九年)。宋是建在所谓"大辰之虚"上(《左传》昭公十七年)。

现在,商丘县的西南有一座阏伯台。阏伯台,又叫火神台、火星台。此台始建于元大德年间,明、清重修,下圆上方,好像天文台。阏伯台的旁边是燧皇陵,也与大火的崇拜有关,陵园早已破坏,现在重修,面目全非。和鲁城有少昊陵相似,它们也是宋城的象征。

宋城的发现很有戏剧性。

这一发现和已故美籍华裔考古学家张光直教授的努力分不开。我们要知道，张光直教授一直有个梦，就是到中国大陆考古。

张光直教授，一直致力于中国的商周考古。但商周考古的基地毕竟在中国大陆。没有田野工作，就没有考古。他在台湾做这个梦，在美国做这个梦，一直苦于英雄无用武之地。80年代，为了实现这个梦，他向夏鼐先生和宿白先生提起，宁肯放弃他在哈佛大学的工作，到中国社会科学院考古所或北京大学考古系工作，但遗憾的是，没有成功。晚年，中美合作考古成为可能，是他最后的机会。他的最大希望，就是亲自动手，在中国的河南寻找先商的第一古城：商。

他相信，商就在商丘。

1990年初，张光直教授曾到此考察。当时，他已身患帕金森症。随后的11年，他一直在同病魔做顽强斗争，就是为了实现这个梦。

1991—1993年，中美两国的考古学家曾先后来此做进一步调查，为后来的考古发掘做充分准备。

1994—1997年，中美两国联合考古队正式成立，在此进行了长达四年的考古发掘。发掘工作被迫终止，是因台湾方面断绝了资金赞助。

1998年底，《考古》杂志第12期发表了中美联合考古队共同撰写的勘查简报。张光直教授病重，完全靠药物和医院支撑生命。但直到生命的最后时刻，他一直惦念着这一工作。

2001年1月，张光直教授去世。

我们都很怀念他。

这是一次多学科的跨国合作，在中国学术史上有特殊意义。它的初衷是寻找商，但发掘结果，找到的却是东周宋城。

现已探明的宋城，是一座大城，明归德府城和睢阳故城都在它的范围内，正好占据了它的东部。我们在它的西南角，即最初开展工作的孙庄和郑庄之间拍摄，恰好是大雨过后，道路泥泞。陪同我们前往的，是商丘市文化馆的馆长施长河先生。他曾经参加过宋故城的考古发掘，向我们介绍了这一重大发现。

宋故城，西墙3010米，南墙3350米，东墙2900米，北墙与南墙接近，显然是一座大城。城高10米，基宽12—15米，下面有深两米的基槽，墙头距地表，最浅处不足1米，最深处可达10米，完全在地下。古宋河从城中流过。

宋朝是从这里起家。宋徽宗崇宁三年（1104年），曾在应天府崇福院出土过一套宋公成铸，当时，视为祥瑞。宋徽宗的仿古礼器，著名的大晟钟，据说就是模仿这一发现。

这也是一座地下古城，和卫故城非常相似。目前，宋城遗址只出土过一件铜簋。很多秘密还深埋地下，有待后人去探索。

孔子过宋，曾在一棵大树下习礼，司马桓魋派人把大树拉倒，不得已，他换装逃跑，《孔子圣迹图》记载了这段经历。

文雅台，就是附会这一故事。

现在的文雅台，本来是个1米多高的土台，地表向下3米是文化层。上面的建筑本来是清代修建，"文革"被毁，现在重建，焕然一新。

它的位置是在商丘县城的东南隅，即南湖的东侧。

3．郑韩故城

［画面］

新郑市地图。

郑韩故城。

郑公大墓。

《孔子圣迹图》：第69幅"微服过宋"。

明代彩绘《累累说圣图》。

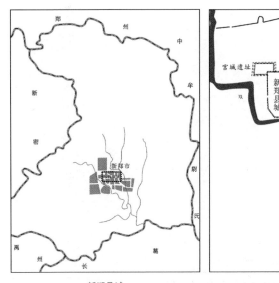
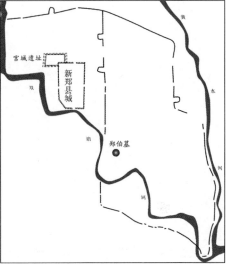

新郑县城　　　　　　　　　　　新郑故城

郑风苑公园，郑韩故城的东门。

[解说]

孔子过郑，是现在的新郑市（现归郑州市）。但《论语》没有提到孔子过郑。

新郑市，是河南著名的卫生城。我们到访，正碰上卫生检查大动员。

郑韩故城，是东周时期郑、韩两国相继使用的城邑，城垣周长约20公里。新郑县的旧城就在郑韩故城之中。黄水河，古溱水，流经它的东面。双洎河，古洧水，流经它的西面和南面。城的轮廓，好像一个侧置的花生。古城当中，有一道笔直的竖墙，把城区分为东西两半。西城是城，南北最长处约4300米，东西宽约2400米。东城为郭，北墙长1800米，东墙长5100米，南墙长2900米，西墙是隔墙。

它的城墙，两千多年，还巍然屹立在地面上，非常高大，最高处可达16米。

孔府藏《圣迹图》中的《累累说圣图》

新郑故城，考古遗迹非常丰富，历史上著名的李家楼大墓，即某位郑公的大墓，就在此城的西南隅，邻近的后端湾墓地，现在建有郑王陵博物馆，也有郑公的大墓被发现。

新郑郑国古城的东门:"丧家狗"故事的发生地点

　　有个故事,孔子过郑,与弟子走散,他独自站在郑国郭城的东门外。子贡寻找老师,有个郑人说,东门外站着个人,上半身像圣人,下半身不像,"累累若丧家之狗"。子贡把相者的话告诉孔子,孔子不以为忤,反而笑笑说,外貌不重要,但说我像丧家狗,很对很对。

　　这一年,正好是孔子60岁,他晚年回忆说,这是"耳顺"之年,活到这把年纪,毁誉置之度外,夸也好,骂也好,无所谓了。即使连"丧家狗"这样的描述,他也欣然受之。

　　这个故事很有名,韩婴讲过,司马迁讲过,有五部汉代文献提到它。孔庙圣迹殿的《孔子圣迹图》,明代彩绘的《累累说圣图》,也都描绘过这个故事,故事的题辞,就是来自司马迁(《史记·孔子世家》)。

　　现在的郑风苑公园是建在东墙和溱水之间,郭城的东门被围在公园里面。园中立了很多诗碑，有《诗经》原文，有白话翻译，都是《郑风》中的爱情诗。

太巧了，这里就是丧家狗故事的发生地点。

孔子从宋国到郑国，是从东往西走，他到郑，自然是从东门进入。司马迁说"孔子独立郭东门"，这个"郭东门"就在我们的眼前。

丧家狗的故事非常深刻，它回答了子贡的大问题，即孔子是不是圣人。孔子的回答很清楚，这个头衔我不敢当，要说丧家狗吗，倒是很像。

孔子一生，不得志，颠沛流离，终无所遇。

他离开鲁，离开卫，不知投奔何处。

这个故事反映了他的真实处境。

4．陈楚故城

［画面］

淮阳县地图。

太昊陵。

陈楚故城，在今河南淮阳县城关镇南，1980年发掘，见《中原文物》特刊1981年（《地图集》，419页）。

《孔子圣迹图》：第74幅"在陈绝粮"。

弦歌台。

［解说］

淮阳县（现归周口市），四面环水，风景美丽，是北方最大的水城。

陪同我们参观的是淮阳市旅游局的副局长段先生。

陈楚故城，是东周时期陈国和楚国相继使用的城邑，就在淮阳县城的范围内。

陈国，据说是建在"太昊之虚"上（《左传》昭公十七年），又是一个

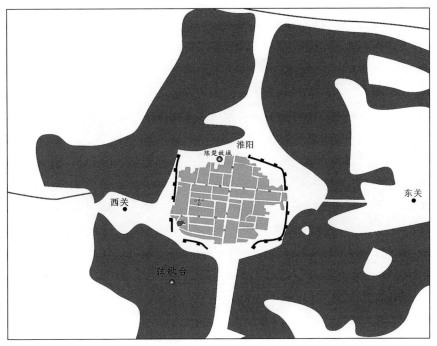

淮 阳

相同的例子。

今淮阳县北有太昊陵，建筑是明清时期的，但来源很古老。它也是陈国故城的象征。

春秋晚期，楚国的势力已扩展到陈。公元前534年，楚一度灭陈设县。但公元前529年，楚又恢复了陈国。孔子到达的陈，是复国后的陈。这时的陈，属于楚国的势力范围。公元前478年，楚再度灭陈。这里成为楚国的陈县。公元前278年，楚顷襄王迁都于陈，这里还是战国晚期的楚都。

孔子从卫国，经曹、宋、郑，到达陈国，事陈湣公，在这里住过三年。孔子事陈，只是过渡。他的真正目标，其实是奔楚国。

淮阳弦歌台：相传孔子厄于陈蔡处

公元前489年，孔子离开陈国，有一段很不愉快的经历。《论语·卫灵公》说，孔子"在陈绝粮"，学生都饿得爬不起来，子路气得不得了，跟老师发脾气，说君子就该受穷吗？被孔子批评。孔子说，君子当然会受穷，只有小人，才会一穷就歇斯底里。

这个故事很有名。《孔子圣迹图》第74幅"在陈绝粮"，就是描绘这件事。

今河南淮阳县县城西南隅有弦歌台，为清代建筑。这一建筑以"弦歌"为名，据说就是为了纪念这一事件。后人想象，孔子和他的学生，虽然饿着肚子，但周围风景很美，他们依旧弦歌不绝，很快乐。这和《论语》中的描述可大不一样。更何况，以情理推断，"在陈绝粮"的"陈"也未必就在热闹繁华的陈故城，更大可能还是在他离开陈故城，尚未走出陈国边境的什么地方，恐怕是荒郊野店。

司马迁说，孔子饿饭，是在陈、蔡之间（《史记·孔子世家》）。

(四) 去陈适叶

[字幕]

63岁（前489年），去陈适叶，见楚叶公（沈诸梁），路上厄于陈、蔡之间。

[画面]

地图：孔子去陈适叶的路线，陈—蔡—楚国的叶县（淮阳—上蔡—叶县）。

1．上蔡故城

[画面]

上蔡县地图。

上蔡故城。

蔡侯墓。

[解说]

上蔡（现归驻马店市），在淮阳的西南，叶县的东南。三点围起来，是个三角形。它是楚国势力范围的铁三角。

孔子离开陈国，主要是去楚国的叶县，蔡只是路过。

他提到的"蔡"在什么地方，是个引起争论的问题。

我们都知道，蔡国的都城，从西周初封到春秋早中期，一直在上蔡，今河南上蔡，只是由于楚国势力的北上，才不断南迁。公元前531年，楚一度灭蔡设县，但两年后，公元前529年，楚又恢复了蔡国，和陈国一起复国。这时的蔡，一般都以为是搬到了新蔡，今河南新蔡，但也有学者认

大地上的《论语》 93

为，新蔡之名晚出，当时的蔡还是上蔡。蔡迁州来，今安徽寿县，是在公元前493年（《春秋》哀公二年）。州来是下蔡。

前人怀疑，孔子见叶公，他到过的蔡，并非新蔡或州来，这是对的，但孔子到过的蔡到底在哪儿，学者却莫衷一是。

过去，最流行的说法，要算清代辨伪学家崔述的推测。他说，孔子过蔡，他去的蔡可能是另一个蔡，这个蔡应该在负函，即现在的信阳，河南的最南端。他的根据，是《左传》上的话。《左传》哀公四年说，为了备吴侵扰，楚国的"左司马眅、申公寿余、叶公诸梁致蔡于负函，致方城之外于缯关"，时间在公元前491年。他怀疑，孔子既没到过州来，也没去过叶县，他是在负函和叶公见的面（《洙泗考信录》卷三《孔子无至州来及叶之事》，收入《崔东壁遗书》，上海：上海古籍出版社，1983年，300页）。

崔述此说，学者多信从不疑，几乎视为定论。如钱穆《先秦诸子系年》（北京：中华书局，1985年，上册，47页）就是持这一说法。匡亚明绘制的《孔子周游列国示意图》也是这样画。其实，这只是猜测，并无任何证据。

事实上，在《左传》一书中，陈、蔡常并举，与陈并举的蔡，必然是指与陈国邻近的蔡地，即上蔡一带，而绝不是指新蔡或州来。负函称蔡、叶公居蔡，更是毫无根据。崔述从《左传》发现的那段话，意思很简单，只是说，为了防备吴国的侵扰，楚国的三位大臣，组织了后撤，一是把蔡地的居民撤到负函，二是把方城外的居民后撤到缯关，根本不是说蔡已迁都负函。叶公应该住在叶，也毫无问题。

孔子从陈国去叶县，基本上是西行，上蔡正好在两地之间。司马迁明确说，孔子离开陈国，是"自陈迁蔡"、"自蔡如叶"，在叶县见叶公（《史记·孔子世家》），最合理的解释当然是，他是经上蔡一带到叶县。

孔子时代的上蔡，和陈一样，也属于楚国的势力范围。

到上蔡拍摄，陪同我们的是上蔡县宣传部新闻科科长张六林先生。

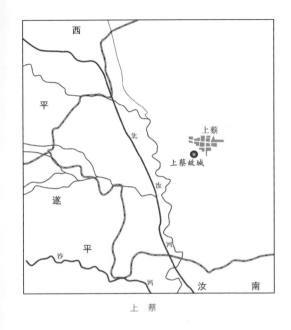

上蔡

　　上蔡故城，是蔡、楚两国连续使用的古城。90年代，就是全国重点文物保护单位。古城遗址的各个地点，都立有保护标志，和其他地方不同，雕刻图案，非常讲究。可惜，当地有几个精神病患者，记忆还停留在"文革"时期，他们还要"破四旧"，砸碑、烧碑、涂写大标语，到处留下他们破坏的痕迹。

　　这座古城，保存相当好，90％的城墙还屹立在地上。城墙，周长10.49公里，顶宽15米，底宽60米，高11米。

　　古城内，地下的遗址遗迹很丰富。我们吃饭的地方，是一片新盖的建筑。这片新楼，就是建在上蔡故城内的宫殿区上。

　　这里不仅有蔡侯墓，还有楚国的大墓。蔡侯墓，有两座，我们去过其中一座，据说是蔡叔度的墓，墓冢还在，墓园是新建，大兴土木，还没有完工。工程是由泰国的蔡姓宗亲投资。

　　上蔡是河南省的十大古都之一，古代非常繁华。秦相李斯是上蔡人。他的死是被腰斩。临刑前，他很怀念自己的家乡。他对他儿子说，我真想和你，"牵黄犬，俱出上蔡东门，逐狡兔，岂可得乎"（《史记·李斯列传》）。当年的上蔡，一定很不错。

　　孔子到过蔡，上蔡人民忘不了他。这里，有晒书台、问津处和漆雕开墓，都是后人为了满足其凭吊的愿望，人为制造的古迹。

2. 楚叶县故城

[画面]

叶县地图。

现在的叶县。

楚叶县故城。

叶公墓。

刘秀庙。

长沮、桀溺墓。

子路问津处。

[解说]

叶县（现归平顶山市），是孔子南下的最后一站。陪同我们的是叶县文物局的局长李元芝先生。

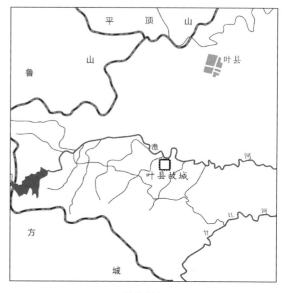

叶县故城

现在的叶县，有两个县城，一个是新县城，一个是旧县城。前者是建在汉昆阳城上，后者是建在楚叶县故城上。过去，看法相反，以为前者是建在楚叶县故城上，后者是建在汉昆阳城上，《中国文物地图集》河南分册也这样讲，现在被纠正。

新县，旧城有护城河。城内有叶县县衙，为明洪武二年建，现在是博物馆，里面陈放着当地出土的文物，如许公宁墓的升鼎和多戈戟。2006年，县衙被列为全国重点文物保护单位。博物馆的匾额是叶选平所题。他姓叶。

旧县，在新县南，略向西偏，周围可见楚叶县故城的残垣。

楚叶县故城，南北长约2000米，东西宽约500米，西垣和西北隅、西南隅尚存，残垣高约3米。2006年，楚叶县故城也被列为全国重点文物保护单位。

叶县叶公残石

叶县，是楚国北境上的军事重镇。楚国的县，是直属国家的城。它分两种：大县，长官称公；小县，长官称尹。大县多是灭国所设，就地设县，作为边防重镇。

楚叶县故城的北墙，墙外有护城河。紧靠城墙内侧，有个小庙，夕阳西下，好像一幅画。

这座小庙，过去叫刘秀庙，现在是道观。庙中还有不少明清时期的碑刻。有趣的是，庙中的房屋是用古城出土的旧砖修盖，有各种花纹。

旧县的民居也往往如此。

楚叶县故城以北，不太远，有叶公沈诸梁墓。整个墓园是上世纪80年代新建，原来的碑刻已毁，现在是温州沈姓宗亲寻根问祖的地方。他们是投资者。

孔子拜见的叶公是沈诸梁。

楚国，最高行政长官是令尹，最高军事长官是司马。县公，地位很高，仅次于令尹、司马。

公元前479年，孔子死后，楚国发生白公之乱，沈诸梁是平定白公之乱的功臣。叛乱平定后，他一身二任，同时兼任楚国的令尹和司马，是楚国晚期的重要人物。

汉代有个传说，叶公好龙，成天画龙刻龙，但真龙出现，他却吓得不得了（《新序·杂事》）。叶公好龙，现在是成语。

有趣的是，叶县的地标就是一条不锈钢的龙。

孔子到过叶县，当地有很多传说。

陪同我们的李局长说，孔子碰到的隐士，楚狂接舆、长沮、桀溺、荷蓧丈人，全是他在叶县碰到的。这个说法很有趣。因为正是跑到这里，孔子才穷途而返。

在李局长的引导下，我们驱车驶离叶县县城，向北走，寻找所谓的长沮、桀溺墓和子路问津处。

我们的车爬上一条长堤，向北走，路的左边，是一片玉米地。在这片玉米地里，李局长说，他找到了长沮、桀溺墓。

这是一个一米高的土堆，上面撒着麦秸，如果没人指点，绝不会当作古迹。

墓前原有一块碑，清光绪十一年（1885年）立，上书"周隐者长沮、桀溺墓"，据说埋在地下。

穿过这片玉米地，是一片开阔的河湾，有人在游泳，有人在划船，据说就是子路问津处。

我们不能不佩服，清代的景点制造者，他们很有想象力。

当年，孔子碰见的隐士，和他一样，不满于现实。为了抗议天下之无道，他们宁肯隐姓埋名，隐逸山林，躬耕垄亩。

孔子这一路，风尘仆仆。他唇焦口燥，极力劝说各国的统治者，结果都失败了。没人要听他的话。

他该怎么办呢？这时，隐士就出现了。

隐士看不起他，嘲笑他，挖苦他，但他对隐士却充满敬意。

因为他知道，怪人不是坏人，狂人不是妄人，要论道德，他们才是冰清玉洁，就像古代的伯夷、叔齐。

隐士的话很对，他是"知其不可而为之"（《论语·宪问》）。

(五) 去叶返卫和去卫返鲁

[字幕]

64—67岁（前489—前485年），孔子仕卫出公。

68岁（前484年），孔子应季康子召，回到鲁国。

[解说]

孔子离开叶县,是原路返回,还是绕道其他地方?我们已不得而知,我们只知道,他是东行至陈,再北上到卫,大的路线和来程是一样的。

孔子回到卫国,还是选择了卫出公。他在卫国又住了四年。

当时的形势,卫国是夹处于晋、鲁之间,晋国支持太子蒯聩,不承认卫出公,鲁国支持卫出公,不支持太子蒯聩。

公元前484年,孔子回到鲁国,但他仍然不肯放弃对卫出公的支持。子路之死,就是埋祸于此。

孔子周游列国,前后14年,累计行程约5000公里。

他是在68岁高龄回到自己的祖国。

第七集
泰山之歌

[题辞]

孔子蚤作,负手曳杖,消(逍)摇(遥)于门,歌曰:"泰山其颓乎!梁木其坏乎!哲人其萎乎!"既歌而入,当户而坐,子贡闻之,曰:"泰山其颓,则吾将安仰?梁木其坏,哲人其萎,则吾将安放,夫子殆将病也。"遂趋而入。夫子曰:"赐!尔来何迟也?夏后氏殡于东阶之上,则犹在阼也;殷人殡于两楹之间,则与宾主夹之也;周人殡于西阶之上,则犹宾之也。而丘也殷人也。予畴昔之夜,梦坐奠于两楹之间。夫明王不兴,而天下其孰能宗予,予殆将死也。"盖寝疾七日而没。(《礼记·檀弓上》)

(一) 孔子的晚年

[画面]
1．蒙山，龟蒙顶。
2．山下的玉皇庙和庙前堆放的残碑。
3．残碑一，铭"〔万〕寿宫旧名玉虚观"。
4．残碑二（《重修颛臾王庙碑》），铭"重修颛臾王庙碑"、"圣宫旧有颛臾王殿"。
4．颛臾古城，背山面河。山是蒙山，河是浚河（古沂水）。浚河下游是费邑古城。
5．从桥上眺望浚河。

[解说]
孔子生命的最后六年，68—73岁，是在鲁国度过。他重返书斋，整理音乐，写作《春秋》。但他仍然不能忘情于政治。孔子虽赋闲在家，却派冉有、子路、子羔、子贡等人在季氏的家里和卫国做官，随时向他汇报。

在《论语》一书中，我们不难发现，他到晚年，对鲁国的政治已经完全绝望。

他对鲁哀公不满，对季康子不满，对自己的学生不能阻止他们的非礼也不满，常常发脾气。

当时，冉有是季康子的大管家。他希望这位有才能的弟子，能够帮他管管季康子，但糟糕的是，他常常帮季康子出馊主意，却不肯随时向老师汇报，有时还瞒着他（《论语·子路》）。

有一次，季康子打算吞并费邑附近的颛臾国。孔子说，这个风姓小国，是鲁国境内的小国，"昔者先王以为东蒙主"，它是负责祭祀东蒙山神的古国，冉有、季路，你们怎么不去阻止他？他们说，这又不是我们的主意，全是季氏要这么干。孔子说，那还要你们干什么？"吾恐季孙之忧，

蒙山脚下的重修颛臾王庙碑

不在颛臾,而在萧墙之内也"。(《论语·季氏》)

  他们谈到的颛臾,地点在山东平邑县的东南,就在蒙山主峰龟蒙顶的山脚下不远。蒙山就是孔子说的"东蒙"、孟子说的"东山"。

  孔子说,颛臾是"东蒙主"。汉代,泰山郡蒙阴县有蒙山祠(《汉书·地理志》)。郦道元也说,"(治水)东流迳蒙山下,有祠"(《水经注》卷二五)。蒙山祠,原在龟蒙顶下。据说贾公成祠西、蒙阳河东有土坛,就是祭祀蒙山处,现在已平,修了一个广场。祠前原有北齐天统五年(569年)《蒙山碑》和唐天宝五年(746年)《蒙山祠记碑》(宋赵明诚《金石录》卷三、卷七),也都亡佚。宋以来,蒙祠改祀颛臾王。

  颛臾王庙在哪里?是我们心中的问题。

  陪同我们参观的是蒙山书院的郭东昌先生。

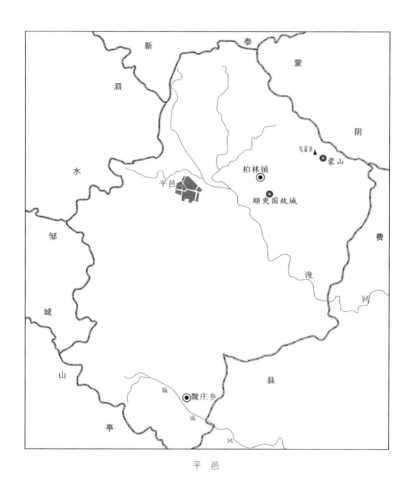

平 邑

现在，这些古迹已荡然无存，但土坛旧址附近有一座小庙，叫玉皇殿，庙前堆放着很多残碑。碑文说，万寿宫原名玉虚观，宫中有颛臾王殿，后来重修，叫颛臾王庙。

颛臾王庙已毁，但明清碑刻还是留下了记录。

颛臾故城，南北长600米，东西宽550米，略呈正方形。城墙残高一

泰 山

般为3—4米，最高处可达9米，基宽12米。冉求说，它"固而近于费"，既很坚固，而又离季氏的封邑费很近。此城在蒙山西南，平邑县柏林乡固城村之北，和费邑确实很近。这个村子叫固城村，正是取于冉求的话。现在，这座古城是一片庄稼地，一条南北向的公路穿城而过，把古城一劈两半。古城的北墙比较完好，特别是西墙和北墙的夹角，地势较高，古代的砖瓦和陶片，俯拾即是。

季康子旅祭泰山（大概是由林放代祭），这不是他的身份所能允许，冉有不加劝阻,说是管不了,孔子说,"呜呼!曾谓泰山不如林放乎",意思是,泰山有眼,绝不会饶恕这种行为(《论语·八佾》)。

季康子富于周公,而冉有为之聚敛,让他阔上加阔。孔子说,"非吾徒也,小子鸣鼓而攻之,可也"(《论语·先进》),号召同学,群起而攻之,干脆把冉有暴打一顿。

孔子死后,冉有还在,他和别的同学不同,似乎已完全融入了鲁国的政治,我们再也听不到他和他的同学还有什么联系。

孔子的学生是团结在子贡的身边。

(二)孔子四恸:伤子哀麟,回死由亡

[画面]

1. 《孔子圣迹图》:第98幅"西狩获麟"。
2. 颜林。
3. 戚城(孔悝城)。
4. 卞桥和卞桥镇。
5. 子路祠。
6. 子路墓。

[解说]

孔子的晚年,非常凄凉。

69岁,孔子的儿子孔鲤先他而去,他大哭一场。

70岁,孔子回顾自己的一生,好像把一切都看透了,因而写下了那个著名的"七十自述"(《论语·为政》)。他说,我都活到这把年岁了,已经"从心所欲,不逾矩"(《论语·为政》),既随心所欲,而又中规中矩,绝不违反礼的规定。听了这话,大家都以为,他是个非常乐观也非常达观的人。然而他的晚年,却是一场痛哭接一场痛哭,后面还有三次大哭。

71岁,齐国的陈成子弑齐简公,发生所谓"田氏代齐"。孔子请鲁哀公出兵讨伐,哀公让他问三桓,三桓不许(《论语·宪问》)。当时的历史,孔子实在看不下去。孔子晚年,他在续写《春秋》,从鲁隐公元年,一直写到鲁哀公十四年。这年的春天,鲁哀公打猎,抓到一只瑞兽,叫作麟。孔子说,麟是仁兽,麟被人抓,让他想到自己的不幸,终于明白,"吾道穷矣"。他"反袂拭面,涕沾袍",哭得很伤心,因此绝笔《春秋》,不再往下写(《公羊传》哀公十四年、杜预《春秋左传》序)。而更让他伤心的是,他最喜欢的学生颜渊,也在这一年去世。当时,他失声痛哭,大呼"天丧予,天丧予"(《论语·先进》)。

72岁,子路死于卫,对孔子打击更大。子路是卫卿孔悝的邑宰,在卫国有职务。这一年,年底有闰月,出亡晋国的卫太子蒯聩潜入戚城,把孔悝劫持到一座高台之上。孔悝的家臣栾宁通知子路,让他救孔悝,自己保护卫出公,逃往鲁国。当时,子羔闻乱,自城出,子路闻乱,却往城里跑,最后,战死在这座高台之下。激战中,他的帽带被砍断。他说,"君子死,冠不免",最后时刻,还要把帽带系好,死得很有尊严。孔子听说卫乱,料到子羔必逃,子路必死(《左传》哀公十五年)。噩耗传来,他失声痛哭,也是呼天抢地。他问,子路是怎么死的,使者说,被人剁成了肉泥,他赶紧叫人把厨房中的肉酱倒掉,唯恐想到子路的死(《礼记·檀弓上》)。

子路的死让他深受刺激。算起来,也就四个月,他就离开了人世,享年73岁(《春秋》经传哀公十六年)。

孔子的儿子孔鲤,死后葬在曲阜。现在的孔林有他的墓,就在他父亲的身旁。

孔子的学生颜回,在七十子中,地位最高,死后也葬在曲阜。他的墓地叫颜林,和孔子的墓地一样,也叫林。颜林,在山东曲阜的东南。

孔子的学生子路死于卫。卫地有四个子路墓,一在濮阳,一在清丰,

濮阳戚城遗址：子路结缨而死处

濮阳子路墓："文革"中被挖开，原来是一座汉墓

一在长垣，一在滑县。其中最著名，是濮阳的子路坟。

濮阳的子路祠和子路坟，在戚城遗址北。郦道元的《水经注》已经提到，戚城北有子路墓。但现在的子路祠和子路坟，是明清时期的东西。墓前有石牌坊和神道，神道两旁立有望柱、石虎、石羊，墓前有明清碑刻六通，"文革"期间，墓被掘开，有趣的是，出土的东西却是汉代的。原来，这是一个汉墓。后人是借汉墓，发思古之幽情。

(三) 孔子之死

[画面]

　　1.《孔子圣迹图》：第99幅"梦奠两楹"。

　　2.《孔子圣迹图》：第100幅"三垄植楷"。

　　3.《孔子圣迹图》：第101幅"治任别归"。

　　4. 子贡庐墓处。

　　5. 子贡手植楷。

[解说]

　　孔子晚年，心情很不好。

　　他跟子贡说，"予欲无言"(《论语·阳货》)，连话都不想说了。

　　他很绝望："甚矣吾衰也！久矣吾不复梦见周公！"(《论语·述而》)就连周公，他也梦不见了。

　　据说，临死前，他背着手，拖着拐棍，在门前走来走去。他唱了一首歌，歌词是："泰山其颓乎！梁木其坏乎！哲人其萎乎！"唱罢，他回到屋里，面对着大门，静静地坐着。

　　子贡听到这绝望的声音，知道老师的日子已经不多了，赶紧进屋看老师。

　　此时，颜渊、子路都已不在人世，只有子贡是最贴心的弟子。

　　孔子老泪纵横，呼着他的名字，对他说，赐（子贡的名字）！你来的

子贡庐墓处：相传子贡率孔门弟子为孔子守墓处

怎么这么晚啊？昨天晚上，我梦见我坐在"两楹之间"，那是殷人停尸的地方，我就是殷人的后代呀！贤明的君王怎么一直不出现，天下竟没有一个人肯接受我的主张，我是活不长了。

七天之后，他离开了人世（《礼记·檀弓上》、《史记·孔子世家》）。

孔子死后，弟子为他守孝，长达三年。

三年后，他们才告别老师。临行之际，抱头痛哭。

只有子贡，独自守墓，又是三年。

现在的孔林，孔子墓的西侧，有个砖房，是明崇祯十三年（1640年）立的"子贡庐墓处"；享殿后有个康熙六年（1667年）立的"楷亭"，亭前是所谓"子贡手植楷"。

这些都是用来纪念上面的故事。

(四) 孔林

[画面]

1．孔林，孔林的南墙是修在曲阜鲁故城的北墙上。

2．孔子墓，坟丘作马鬣封，墓前立两块碑，一前一后：后碑是蒙古乃马真后三年（1244年）立的《宣圣墓碑》，前碑是明正统八年（1443年）黄养正书《大成至圣文宣王碑》。

3．孔鲤墓。在孔子墓的东侧，偏南，墓前也立两块碑，一前一后：后碑为蒙古乃马真后三年（1244年）立的《式世祖墓碑》，前碑是明正统八年（1443年）黄养正书《泗水侯墓碑》。

4．孔伋墓。在孔子墓南，墓前也立两块碑，一前一后：后碑为蒙古乃马真后三年（1244年）《叁世祖墓碑》，前碑为明正统八年（1443年）黄养正书《沂国述圣公墓碑》。孔伋墓前石翁仲，原与享殿前的望柱、玄豹、甪端在一起，为宋宣和五年（1123年）制。

[解说]

这里是孔林，它是孔子和孔子后代的墓地。《史记》、《皇览》、《水经注》都提到这个墓地。

古书记载，孔子死后，葬在鲁城北边的"泗水上"。孔子墓占地一顷，孔鲤墓在它的东边，孔伋墓在它的南边，离得很近。其弟子和鲁人纷纷搬到墓地附近，有一百多家，形成一个村子，叫作"孔里"。

《鲁国之图碑》上的孔林，是一片树林，没有围墙。它的中间是"驻跸（bì）亭"。现在的驻跸亭，从北到南，依次为宋真宗驻跸亭、康熙驻跸亭和乾隆驻跸亭。图上的"驻跸亭"是宋真宗驻跸亭。现在的宋真宗驻跸亭是清代建的，但还保存着《宋真宗驻跸亭碑》。

《鲁国之图碑》把"孔子墓"画在西北角，"伯鱼墓"画在东北角，"子思墓"画在孔林入口处，三个墓，距离太大，与古书的描写不一样，

孔子墓:"文革"中被挖开,原来是一座空墓

孔鲤墓

并非实际如此。孔林东北有"仲尼燕居堂"和"燕居里",孔林西南有"赐恩里",今已不存。

古人说的孔里,是孔林附近的村子。现在的孔林,正南有个林前村,或说,这个林前村就是古代的孔里。但《鲁国之图碑》上,孔林南面是"文宪王庙"和"白鹤观",已经没有空间。它们的东边,倒是有个"孔圣村"。

古人说"某水之上",一般是指水的北岸。比如《论语·雍也》提到"季氏使闵子骞为费宰",闵子骞说,"善为我辞焉。如有复我者,则吾必在汶上矣","汶上"就是指汶水的北岸。但现在的孔林却在泗水之南。

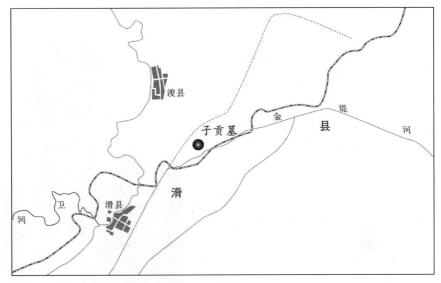

子贡墓

这片墓地,除去孔子、孔鲤、孔伋的墓,以及孔白、孔霸墓,都是明以来孔氏子孙的坟墓,即四十二世以来的坟墓。整个墓地,除了孔子墓前铺砌的石块,有些是汉代的东西;享殿前的望柱、玄豹、甪端,以及本在享殿前,后来移置孔伋墓前的石翁仲,是宋徽宗政和年间的东西,绝大部分都是明清以来的东西。

孔子、孔鲤、孔伋墓前的双碑,也是元明时期的东西。

(五) 子贡墓

[画面]

1. 子贡墓。在河南浚县城关乡张庄村南。
2. 明《改正先贤黎公墓祠记碑》。

3．浚县端木氏后人的墓碑。

[解说]

浚县（属鹤壁市）有子贡墓。子贡姓端木，这个姓比较少。

古书说，子贡死于齐，他怎么会葬在河南浚县呢？原来浚县城关有不少居民，就是姓端木。他们自认是子贡的后代。

子贡墓在二帝陵以西。张相梅的家就在浚县。我们在内黄考察后，出二帝陵，走小路（沙路），入浚县，经善堂，到县城，终于找到张庄。

子贡墓在村南的一片玉米地里，除了坟丘，只有一块明崇祯年间的碑。碑文是浚县的县令所撰。他说，大伾山下八里有张家庄，村人无知，立子贡石像于夷丘前，丘乃辽金墓，太可恨，他把墓中的东西掏出来，把子贡的石像埋下去，是为"改正先贤黎公墓祠"。此碑旁边还有一些墓碑，都是新近几年，端木氏的居民来此归葬。

子贡墓前的《改正先贤黎公墓祠记》碑。据碑文记载看，所谓子贡墓其实是一座辽墓

村中老人回忆，此墓原先的样子，墓前有石像生，石像生的前面有大殿，殿里有子贡的塑像，头顶天花板。殿前，有左右相向的碑刻，现在只剩这一通。

看来，这也是一个利用古坟，张冠李戴，造成的假坟。形式与子路墓相似。

第八集
尾声：死后的殊荣

[题辞]

孔夫子的做定了"摩登圣人"是死了以后的事，活着的时候却是颇吃苦头的……（鲁迅《在现代中国的孔夫子》）

（一）孔庙和孔府

[画面]

1．明曲阜城，自南门入，经仰圣门，经万仞宫墙，经金声玉振坊，依次至于孔庙。庙门洞开，推，从前院到后院。

2．阙里和所谓的"孔子故宅门"。

3．孔府。

[解说]

这里是孔庙。庙中有很多碑刻，历朝历代都有，但主要是宋、金、元，特别是明、清的碑刻。建筑更晚，主要是明、清，特别是清代的。

孔子的一生，除16年宦游在外，大部分时间都是在鲁国的旧宅中度过。

后世的孔庙是因宅为庙。司马迁说，早在汉代初年，这里已经设庙。他的住宅，他学生的宿舍，陈放着他生前使用的衣冠、琴瑟、车子和书籍（《史记·孔子世家》），好像一个博物馆。孔庙是在孔子的旧宅上扩建，越建规模越大，但它的前身还是孔子故居。这个历史记忆，还深藏其中。

司马迁来过这里，"观仲尼庙堂、车服、礼器"，流连不忍去（《史记·孔子世家》）。

郦道元也来过这里。他看到的孔庙，占地一顷，约合4.6万平方米。孔宅本身，院子不大，孔子住西房，孔母住正房，夫人住东房。屋里陈放着孔子生前用过的东西，其中有孔子坐过的车子，是复制品。原物毁于汉献帝时。庙中有孔子像，他的身边，有两个弟子"执卷立侍"（《水经注》卷二五），也许是颜回、子路吧？

他们看到的一切，还非常简陋。

现在的孔府，是明代才从孔庙分离，建在它的东面，从此形成庙西宅东的局面。他们是孔子后裔的住宅，不是孔子的住宅。现在所谓的"孔子故宅门"，是在这两大建筑群之间的夹缝里。名称本身，还留着一点对过去的回忆。

孔子想不到，他的故居，因历代帝王朝拜，已经宛如宫殿。

（二）大成殿

[画面]

大成殿，黄瓦，龙柱。室内光线黯淡，依稀可见孔子和四配十二哲的坐像和牌位。

面部特写：孔子的眼睛很大。

[解说]

这里是大成殿，大成的意思是"集大成"，来源是孟子的话（《孟子·万章下》）。

孔子端坐中央，冠垂冕旒，宛如帝王。

孔子的两侧，是四个二等圣人。东侧是复圣颜渊、述圣子思，西侧是宗圣曾子、亚圣孟子。这是南宋定下的四配，元代始加圣名。他们是按颜、曾、思、孟，一左一右排序，地位最尊。

靠墙是清代定下的十二哲，东六哲是闵子骞、冉伯牛、子贡、子路、子夏、有子，西六哲是仲弓、宰我、冉有、子游、子张、朱熹。他们也是按一左一右排序，地位次于四配，但高于其他学生。子贡排第五位，子路排第七位。

读《论语》，我们都知道，它提到的29个学生，其中最著名，要属孔门十哲，即这里的颜渊、闵子骞、冉伯牛、仲弓、宰我、子贡、冉有、子路、子游、子夏。还有三个小一点的学生，有子、曾子、子张，年纪和子游、子夏差不多，也很重要。这13人，是孔门最重要的弟子，毫无疑问。但另外三人，子思、孟子和朱熹，根本不是孔子的学生，他们是宋以来才塞进去的。

曾子不在十哲中，本来是孔门中最晚的学生。他和有子、子夏、子游、子张是一辈，即使在晚辈的学生中，也是晚辈，只比子张大一点。孔子生前，地位不如子路、子贡；孔子死后，地位不如有子，但宋儒却把他列为"四配"的第二位，地位仅次于颜渊。

子思、孟子，辈分更晚，根本不在七十子中。孔子死，子思才5岁，孟子还没出生，差着一百多年，但宋儒却把这两个小孩塞进来，列为"四配"的第三和第四，摆在十哲之上。

亚圣，本来是颜渊的头衔，后来却给了孟子。后人说，孔、孟、颜、曾，孟子还跑到了颜、曾之前。

朱熹，是孔子死后1600多年后的人，清代把他列为十一哲，位置也在有子之前。

这真叫"后来居上"，北京话叫"迈辈儿"了。

孔子想不到，颜、曾、思、孟想不到，朱熹也想不到。

读《论语》，我们都知道，孔子最疼颜渊，颜渊最听老师的话，老师夸他最多。但在《论语》中，出现最多，不是颜渊，而是子路，比颜渊的次数多一倍。其次是子贡，子贡也比颜渊多。论资历，论地位，他们就是比不上颜渊，至少也比曾子高。

这里的排序，完全不一样。它体现的是宋明理学的价值观。

(三) 大成殿的两庑

[画面]

1．大成殿的两庑，室内光线黯淡。东庑和西庑，从北朝南望，远处是亮光。牌位，一个接一个，依次递进。

2．世纪大讲堂，朱维铮教授说，五四运动打孔家店，其实打的不是孔家店，而是挂着满字招牌的朱家店。

[解说]

这里是大成殿东西两侧的廊庑。东庑陈放着40位先贤、39位先儒的牌位，西庑陈放着38位先贤、37位先儒的牌位。两庑先贤，主要是四配十二哲以外的孔门弟子（也包括孔子称道的前贤，如蘧伯玉）；两庑先儒，除公羊赤和穀梁高是先秦大儒，其他都是汉以来的大儒。

这里，宋儒周敦颐、张载、二程和邵雍，也列入先贤，算是孔子的学生，地位居然在汉儒之上。

孔门弟子排座次，历史上，各朝各代，有谁没谁，谁在前，谁在后，可以反映儒门内部评价标准的变化。这本身就是一部有趣的历史。

比如，司马迁讲孔门七十子，其中有个叫公伯缭的，《论语·宪问》作公伯寮，确实是孔子的弟子。但他到季氏那里告子路的黑状，不像好人。明以来，儒门中人，觉得这个家伙太坏，简直是孔门犹大，叛徒之流，不配做孔子的学生，所以把他除名，赶出孔庙。

还有一位，大家想不到，偌大孔庙，居然连荀子都容不下。

熟悉先秦思想史的人都知道，荀子是战国末年资格最老、学问最大的国际学者。不讲孔子，没有开头；不讲荀子，没有结尾。

恩格斯说，费尔巴哈是"德国古典哲学的终结"，荀子也是先秦诸子之学的终结。

荀子是子思、孟子的激烈反对者。子思、孟子讲性善、讲心性,是靠道德救世;荀子讲性恶、讲礼法,是靠制度救世。立场大不一样。

韩非和李斯,都是荀子的学生。

春秋时期,礼坏乐崩;战国时期,天下大乱。心性还是礼法,什么才能解乱局?几百年的争论,早就有结论。

宋儒既然把思、孟尊为二等圣人,荀子当然没位置。

同样是明代,他也被赶出孔庙。

什么是正统?什么是非正统?真是一清二楚。

(四)杏坛

[画面]

杏坛,金《杏坛碑》和乾隆御碑。

《鲁国之图》碑中的杏坛。

[解说]

孔宅中本没有杏坛。现在的杏坛是宋真宗重修孔庙时才立起来的。它是附会《庄子》中的一个故事:

孔子游乎缁帷之林,休坐乎杏坛之上。弟子读书,孔子弦歌鼓琴……(《庄子·渔父》)。

当年的孔子,是坐在家中讲习,或散步到舞雩台,在郊外讨论。在座的学生很少,一般只有两三人。

如果真有一个杏坛,恐怕也在郊外。

现在的杏坛不一样,它是由170个幽灵围坐在孔子身边,听他在冥冥之中，向他们讲述着什么，仿佛一座宏大的讲堂。

(五) 崇圣殿、启圣殿等

[画面]

1．崇圣殿、启圣殿等建筑，里面供奉的牌位。

2．东汉《礼器碑》，铭文画线处为"颜氏圣舅，家居鲁亲里；并官圣妃，在安乐里"。

[解说]

这里供奉着孔子父亲、母亲和妻子的神位。真是一荣俱荣。

孔子的父亲是叔梁纥，母亲是颜徵在，他的妻子叫什么？古书多作"亓官氏"，但汉代的碑刻告诉我们，她的姓氏是"并官氏"（《礼器碑》），唐代的《孔子家语》也这样写（《史记·孔子世家》索隐引）。

汉《礼器碑》证明，孔子的妻子是"并官氏"，而不是"亓官氏"

(六) 圣迹殿

[画面]

1．传顾恺之或吴道子画《孔子为鲁司寇像》（孔子半身像）。

2．明代彩绘《孔子为鲁司寇像》（孔子半身像）。

3．传吴道子画《孔子行教像》（孔子全身像）。

4．清雍正十三年（1735年）孔广棨立《孔子行教像》（孔子全身像）。

5．宋崇宁年间（1102—1106年）米芾画《孔子小像》（孔子全身像）。

6．宋绍圣二年（1095年）传顾恺之画《颜子从行小像》（孔颜随像）。

7．宋重和元年（1118年）《颜子从行小像》（孔行颜随像）。

8．宋刻《先圣小像》（孔行颜随像）。

9．宋绍圣二年传吴道子画《孔子凭几坐像》（孔坐十哲侍立像）。

10．明代石刻《圣迹图》第79幅：微服过宋。

11．明正统九年（1444年）张楷《圣迹图》。

12．明代彩绘《累累说圣图》。

[解说]

这里是圣迹殿，是以绘画表现孔子生平的地方。一种是孔子像，一种是孔子弟子像，一种是《圣迹图》。

孔子像，有半身像，有全身像。

半身像，有传顾恺之或吴道子画《孔子为鲁司寇像》，形象比较端庄。此像有不少仿制品。

明代彩绘，也有《孔子为鲁司寇像》，形象很可怕，却比前者更流行。司寇管杀人。也许是考虑到孔子担任的职务吧，此图豹眼环睁，杀气腾腾。

全身像，有传吴道子画《孔子行教像》。此像即清雍正十三年（1735年）孔广棨立《孔子行教像》所本。孔本改动很大，其实比前者好。作者笔下的孔子，很像一位山东大汉，威风凛凛，又温良恭俭让，现在最流行，几乎已成标准像。

孔子弟子像，有孔行颜随像，有十哲侍立像。

孔行颜随像，是表现孔子的得意门生颜回，紧随其后，亦步亦趋。宋绍圣二年（1095年）传顾恺之画《颜子从行小影》、宋重和元年（1118年）《颜子从行小影》、宋刻《先圣小像》都是这种像。

十哲侍立像，有宋绍圣二年传吴道子画《孔子凭几坐像》。十哲是孔子最重要的弟子。

佛教有本生故事，用来描写释迦牟尼的一生。

宋儒创造了描述孔子生平的连环画，这便是圣迹殿中的《圣迹图》。

明以来的《圣迹图》，对孔子的一生做了通俗宣传。

圣迹殿中的《圣迹图》篇幅很大，有120幅。它是从明正统九年（1444年）张楷的线描本发展而来。张本只有29幅。当时还有一种彩绘本，篇幅也比较小。

这些《圣迹图》，内容雷同。比如"丧家狗"的故事，所有《圣迹图》都有这幅画。明正统九年张楷线描本是第27幅，曲阜孔庙圣迹殿内的明万历二十年（1592年）石刻本是第79幅。明彩绘本的《圣迹图》也有这一幅，叫"累累说圣图"。上面的题辞，非常一致，都是《史记·孔子世家》中的那段话。

司马迁绝不会侮辱孔子，圣迹殿里也绝不会摆侮辱孔子的东西，孔子更不会骂自己。

这个故事很深刻，它生动地刻画出孔子的真实遭遇。

（七）十五碑亭

［画面］

十五碑亭，丰碑巍峨（仰拍）。上面镌刻着金、元、清三代异族王朝的颂扬之词。

日本占领曲阜期间的老照片。

［解说］

古人说："天下大乱，贤圣不明，道德不一……道术将为天下裂。"（《庄子·天下》）

孔子是个社会批评家，他的思想，又遭到其他批评家的激烈批评，成为众矢之的。没有这个众矢之的，就没有百家争鸣的先秦思想史，这个中国思想史上最辉煌的时代。

这是他的价值所在。

教书育人，传授经典，传播文化，他也是功莫大焉。

然而，孔子也是个热衷政治的人，亚里士多德说的"政治动物"。

在他心中，有个理想国。

他是个可爱的堂吉诃德。

唐虞是他的最高理想。退而求其次，他才推崇三代，推崇周公，希望回到周公的时代。

孔子敬仰的圣人是尧、舜，巍巍如山，最崇高，但他死后，他的学生（子贡、宰我和有若）却说，自有人类以来，没人比得上我们的老师，他比尧、舜还伟大。

知识分子的话，音量太小，只限于师门之内。

历代帝王也这么说，才家喻户晓。

古人有个预言，周与秦本来住在一起，后来却分手东西，分开500年之后，它们又合在了一起。这就是周太史儋的著名预言（《史记·秦本纪》引）。

现在，让我们回到本片开始的话题。

孔子的周公之梦，是以鲁继周，但他万万想不到，西周的继承者，不是东方的鲁国，而是西土的秦国。犬戎灭周，秦襄公护送平王东迁，平王与之盟誓，假如你能赶走戎人，这片土地就归你。后来，秦人沿着周人的足迹，不但收复了西周故土，还占领了整个东周，向东向东再向东，直到海天茫茫，望不到边。他们是周人的遗嘱继承人。

秦人是嬴姓，奉少昊为祖先。周公东征，在东方建立了鲁。鲁就是建在少昊之墟。很久以前，这个地方曾是秦人的祖先世代居住的地方。秦始皇的混一海内，是一次历史性的大回归。

秦灭六国，伤了六国的心，也伤了儒家的心。秦始皇想和知识分子交朋友，知识分子也想到他那里讨官做。他们两厢情愿，一拍即合，也有过短暂的蜜月，结果却不欢而散。焚书坑儒的悲剧发生后，孔子的七世孙孔鲋，一气之下，抱着孔家的礼器，到河南投奔陈胜，在陈胜的麾下当博士，为他出谋划策。他和陈胜一起，死在陈地。他是反秦战争的烈士，秀才造反的先驱。

但这只是一段小插曲。新一轮的合作还在酝酿之中。

楚为六国报了仇，也为儒家报了仇。孔子的平反昭雪是在汉代。

汉代的主流宣传，秦始皇是众矢之的，反秦的都是英雄。

刘邦说，秦失其鹿，天下共逐之，陈胜是首义的英雄。

汉高祖临死前，亲往曲阜吊谒，以大牢之礼祭孔子，也为陈胜置守冢，血食天下，视同六国诸侯。儒家是沾了陈胜的光，才重新扬眉吐气。从此，又恢复了他们与帝王的亲密关系。

由于历代帝王的尊崇，孔子的地位一天比一天高。中国的王侯，传世不过二三百年，孔子却是万世师表和永恒的贵族。

孔子说，"夷狄之有君，不如诸夏之亡也"（《论语·八佾》），但金、元、清三代，却比汉族还尊孔。北京的孔庙是蒙古人所建。这里的十五碑亭，除洪武、永乐二碑，都是征服者所立。

日本侵略军占领曲阜，对孔子也非常礼遇。他们在那里进行考古调查和考古发掘，留下不少老照片。

汉以来，孔子的地位非常高，不是称王称师，就是称公称侯。但他生前，却从未享受过这样的待遇。

他的头衔是一个很长的名单。

[字幕]（历代褒封的孔子称号，上下滚动）

孔子卒（前479年），鲁哀公作诔辞，称之为"尼父"。

西汉平帝元始元年（1年），追谥"褒成宣尼公"。

东汉和帝永元四年（92年），封"褒尊侯"。

北魏孝文帝太和六年（232年），改谥"文圣尼父"。

北周宣帝大象二年（580年），追封"邹国公"。

隋文帝开皇元年（581年），赠"先师尼父"。

唐太宗贞观二年（628年），尊为"先圣"；十一年（637年），再尊"宣圣尼父"。

唐高宗显庆二年（657年），复尊为"先圣"；乾封元年（666年），追赠"太师"。

唐武则天天授元年（690年），封"隆道公"。

唐玄宗开元二十七年（739年），追赠宣父为"文宣王"。

宋真宗大中祥符元年（1008年），加谥"玄圣文宣王"；天禧五年（1021年），改"至圣文宣王"。

元成宗大德十一年（1307年），加封"大成至圣文宣王"。

明世宗嘉靖九年（1530年），去"王"，尊为"至圣先师孔子"。

清世祖顺治二年（1645年），改为"大成至圣文宣先师孔子"；十四年（1657年），去"大成"，仍称"至圣先师孔子"。

孔子酷爱音乐，他不但喜欢鼓瑟，苦闷时还击磬。配乐，在最宁静的时刻，交替出现琴瑟和磬的声音，并用高山流水为映衬。

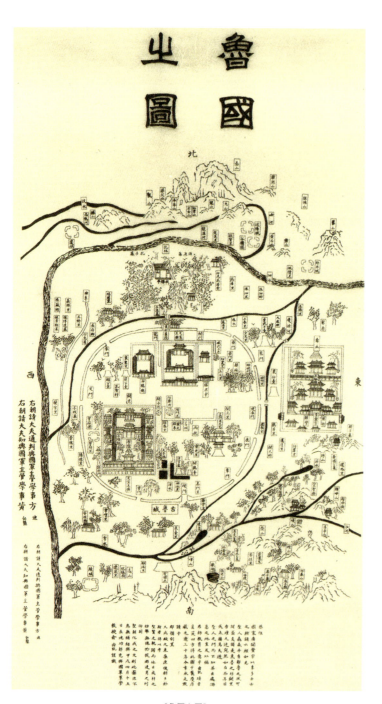

《鲁国之图》

读《鲁国之图碑》

一、碑图来源

鲁国之图碑，1985年发现于湖北阳新县第一中学。[1] 发现时，碑石断裂，文字剥落，损坏严重，幸亏中国国家图书馆有拓本，《湖北金石志》录有俞舜凯题识，可资复原。复原后的线图，对研究曲阜鲁故城的平面布局和有关景点非常重要。[2]

此碑正面，上有"鲁国之图"四字，下有俞舜凯题识：

> 恭惟国家广开黉宇，以幸多士。士之弦诵六经，如见圣人，森森乎有邹鲁之风，可谓盛矣。独是东鲁之邦、阙里杏坛之述，宛然如在，而耳目或未接焉。夫游圣人之门，而不知其出处游息之地，岂足以称君师教育之意乎！舜凯顷者负笈四方，得此图于袭庆府，藏之逾三十年，今幸承乏，敢请于郡模刻，置大成殿之东庑，庶使朝夕于斯

---

[1] 1989年，该校迁离原址，不知碑藏何处，是否还在原地。
[2] 曹婉如等编《中国古代地图集》（战国—元），北京：文物出版社，1990年，照片、拓本见图版50，看不清，复原后的线图见图版51，文字比较小。图中地名经仔细辨认都已释出，只有"徐山"、"採山"、"谷墙里"三名看不清，这里是据中国国家图书馆藏拓本写定。

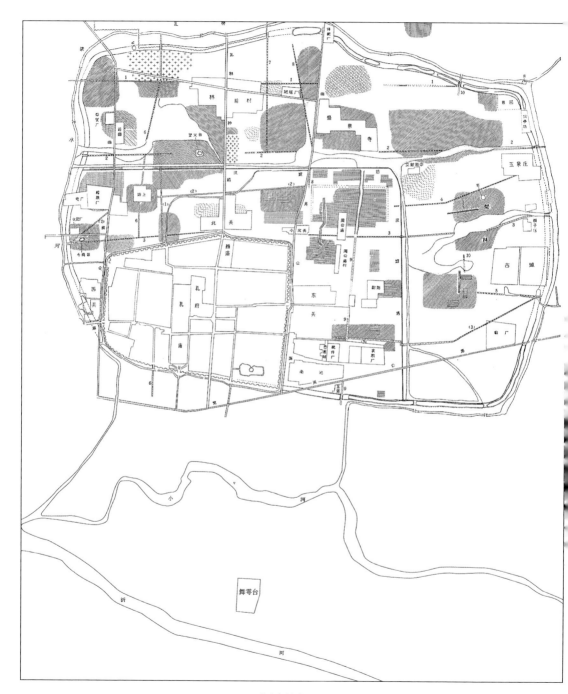

曲阜鲁故城

者，得以考圣贤之轨躅，而他日成材之效举，无愧于从游速肖之列。仰副圣朝化成之文，则此图亦不为无补。绍兴甲戌四月十五日，左迪功郎充兴国军军学教授俞舜凯谨识。

碑铭左下有落款：

> 右朝请大夫通判兴国军主管学事方迪
> 右朝请大夫知兴国军主管学事黄仁荣

俞舜凯，徽州婺源（今江西婺源）人，生卒年不详，主要生活于北宋徽宗和南宋高宗时。据题识可知，北宋宣和年间，他曾游学山东，在袭庆府获得此图。袭庆府是宋徽宗政和八年（1118）设置，府治在瑕县，即今济宁市兖州区，辖境包括瑕县（今济宁市兖州区）、奉符（今泰安市）、泗水、龚县（今宁阳县）、邹县（今邹城市）、任城（今济宁市任城区）、仙源（今曲阜市）、莱芜、金乡、鱼台十县。大体相当古代鲁国的范围，故碑图题为"鲁国之图"。

舜凯南渡后任兴国军军学教授，将此图摹刻上石，立于兴国军学大成殿东庑。据题识记载，立碑年代为绍兴甲戌，即宋高宗绍兴二十四年（1154）。图的来源，据舜凯自述，是得于三十年前，即宋徽宗宣和六年（1124）。此图之作当与宋真宗立仙源县有关。大中祥符元年（1008），封禅泰山后，他曾到曲阜祭孔，五年（1012）改曲阜县为仙源县，县衙设在曲阜城以东的旧县村。可见碑图上限是大中祥符五年（1012），下限是宣和六年，即大约作于1012—1124年之间，更大可能是作于1123或1124年。

此图以曲阜鲁城和鲁城四郊为中心，绘泰山以下、凫山以上之山水于南北两端，不仅包括今曲阜全境，还上及曲阜以北的泰安、莱芜、宁阳、

读《鲁国之图碑》 127

新泰、汶上、兖州、泗水、平邑,下及曲阜以南的邹城。阅读此图,有两篇文献是重要参考,一是《水经注》卷二五的《泗水》篇,一是《太平寰宇记》卷二一的《兖州》篇,下引不繁具注篇章,只简称《水经注》、《寰宇记》。

二、释读一:鲁城水系和城门

(一)鲁城七水

曲阜鲁城在泗水以南,沂水以北,四面环水,相当护城河。

1. 泗水,鲁城北面和西面有大河环绕,图中标"泗水"。泗水有两条支流,一条标"洙水",一条标"庆源河"。《水经注》:"泗水又西南流,迳鲁县,分为二流。水侧有一城,为二水之分会也。北为洙渎,《春秋》庄公九年经书:'冬,浚洙。'京相璠、服虔、杜预并言,洙水在鲁城北,浚深之,为齐备也。南则泗水,夫子教于洙泗之间,今于城北二水之中,即夫子领徒之所也。"《寰宇记》袭其说,云"洙、泗二水,在县北五里。泗水东自泗水县流入,在县与洙水并流,南为泗水,北为洙水,二水之间即夫子所居也"。郦说滋后人疑惑者,主要在于洙北泗南,与今相反。其实,郦书原文讲得很清楚,泗水过鲁县,分为二流,分流后的二水,北为洙渎,南为泗水,这不是讲洙水和洙水北面的泗水主流,而是讲泗水分流后的两个支流。他说的洙水是环城西北的护城河,为北面的支流;泗水是环城东南的护城河,为南面的支流。南面的支流即此图庆源河。庆源河,蒙其上游之名,也叫泗水。古人所谓"夫子教于洙泗之间",典出《礼记·檀弓上》"吾与女(汝)事夫子于洙泗之间",其实是教于这两条水之间。后人不知泗水有二,一为主流,一为支流,以为洙水故道在泗水北,夫子教于洙泗之间,不在今阙里,反在泗水以北,甚至把阙里搬到泗水以北，[1]这是不对的。或说洙北泗南是洙南泗北之误，夫子授徒，地点在《阙里志》提到的先圣讲堂，即洙泗书院，但这样一来，孔子讲学的地点就得搬到孔林东侧，[2]这也不合适。其实，最合理的解释还是，孔子授徒就在曲阜鲁城的阙里家中，所谓"洙泗之间"就是鲁城的代名词。洙是洙水，泗是庆源河。

2. 洙水，绕鲁城北，与泗水平行，穿孔林南，在鲁城西侧注入泗水。图中有一桥，是宋代的洙水桥，也叫璧水桥。金代衍圣公孔元措《孔氏祖庭广记》也提到这座桥，说明年代很早。

3. 庆源河，绕鲁城东，西南流，与"沂水"会合，今已断流。图中有二桥，是从东面进城的桥，北桥在始明门东北，南桥正对建春门，今废。

4. 沂水，源出尼山，从东往西流，在鲁城南面与庆源河会合，图中标"沂水"，即今大沂河，大沂河以北有小沂河。《水经注》："沂水北对稷门。"

5. 雩水，沂水与庆源河会合后的一段，图中标"雩水"。雩水西流，还注泗水。

6. 连泉，沂水与庆源河之间有一条河，图中标"连泉"。连泉即逵泉。《左传》庄公三十二年："成季使以君命命僖叔，待于鍼巫氏，使鍼季酖之。曰：'饮此，则有后于鲁国，不然，死且无后。'饮之，归及逵泉而卒。立叔孙氏。"《春秋》文公十六年："毁泉台。"《左传》文公十六年："有蛇自泉宫出，入于国，如先君之数。秋八月辛未，声姜薨，毁泉台。"泉宫即逵泉附近的宫观，泉台即泉宫中的台。鲁城南有逵泉，泉水自北向南，注入小沂河。《寰宇记》："逵泉沟，在县东南十里，源出县东南平泽，

---

[1] 参看杨伯峻《春秋左传注》（修订本），北京：中华书局，1990年，第一册，178—179页；曲英杰《史记都城考》，北京：商务印书馆，2007年，213页。

[2] 参看朗兴启《洙泗源流辩疑》，《泗水文艺》2014年1期，70—75页。

西南流，合卜沙沟，共流数里，同入于沂。《左传》庄公三十二年：'僖叔饮鸩归，及逵泉而卒。'一名连泉。"

7. 沙河，在邹城境内，图中接在沂水东，其实在沂水南。沙河分大沙河、小沙河，这里只于主河道标"沙河"。

(二) 鲁城十二门

鲁城十二门，从名称看，似与《月令》式的布局有关。

1. 东三门，从北到南，标"始明门"、"建春门"、"鹿门"。始明门，又标"莱门"。始明门外有"始明里"，建春门外有"建春里"。始明门，于十二辰当寅位，寅位为东方之始，其名盖取于东方始明，从名称判断，肯定是十二门之首。此门即《左传》隐公十一年、桓公元年的"莱门"。其名可能与备莱有关。莱芜有莱夷，在鲁东北。齐鲁夹谷之会，夹谷在齐鲁交界处，适当曲阜、临淄连线的中点。齐使莱人以兵劫鲁侯，就是发生在莱芜。莱门是东三门中最北的门，故《左传》定公八年又称"上东门"。建春门，于十二辰当卯位，卯位是仲春之位，古人以东方为春，仲春者，春已立，从名称判断，也与东方有关。鹿门见《左传》襄公二十三年、昭公十年。

2. 南三门，从东到西，标"章门"、"稷门"、"雩门"。章门，于十二辰当巳位，盛德在火，章有大明之义。东门第一门是以始明为名，南门第一门是取大明之义。稷门，见《左传》庄公三十二年、昭公二十二年、定公五年、哀公八年。稷是百谷之神，《急就篇》"祠祀社稷丛腊奉"，颜师古注"稷，先农也，故求福也"。先农祀于南，如北京的先农坛就在南郊。雩门，见《左传》庄公十年、哀公十一年，其名与舞雩有关，门外有里，标"雩坛里"。雩以求雨，稷以祈年，都与农业有关。稷门一名高门，故门内标"高门里"。高门很高，《左传》僖公二十年"新作南门"，杜预注："本名稷门，僖公更高大之，今犹不与诸门同，改名高门也。"《水经注》

引之,说"其遗基犹在地八丈余矣"。郦道元以高门为稷门之别名,这是对的,但说"亦曰雩门"则误。舞雩台在雩门东南、稷门西北,小沂河和大沂河之间。孔子宅离雩门最近,他到舞雩台散步,应以此门为便。

3. 西三门,从南到北,标"归德门"、"史门"、"麦门"。归德门外有"归德里"。鲁城西南门,汉代就叫归德门。明曲阜城西门是利用鲁城的西南门,门外有桥,桥壁南侧,旧嵌东汉归德桥碑,今藏曲阜汉魏石刻陈列馆,就是很好的证明。此门当十二辰的申位,申位是孟秋之位。古人以阳为德、阴为刑。归德可能与阳消阴长的概念有关。史门,《公羊传》闵公二年作"吏门"。史、吏二字,古人常混用,无所谓对错。麦门,当十二辰的戌位,戌位是季秋之位。《尚书大传》:"主秋者,虚昏中,可以种麦。"《礼记·月令》:"(仲秋之月)乃劝种麦。"此名可能与种麦有关,但不在仲秋,而在季秋。

4. 北三门,从西到东,标"龙门"、"闺门"、"齐门"。齐门内标"齐门里"。龙门是北门最西者。《寰宇记》:"北面有三门,最西者名子驹门。"子驹门即《左传》文公十一年的"子驹之门"。子驹是人名。闺门,多指内室之门,但《左传》昭公元年的"闺门"却是郑国的城门。古代方位概念,一般以北为内,南为外。这里的闺门应是鲁城的正北门。齐门,可能与备齐有关。齐、莱都在鲁城的东北方向,所以二门也放在这一方向,一在北门最东,一在东门最北。洙水在二门北,《春秋》庄公九年的"浚洙",指深挖鲁城北面的护城河,深挖此河干什么,目的是备战,预防齐人从北面入侵。《公羊传》闵公二年有"争门",《说文解字·水部》:"净,鲁北城门池也。"段玉裁注:"争门者,鲁北城之门。……净者,北城门之池。其门曰争门,则其池曰净。"[1]

《寰宇记》讲鲁城十二门,只提到五个门:莱门、石门、鹿门、稷门、

---

[1] 我怀疑,《公羊传》的争门,或相当此图龙门。龍与静字形相近,容易混淆,所谓争门,或为静门。

子驹门。东三门，莱门第一，石门第二；南三门，鹿门第一，稷门第三；北三门，子驹门第一。西三门和其他四门不详。[1] 乐史是以莱门、石门、某门为东三门，鹿门、某门、稷门为南三门，子驹门和其他二门为北三门。对照此图，莱门相当齐门，石门相当始明门，鹿门、稷门同，子驹门相当麦门。

此城仍有残墙在地面。考古发掘证实，确实是十二门。

三、释读二：鲁城内部

此城略呈椭方形，今分六区述之。

(一) 北区

1. 北区中：鲁城北区是以"文宪王庙"为中心。文宪王庙是宋代的周公庙。鲁国奉周公为始祖，周公庙是鲁国的祖庙，古人也叫太庙。《论语·乡党》"子入太庙，每事问"的"太庙"就是春秋晚期的周公庙。《水经注》："(季武子) 台之西北二里，有周公台，高五丈，周五十步。"所谓周公台，即鲁太庙旧址。图中所绘周公庙，比今庙靠北，比今庙大。其东西两侧各有一组建筑，分别标"胜果寺"、"白鹤观"。

2. 北区东：有胜果寺。胜果寺为佛教建筑。其东侧画一片树林，标

---

[1] 乐史所述，全据古书。这五个门，四见《左传》，一见《论语》、《吕氏春秋》，其他概未涉及。原文作"古鲁城门，鲁城，伯禽邑也。西五门，第一曰鹿门，即臧孙纥斩鹿门关以出。第三曰稷门，即围人荦能投盖于稷门"。按《鲁国记》云："古城凡有七门，东 (西)〔面〕有三门，最北者名莱门，《左传》哀公六年：'公子阳生请与南郭且于乘，出莱门而告之故。'注云：'鲁郭门也。'此南第二门，名曰石门，按《论语》：'子路宿于石门。'注云：'鲁城外门。'《吕氏春秋》云：'宋有桐门右师，鲁有石门归父。'即此门也。南面有一门，未详其名。北面有三门，最西者名子驹门，按《左传》文公十一年：'获长狄侨如，埋其首于子驹之门。'注云：'子驹，鲁郭门。'次东二门，无名。""西五门"似有错字。

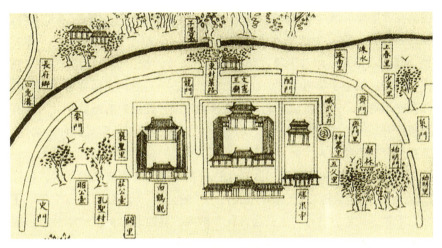

《鲁国之图》局部：鲁城北区

"颜林"。颜林东北标"神农里"、"五父里"和"臧武子井"。胜果寺，今名盛果寺。寺在盛果寺村东南，位于今周公庙以北。此图把胜果寺画在周公庙东侧，位置偏东。元好问，金元人，其《曲阜纪行十首》之八："白塔表佛屋，万瓦青鳞鳞。何年胜果寺，西与姬公邻。"他见到的胜果寺，还在周公庙以东，跟今天不一样。颜林是颜回的墓地，今在周公庙以东。曲阜有两颜林，西颜林在周公庙以东，即此；东颜林在防山，则是下东郊南部的"颜子墓"。五父里，与五父之衢有关。五父之衢，见《左传》襄公十一年、昭公五年、定公六年和八年。杜预注："五父衢，道名。在鲁国东南。"（在襄公十一年传）《寰宇记》："五父衢，在县东南二里。"与杜预说方向相同，但此图标在鲁城东北。《礼记·檀弓上》："孔子少孤，不知其墓，殡于五父之衢。"五父之衢应是孔子出鲁城，前往防山方向的路。孔子住在鲁城西南，自以出东南门为便，杜说可能更可靠。臧武子井，此

读《鲁国之图碑》　133

图画在胜果寺东侧,与《寰宇记》不同。[1]《寰宇记》有二井,"季桓子井,深八十八尺,在县中法集寺中。按《史记》'季桓子穿井得土缶',即此也","臧武仲井,深六十尺,在县东南一百步。按白裒《鲁记》云:'鹿门有两井,稍小于季桓子井,在鹿门西四里,一为季桓子所穿者。'"二井并在鹿门附近,不在鲁城东北,而在鲁城东南。此图只有臧武子井,没有季桓子井。今之所谓季桓子井,井在费邑古城。臧武子即臧武仲,名纥,是孔子夸奖的聪明人。

3. 北区西:有白鹤观。白鹤观是道教建筑。其西画二树二台,树标"褒圣里"、"孔圣村",台标"庄公台"、"昭公台"。庄公台见《左传》庄公三十年。《寰宇记》:"庄公台,在鲁城内,县西北二里。""昭公台,高二丈九尺,在庄公台西南五十步。《魏地形志》'鲁有昭公台'是也。"案古之乡里,房前屋后往往栽树,图中多以树木屋舍表示之,并把里名、乡名标在树木屋舍旁。图中所谓台者多为城中高地,有些可能是宫观、墓葬的遗址,古人往往以鲁国名人附会之,不一定可靠。

这三组建筑,文宪王庙居中,胜果寺居东,白鹤观居西,儒、释、道并列。文宪王庙和胜果寺,周围有冂字形墙基,疑即鲁灵光殿北部的墙基,前身是鲁国的宫城。

(二) 南区

1. 南区中:北面有凵字形墙基,标"鲁灵光殿基"和"小石城"。鲁灵光殿即鲁恭王在西周鲁故城内修建的宫城,殿基用石头垒砌,故亦名小石城。这段墙基与北面的墙基彼此对应,应属同一城。墙基内,西南角有大井,标"伯禽井"。井以东,标"端门里"。古书所谓端门,指宫之正南门。端门里以东的墙基,正中有门道,应即端门。门前标"两观",应

---

[1] 孔庙奎文阁前西碑亭内有元臧武子故台碑。

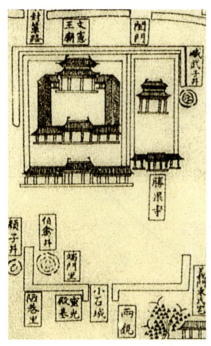

《鲁国之图》局部：鲁灵光殿

即城门前的双阙。两观以南，画五树三池三台。五树，标"灵光里"。三池，小池长方，在左上，标"太子池"；中池正方，在太子池南；大池作曲尺形，在中池东。三池下方，标"泮水"、"曲池里"。三台，大台标"泮宫台"，在泮水二池旁。中台、小台，一上一下，标"斗鸡台"，在泮宫台东。这一带是泮宫所在。伯禽井可能是防城门失火的井。伯禽井以西，墙外有"颜子井"；以东，墙外有"陋巷里"。陋巷似在颜子井附近，与今不同。今巷指颜庙西南、孔庙东侧的长巷。《春秋》定公二年："夏五月壬辰，雉门及两观灾。"雉门是鲁国宫城的南门，即图中的端门。两观是雉门外的双阙，即所谓孔子诛少正卯处。灵光里在鲁灵光殿南，是鲁灵光殿南住人的地方。曲池里在泮水南，是泮宫南住人的地方。曲池盖取于泮水东池，即曲尺形大池。鲁城北高南低，宫城在北边，池沼在南边。泮水、泮宫，见《诗·鲁颂·泮水》，是鲁城胜景。《水经注》讲鲁灵光殿和泮水、泮宫，它的描述是："孔庙东南五百步有双石阙，即灵光殿之南阙，北百余步即灵光殿基，东西二十四丈，南北十二丈，高丈余。东西廊庑别舍，中间方七百余步。阙之东北有浴池，方四十许步。池中有钓台，方十步，池台之基岸悉石也。遗基尚整，故王延寿赋曰：周行数里，仰不见日者也。是汉景帝程姬子鲁恭王之所造也。殿之东南，即泮宫也。在高门直北道西。宫中有台，高八十尺。台南水，东西一百步，南北六十步；台西水，南北四百步，东西六十步，台池咸结石为之，《诗》所谓'思乐泮水'也。"郦道元说泮宫在鲁灵光殿东南，高门正

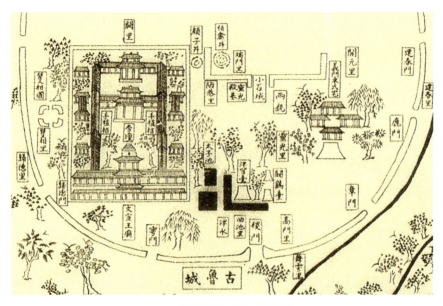

《鲁国之图》局部：鲁城南区

北，道西，与此图合。其所谓"阙之东北有浴池，方四十步许"，似为正方形，疑指泮水西池，但这个池在两观西南，不在两观东北，疑文有误。"宫中有台"指泮宫台。"台南水"和"台西水"是泮水东池，即环绕泮宫台以南和以西的曲尺形大池。《寰宇记》："灵光殿，高一丈，在鲁城内，县西南二里。鲁恭王余所立。""两观台，各高一丈。在县东五十步。""泮宫二池，在县南二里泮宫台南。""斗鸡台二所，高一丈五尺，相去各四步，在高门内，县南三里。"鲁城稷门外东侧旧有明两观台碑，今佚。孔庙以东有古泮池，旧有嘉靖四十五年古泮宫碑，今在孔庙同文门西碑亭内。

2. 南区东：画四树四屋一台，树标"开元里"，屋标"义门东氏宅"，台无榜题。开元里在鹿门内，鹿门外有开元乡，皆以开元为名。此名或与唐玄宗开元十二年（724）封禅泰山来曲阜祭孔有关。"义门东氏"疑是"义门陈氏"之误。义门陈氏是唐代的名门望族。

3．南区西：以阙里孔庙为主。此庙上标"阙里"，下标"文宣王庙"。文宣王庙是宋代的孔庙。庙分左中右三路、前中后三进，很大。前院，无榜题。中院，前有二树，标"孔子手植柏"，中有一台，标"杏坛"，后面的大殿，无榜题。后院，亦无榜题。庙之东侧有颜子井和陋巷里，已见上述。庙之西侧，画两树一城，城标"矍相圃"，树标"矍相里"。阙里的阙指两观，孔子住的里在两观以西，故名阙里。《论语·宪问》有"阙党童子"，就是住在阙里的孩子。孔庙是孔子的家庙，本来是私宅，很小，后来越盖越大，不但增盖孔府（1377），还变成一座城（1522）。只有孔庙东路的所谓孔子故宅，算是保留历史记忆。郦道元讲孔庙变迁，他的描述是："（周公）台南四里许则孔庙，即夫子之故宅也。宅大一顷，所居之堂，后世以为庙。……庙屋三间，夫子在西间东向，颜母在中间南向，夫人隔东一间东向。夫人床前有石砚一枚，作甚朴，曰平生时物也。鲁人藏孔子所乘车于庙中，是颜路所请者也。献帝时，庙遇火，烧之。……魏黄初二年，文帝令郡国修起孔子旧庙，置百石吏。庙有夫子像，列二弟子执卷立侍，穆穆有询仰之容。汉魏以来，庙列七碑，二碑无字。桧柏犹茂。庙之西北二里有颜母庙，庙像犹严，有修桧五株。"孔庙，今庙是金元以来的建筑。前院是十五碑亭。中院是大成殿所在。大成殿有孔子像和四配十二哲像，东西两庑有先贤先儒牌位，杏坛在中庭。孔子手植柏，早已毁于火，新树在大成门外。后院是寝殿和圣迹殿。孔庙七碑，即《乙瑛碑》、《礼器碑》、《礼器后碑》、《史晨碑》、《孔子庙碑》和两通无字碑。五通有字碑，今藏曲阜汉魏碑刻陈列馆。矍相圃已毁，旧有明矍相圃碑，今佚。这里值得注意的是，郦道元时，孔庙周围，只有颜母庙，没有颜庙。此图有颜子井、陋巷里，同样没有颜庙。今之颜庙是复圣庙，它要突出的是颜回，而不是颜母。《论语·雍也》："贤哉回也！一箪食，一瓢饮，在陋巷，人不堪其忧，回也不改其乐。贤哉回也！"颜庙是利用宋代的陋巷故址和颜子井改造而成。今庙有元皇庆元年（1312）陋巷故址碑和明嘉靖三十年（1551）陋巷井碑，就是证明。颜庙晚于颜林。今庙是元代才有。北宋无颜庙。元代的颜庙本来在曲阜东北的五泉庄，延祐四年（1317）才迁到陋巷故址。《寰宇记》："阙里，在县西南三里鲁城，东北去洙水百余步。""孔子祠，一名阙里。……在鲁城内，今县西南二里。""矍相圃，周回二里，高一丈，在鲁城内，县西南二里，孔子庙西南，孔子射所。""陋巷，在县城西南二里，孔子庙北二百步。"矍相圃在今曲阜通相圃街东首南侧，1958年12月建大众影院，现名曲阜影院。

四、释读三：鲁城四郊

鲁城，今名曲阜。曲阜一词见《书·费誓》序、《礼记·明堂位》等书。应劭《风俗通义》卷十："今曲阜在鲁城中，委曲长七八里。"今鲁城以北和西侧地势较高，古有长垄，西垄绘于图中，标"曲阜"，北垄在仙源县和鲁城以北，被孔林、穷桑所掩，既无图示，也无榜题。两道土垄，形如曲尺，即所谓曲阜。下文对鲁城四郊的划分，东郊是泗水以南、庆源河以东，并包括鲁城东北，洙水和庆源河分流处的夹角。南郊是鲁城以南、零水以北、庆源河以西、泗水以东。西郊是标为"曲阜"的长垄左右，北郊是泗水以南、洙水以北。

（一）东郊

1. 东郊北部

（1）仙源县城

城开四门，前面两个门，左右各一门。城内，前院画两座建筑，东

《鲁国之图》局部：仙源县城

标"县衙"，西标"县学"，西侧有巷道，除这两部分，整个城区都被景灵宫占据。景灵宫，上标"寿丘"，下标"景灵宫"。宫分前后院，前院的主体建筑是"太极殿"。后院无榜题。寝殿后有台。仙源县，今称旧县村，前有寿丘坊。景灵宫分三进。前院有水池，旁立宣和大碑，碑高16.95米，比正定出土的五代大碑还高，是名副其实的天下第一碑。原碑四通，二存二毁。毁掉的二碑，除地上残石，2009年还出土过一件龟趺。当年，宋徽宗派人把大碑运来，碑是躺在地上，还没来得及刻字，金兵已至。现存的二碑是1991年修复后所立。东碑无字，西碑有"庆寿"二字，为元燕山老人任筠轩题刻。中院只剩一堆碎石，是个废墟。后院，前有少昊陵坊，后有享殿和东西配殿。享殿后，前有台，后有丘。石台作覆斗形，上立小阁，阁内有少昊像，俗称"万石山"，现在算少昊陵。后面的土丘，现在算是寿丘。寿丘是传说的黄帝出生地，曲阜是传说的少昊之墟，景灵宫合祀一处。《寰宇记》："寿丘，高三丈，在县东北六里。"

（2）县城以北

图中画二树，两树中间标"穷桑"，旁标"至德里"，现在是块高地。《寰宇记》："《郡国志》云：'少皞自穷桑登帝位。'按穷桑在鲁国之北，后徙曲阜，颛顼亦自穷桑徙帝丘。"

（3）县城西北

齐门和始明门外，北有洙水，东有庆源河，形成一个夹角。这个夹角内有两树一台，从东到西，标"大庭乡"、"季武子台"、"上春里"、"少昊里"、"洙南里"。大庭乡与大庭氏之库有关。大庭氏之库见《左传》昭公十八年，是以大庭氏命名的武库。[1] 大庭氏即炎帝神农氏。《水经注》："县即曲阜之地、少昊之墟，有大庭氏之库，《春秋》竖牛之所攻也。"《寰宇记》："大庭氏库，高二丈，在鲁城内，县东一百五十步。"但图中只有大庭乡，没有大庭氏之库。季武子台见《左传》定公十二年，是季氏宫中的高台。上春里近始明门。始明门当寅位，寅位是孟春，上春是孟春。少昊里近少昊之墟。洙南里在洙水之南。《水经注》："阜上有季氏宅，宅有武子台，今虽崩夷，犹高数丈。台西百步有大井，广三丈，深十余丈，以石垒之，石似磬制。"除季武子台，还提到一口大井。《寰宇记》："季武子台，高三丈五尺，在县东二百五十步。"

(4) 县城西南

庆源河以东、县城以西有一台，标"襄仲台"。仙源城西南有"鹤居里"、"开元乡"、"还淳里"、"行芳里"。《寰宇记》："东门襄仲台，周回四十步，高五丈，在县东三里鲁城内，建春门南，故以姓氏为台之名。"但此图的襄仲台，不在城内，而在城外。东门襄仲，即东门遂，杀鲁文公嫡子立宣公者。

2. 东郊南部

图中有三山，"防山"在北，"尼山"、"颜母山"在南。防山，山上有一座建筑，上标"颜子墓"，下标"齐国公墓"，"齐国公墓"旁有"还朴里"。尼山，山下有两座建筑，左标"毓圣侯庙"，右标"宣圣庙"。颜母山，山下也有一座建筑，标"颜母庙"。防山在曲阜东。齐国公墓即孔子父叔梁纥墓，今墓叫梁公林，在防山北麓。梁公林有孔子父母合葬墓和其兄孟皮墓。颜子墓即东颜林，今墓在防山南麓。曲阜东南有尼山水库，尼山在水库北，昌平山在水库西，颜母山在水库东，尼山与昌平山之间有鲁

---

[1] 昭公五年有"大库之庭"，或以为"大庭之库"的讹写。

《鲁国之图》局部：尼山附近

源村。鲁源村附近有康有为题刻的《古昌平乡碑》，即传说孔子父叔梁纥当陬邑宰的陬邑。这一带不仅是孔子本人的出生地，也是其父母兄弟生于斯、葬于斯的地方。宣圣庙即尼山孔庙。毓圣侯庙是尼山的山神庙，今庙为尼山孔庙的东路。颜母庙在颜母山下的颜母庄，庙中有明弘治七年（1494）《周故夫子颜府君祠碑》。《寰宇记》："防山，在县东二十五里，高二里。""颜叔子墓，在县东南三十五里，亦名清陵坟。""尼丘山，在（泗水）县南五十里。叔梁纥祷尼丘山，生孔子。"颜叔子墓即此图颜子墓。《寰宇记》只有东颜林，没有西颜林。西颜林是后起。宁阳县也有颜庙、颜林，则是元以来的颜庙、颜林。

（二）南郊

孔庙离雩门最近，雩门外的大小沂河和舞雩台是孔子和他的学生散步游玩的地方。这个台子，位置在小沂河和大沂河之间，台上有明嘉靖四十五年（1566）《舞雩坛碑》，过去出土过东汉刻石，方方正正，只刻两"廡"字。此台经考古发掘，确实是个西周遗址，孔子当年见过的舞雩台。《论语》两次提到舞雩台，一见《先进》，一见《颜渊》，只称"舞雩"。《水经注·泗水》："（雩）门南，隔水有雩坛，坛高三丈，曾点所欲风舞处也。"则称此台为"雩坛"。此图有四个居民点。雩门外，西侧画五树一屋，标"雩坛里"、"芳桂乡"；东侧画二树一屋，标"泉台里"。稷门

读《鲁国之图碑》 141

外画一树,标"舞雩里"。图中未见舞雩台,但庆源河与沂河之间画有树林屋舍,泉台里与连泉隔河相望。舞雩里,名字与舞雩台有关。按鲁城外的这一带也是个风景区,有泉曰逵泉,有宫曰泉宫,泉宫有台,曰泉台,已见上述。我怀疑,泉台或即舞雩台。[1]

(三) 西郊

鲁城西侧有一条南北向长垄,图中标"曲阜",即所谓曲阜的西段。长垄以东,北有"赐田里"(摹本看不清是"赐恩里"还是"赐思里",拓本后两字残泐,似是"赐田里")、"长府乡"、"白兔沟",南有"子我墓"、"崇儒里";长垄以西,北有"五袴里"、"义兴里"、"来苏乡"、"陈博达墓"、"陈景韶墓",南有"苏宫里"。《寰宇记》:"陈博达墓,在县西北二十里。前有石兽四,石碑一,云'齐郡刺史武平五年立'。""宰我墓,在县西南二十里。"武平五年(574)是北齐年号。陈博达墓是个北齐墓。子我墓,即宰予墓或宰我墓,今墓在城南五里,墓前旧有康熙四十七年(1708)《宰子墓碑》,今佚。陈景韶墓,宋王十朋《梅溪集》卷四、卷十八有陈景韶,十朋(1112—1171)称为表叔,不知是否即此人。

(四) 北郊

中心画一片树林,上标"孔林"。孔林在鲁城以北,有"东封辇路"穿龙门,从洙水桥过洙水,进入孔林。孔林中心有一大型建筑,标"驻跸亭"。亭之左右各有一坟丘,左标"孔子墓",右标"伯鱼墓"(孔鲤墓)。"子思墓"(孔伋墓)在孔林南。孔林西南有一建筑,无榜题。孔林外,东北隅也有一建筑,标"仲尼燕居堂"。燕居堂以东,标"燕居里"。燕居里以东,洙泗二水间有"洙泗里"、"洙泗乡"。所谓仲尼燕居堂,盖惑于

---

[1] 孔庙西斋宿北墙有元杨惠谒庙及游逵泉诗碑,谓"鲁城南近泉名逵,考之即鲁泉台宫"。

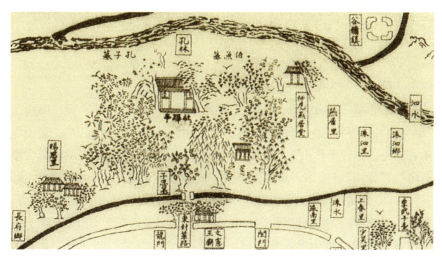

《鲁国之图》局部：孔林

洙南泗北说，故于泗北洙南设此堂。此堂即先圣讲堂和洙泗书院的前身。当时，孔林尚无林墙，今墙是元至顺二年（1331）始筑，南墙筑在鲁城北墙上。东封辇路是历代皇帝封禅泰山后，来此吊谒孔子的路。唐高宗封禅是乾封元年（666），唐玄宗封禅是开元十二年（724），宋真宗封禅是大中祥符元年（1008）。宋真宗来此谒墓，曾修驻跸亭，今亭有三，前为乾隆亭，中为康熙亭，后为真宗亭。孔氏三代的墓，在宋真宗驻跸亭西。《寰宇记》："孔子墓，高一丈二尺，在县西北三里。……今惟有柞树成林。""伯鱼墓，在孔子墓东一十步。""子思墓、颜回墓，在县东二十里防山下。"据此，北宋初年，孔林尚无子思墓，子思墓在防山。今孔氏三墓，孔鲤墓在孔子墓东，孔伋墓在孔子墓南。三墓，墓前皆双碑，明碑遮元碑。元碑是元乃马真后三年（1244）立。明碑是汉族推翻蒙古统治后，明正统八年（1443）立。孔子墓前有享殿、甬道，甬道两旁立华表、文豹、甪端、翁仲。华表、文豹、甪端是宋徽宗宣和五年（1123）立。

五、释读四：图之上下两端

(一) 上端：泗水以北

图之北端，画独立大山，标"泰山"。泰山以南有七山，标"甑山"、"梁父山"、"亭亭山"、"云云山"、"社首山"、"龙山"、"九山"。泰山以东有一山，标"肃然山"。泰山东南有四山，标"徂徕山"、"蒙山"、"黄石山"、"徐山"（徐字，摹本看不清，此据拓本而定）。蒙山西南有"野井城"，野井城西南有"佩犊里"。另外，汶水、扁鹊河之间还有"採山"（採字，摹本看不清，此据拓本而定）。这些山，泰山在泰安市区正北，其他山在其周围。甑山见《寰宇记》龚丘县，在"（兖）州〔东〕北七十里"。龚丘县，大观四年（1110），避孔子讳，改称龚县，即今宁阳县。宁阳县有神童山，疑即此山。梁父山在新泰前寺庄。亭亭山在泰安大汶口。云云山在新泰楼德镇。社首山在泰安火车站，与蒿里山相连，因凿山取石毁于1951年。龙山在莱芜东北。九山即曲阜九仙山。九仙山在神童山的东南。《寰宇记》："九山，在县北三十里。其山有九峰，因以为名。"九山也叫九峰山。肃然山在莱芜西北的寨里镇。徂徕山在泰山的东南。蒙山在平邑、蒙阴交界处。黄石山、徐山未详，图中标在崄河以东，可能在宁阳境内。野井城，今齐河县东南有野井城，与蒙山相距甚远。採山，疑与採金有关，在汶上东北。《读史方舆纪要》卷三三："採山，在汶上东北三十五里，与县北三十里坦山相接，皆出沙金。"这是泗水以北的山。

泗水以北的水有四条，"汶水"最北，汶水以南有"扁鹊河"，扁鹊河东南有二水，俱出九山，"龙沟河"在左，"崄河"在右，俱注泗水。这四条河，汶水即大汶河。大汶河的支流有所谓石汶、嬴汶、牟汶、柴汶。四水在大汶口合流。图中的扁鹊河，画在大汶河和崄河之间，并从採山下流过。此河应即洸河。洸河源自宁阳，流经兖州，在济宁南注入南阳湖。扁

《鲁国之图》局部：泗水以北

鹊河南有小城，标"虞城"，未详，估计在兖州、济宁境内。今崳河分两支，主支发源于宁阳梧桐峪，西支发源于曲阜吴村镇，二水南流，在曲阜王庄乡孙家道沟以东汇入泗河。前者即崳河，后者可能即图中的龙沟河。《寰宇记》："崳水，在县北四十二里。源出九山，东南流，入洙水，其溪涧崳隘。""入洙水"当是"入泗水"之误。崳河、泗水间有小城二，上城标"汶阳城"，下城标"谷墙镇"（墙字，摹本看不清，此据拓本而定）。谷墙镇西有"龙泉里"、"钦贤里"。《寰宇记》有三汶阳城，一为"古汶阳城，在（曲阜）县东北四十里"；一为"故汶阳县，在（龚丘）县东北五十四里"；一为"汶阳故城，汉为县，今故城在（泗水县）西"。古汶阳城是春秋鲁地，在泰安西南、曲阜东北，即肥城汶阳镇。故汶阳县是西汉汶阳县，在今宁阳。汶阳故城是东魏汶阳县，在今泗水。图中的汶阳城，位置在九山、崳河附近，当是西汉汶阳县的旧址。谷墙镇未详，估计在宁阳境内。

读《鲁国之图碑》

（二）下端：沂河、零水以南

图中地名，不在曲阜、邹城之间，就在邹城境内，乃曲阜南郊的延伸。这一区域，正中有台，标"古圜丘"，适当庆源河和沂河交会处。圜丘是古代帝王的祭天之所，通常在南郊。《水经注》："沂水又西，迳圜丘北，丘高四丈余。沂水又西流，昔韩雉射龙于斯水之上。……沂水又西，右注泗水也。"《寰宇记》："南郊圆丘，在县南七里。"圜丘以西有"郊阳里"，其名盖指郊南。此里以西画三树一小城，标"辽泉里"、"陵城"。辽泉里，里名与辽河有关。今曲阜西南有陵城镇。辽河源出曲阜九龙山蓼沟，也叫蓼沟河或蓼河。此河绕陵城镇北，西南流，与白马河会合，在邹城以西注入泗河。郊阳里和辽泉里之间的两个榜题，"凫山"当指下面那座山，"伏牺庙"当在此山。圜丘以东、沙河以南有"昌平山"、"嵝山"、"檀山"、"崇山"。崇山西麓画六树一屋，标"崇瀼里"、"芳桂里"。二里中有"伯禽墓"、"鲁文墓"、"鲁恭王墓"。《寰宇记》提到这三座墓："伯禽墓，高四丈四尺，在县南七里。""鲁文公墓冢，高五丈五尺，在县南九里。冢北有石人四，兽二。""鲁共王墓，高一丈，在县南九里。"案伯禽是第一代鲁侯，鲁文即鲁文公，鲁恭王是西汉鲁王。昌平山在曲阜、邹城交界处，偏东。嵝山在曲阜大王庄以南，偏北。檀山可能即其正南方向，邹城境内的庙山和圣土山（圣土山东南有著名的寺顶子遗址，也叫栖驾峪遗址）。二山以西，曲阜大小烟庄和前后彭庄以南有四座山，今名四峪山、柯篓山、盘龙山、珠山，疑即崇山。崇山以西的山，此图画在下面。图之南端画六山，标"四基山"、"白陵山"、"女陵山"、"张老山"、"峄山"、"凫山"。这六山，大体都在邹城境内。四基山，西麓有"孟子墓"，孟子墓东画两树一屋，标"孟子庙"。孟子墓即孟林。《寰宇记》已有孟轲墓，可见孟林并非北宋景祐四年（1037）始立。孟子庙即孟庙，今庙在邹城市区的东南。四基山，挨着曲阜九龙山，西汉鲁王墓就分布在这两座山上。白陵山未详，待考。女陵山，《史记·孔子世家》正义引《括地志》：

《鲁国之图》局部：沂河、雩水以南

"在曲阜南二十八里。"又引干宝《三日纪》，谓孔子"生于南山之空窦中……今俗名女陵山"。《读史方舆纪要》卷三二说，"尼山，或谓之女陵山"，但此图，尼山在北，女陵山在南，显然是两座山。张老山未详，北麓标"欹湖"，待考。峄山在邹城城区和北凫山之间。凫山在峄山以南和以西。邹城诸山，属这两座山最有名，如《诗·鲁颂·閟宫》"保有凫绎"就是讲这两座山。上述诸山，似乎是先北后南，先东后西。白陵山、女陵山可能是邹城东部的山。今邹城东部的山主要属于凤凰山系和青莲山系。

2014 年 10 月 23 日写于北京蓝旗营寓所

甘泉宫祭天金人．莫高窟323窟《张骞出使西域图》

秦汉祠畤通考[1]

中国早期的祭祀遗址，史籍缺略，难以详考，唯《史记·封禅书》、《汉书·郊祀志》专记其事，可作考古线索。秦之故祠以雍为多，达一百余所，西（今甘肃天水）亦数十祠，合崤以东名山五、大川二、八神祠，华以西名山七、大川四，及他杂祠，估计其数，当在二百左右，马非百《秦集史》（中华书局，1982年）下册705—715页对秦汉祠庙有所讨论，考秦七庙在渭南，当计入秦祠总数内，又据《水经注·渭水》、《晋书·束皙传》、《华阳国志》补凤女、曲水、蜀主恽、白起、土羊神、王翦六祠。西汉所兴，孝武为盛，数倍于前，成帝时达683所（光雍祠即有303所），哀帝时达七百余所，平帝即位，王莽颇改旧礼，制度为之一变。故王莽以下，当另为考证（参看《续汉书·祭祀志》和《水经注》）。今检二书所载，校以《汉书·地理志》，以时为经，以地为纬（所标地名为《汉书》旧名，先标明旧地治所，后括注今地方位），作为参考（祠名标·号者不见《地理志》，不标者见于《地理志》）。凡得秦汉故祠227所（其不详者473所，其中280所当在雍地，雍以外约有193所），述之于下：

---

[1] 参看林富士《汉代的巫者》附表六：《〈汉书·地理志〉所见祠庙分布表》，台北：稻乡出版社，1988年，第201—203页。此表所列西汉祠庙共103所。

(一) 京兆尹

1．秦孝公立：

虎候山祠。在蓝田（今陕西蓝田西）。

2．秦代立：

· 昭明。在长安（今陕西西安西北）的丰、镐（今陕西西安市长安区）。

· 天子辟池。同上。

太华山祠。在华阴（今陕西华阴县南）。

【案】太华山也叫华山，秦惠文王始祭华山，华山为汉代的西岳。

周天子祠（2所）。在湖县（今河南灵宝西北）。

· 天神祠。在下邽（今陕西渭南北）。

周右将军杜主祠（祠杜伯之鬼，4所）。在杜陵（今陕西西安东北）。

【案】《封禅书》作"于杜、亳有三（社）〔杜〕主之祠"。《郊祀志》两次提到杜主祠，"三"皆作"五"，《地理志》作"杜陵：故杜伯国，宣帝更名。有周右将军杜主祠四所"。《郊祀志》说，"雍菅庙祠亦有杜主"。

· 寿星祠（祠南极老人星）。同上。

3．汉高祖立：

· 蚩尤祠（祠蚩尤）。在长安。

· 梁巫祠（祠天、地、天社、天水、房中、堂上等）。同上。

· 晋巫祠（祠五帝、东君、云中君、巫社、巫祠、族人、先炊等）。同上。

· 秦巫祠（祠社〔杜〕主、巫保、族累等）。同上。

· 荆巫祠（祠堂下、巫先、司命、施糜等）。同上。

· 九天巫祠（祠九天）。同上。

· 灵星祠（也叫赤星祠）。在长安城东十里。

【案】此为武帝太祝所领六祠之一，地点是据《封禅书》正义引《庙记》，《孝武本纪》索隐谓赤星即灵星。

4．汉文帝立：
- 长门五帝坛（祠五帝）。在霸陵（今陕西西安东北）长门正北。

5．汉武帝立：
- 神君祠（祠长陵女子以乳死者）。在长安上林苑蹳氏观。
- 亳忌太一祠（祠太一、五帝）。在长安东南郊。

【案】此亦武帝太祝所领六祠之一，"亳"亦作"薄"。

- 三一祠（祠天一、地一、太一）。在亳忌太一坛上。

【案】此亦武帝太祝所领六祠之一。

- 黄帝祠（祠黄帝）。在亳忌太一坛旁。
- 冥羊祠。同上。

【案】此亦武帝太祝所领六祠之一。

- 马行祠。同上。

【案】此亦武帝太祝所领六祠之一。

- 太一祠（祠太一）。同上。
- 泽山君祠。同上。

【案】《封禅书》作"泽山君"，《郊祀志》作"皋山山君"，"皋"是"泽"之误。

- 地长祠。同上。
- 武夷君祠。同上。

【案】武夷君见楚占卜简。

- 阴阳使者祠。同上。
- 寿宫神君祠（祠太一、大禁、司命等）。在长安寿宫中。

6．汉宣帝立：
- 白虎祠。在长安（？）。
- 随侯祠。在长安未央宫中。

秦汉祠时通考　151

【案】可能与随侯之珠有关。

- 剑宝祠。同上。
- 玉宝璧祠。同上。
- 周康宝鼎祠。同上。

【案】以上四祠皆与珍宝有关。

- 岁星祠。在长安城旁。
- 辰星祠。同上。
- 太白祠。同上。
- 荧惑祠。同上。
- 南斗祠。同上。

(二) 左冯翊

1．秦献公立：
- 畦畤（祠白帝）。在栎阳（今陕西临潼东北）。

2．秦代立：

河水祠。在临晋（今陕西大荔东南）。

【案】汉宣帝河水祠因之。

3．汉高祖立：
- 河巫祠（祠河）。在临晋。

4．汉武帝立：
- 甘泉宫台室（祠三一等天神）。在云阳（今陕西淳化西北）甘泉宫中。
- 甘泉太一祠（也叫太畤，祠太一、五帝、群神从者及北斗等）。在云阳甘泉宫南。

【案】《地理志》"太一"之"太"皆作"泰"，甘泉太一祠合下汾阴后土祠亦为武帝太祝所领六祠之一。

淳化甘泉宫遗址：太一祠所在

越巫䄉（辜）鄗（禳）祠（从越人勇之言所立，3 所，祠天神上帝百鬼）。同上。

【案】此为汉武帝伐南越后所立越祠。

· 通天台。同上。

【案】《封禅书》两见，一作"通天茎台"，一作"通天台"，《郊祀志》无"茎"字，索隐谓"茎"字衍。

5．汉宣帝立：

径路神祠（祭休屠王）。在云阳。

【案】匈奴语称刀剑为"径路"。

6．年代不详：

天齐公祠。在谷口（今陕西礼泉县东北）。

五床山祠。同上。

仙人祠。同上。

五帝祠。同上。

休屠祠。在云阳。

【案】此为汉武帝夭匈奴休屠部后所立胡祠。

金人祠。同上。

【案】金人即休屠祭天金人。金人祠也是胡祠。

(三) 右扶风

1．西周晚期立：

·武畤。在吴阳（今陕西宝鸡市西北的吴山之阳）。

好畤。在好畤（今陕西乾县东）。

2．秦文公立：

·陈宝祠（祠陈宝）。在陈仓（今陕西宝鸡市东）北阪城。

鄜畤（祠白帝）。在陈仓一带。

【案】此为秦"雍四畤"之一。

3．秦宣公立：

密畤（祠青帝）。在雍（今陕西凤翔西南）地附近的渭水南岸。

【案】此亦秦"雍四畤"之一。

4．秦灵公立：

上畤（祠黄帝）。在吴阳。

【案】此亦秦"雍四畤"之一。

下畤（祠炎帝）。同上。

【案】此亦秦"雍四畤"之一。

5．秦代立：

汧水祠。在郁夷（今陕西宝鸡县西的汧渭之会）。

·岐山祠。在美阳（今陕西岐山东北）。

- 日祠。在雍。

【案】秦在雍所立"百有余庙",可考者只有以下21所。

- 月祠。同上。
- 参祠。同上。
- 辰祠。同上。
- 南北斗祠。同上。
- 荧惑祠。同上。
- 太白祠。同上。
- 岁星祠。同上。
- 填星祠。同上。
- 辰星祠。同上。
- 二十八宿祠。同上。
- 风伯祠。同上。
- 雨师祠。同上。
- 四海祠。同上。
- 九臣祠。同上。
- 十四臣祠。同上。
- 诸布祠。同上。
- 诸严祠。同上。
- 诸逑祠。同上。

【案】《封禅书》作"逑",《郊祀志》作"逐",并为"遂"之误。

- 杜主祠。在雍地的营庙。
- 鸿冢祠。在雍。

【案】黄帝臣鬼臾区号大鸿,死葬雍,曰鸿冢。鸿冢山在陕西凤翔。

- 吴山祠。在汧(今陕西陇县西南)。

【案】吴山,《封禅书》作"吴岳",《郊祀志》作"吴山"。吴山在陕西宝鸡西北。

・垂山祠。在武功（今陕西眉县东）。

【案】垂山古名敦物，即今太白山，《封禅书》、《郊祀志》"垂"误"岳"。太白山在陕西眉县、太白、周至三县交界处。

・霸水祠。在咸阳附近。

・产水祠。同上。

【案】产水即浐水。

・长水祠。同上。

・沣水祠。同上。

・涝水祠。同上。

・泾水祠。同上。

・渭水祠。同上。

・汧渊祠。疑在汧水上游。

6．汉高祖立：

北畤（祠黑帝）。在雍。

【案】汉代的"雍五畤"是以秦"雍四畤"合此为五。

・南山巫祠（祠南山秦中〔即秦二世之鬼〕）。在陈仓南十里的仓山中（参看《史记・秦本纪》"伐南山大梓"句正义引《括地志》）。

7．汉文帝立：

・渭阳五帝庙。在渭城（今陕西咸阳）灞、渭之会的渭水北岸（今陕西长安东北）。

8．汉宣帝立：

・劳谷祠。在鄠（今陕西户县北）附近。

・五床山祠。同上。

・日月祠。同上。

・五帝祠。同上。

・仙人祠。同上。

・玉女祠。同上。

9．年代不详：

太昊、黄帝以下祠。在雍。

【案】《地理志》："雍：秦惠公都之，有五畤，太昊、黄帝以下祠三百三所。"这303所祠应包括上面提到的秦祠21所，但"三百三所"，《郊祀志》作"本雍旧祠二百三所"。

黄帝子祠。在隃麋（今陕西千阳东）。

上公祠。同上。

明星祠。同上。

【案】明星即太白。

黄帝孙祠。同上。

舜妻育冢祠。同上。

黄帝子祠。在虢（今陕西宝鸡县）。

周文武祠。同上。

斜水祠。同上。

褒水祠。同上。

（四）河东郡

1．秦代立：

首山（即薄山，也叫雷首山）祠。在蒲阪（今山西永济西南）。

2．汉高祖立：

・后土庙。在汾阴（今山西万荣西）南。

3．汉武帝立：

・后土祠。在汾阴脽丘。

【案】汾阴后土祠合上甘泉太一祠亦为武帝太祝所领六祠之一。

4．年代不详：

万荣秋风楼:后土祠所在

天子庙。在大阳(今山西平陆西南)。

尧山祠。在蒲阪(今山西永济西南)。

(五)河南郡

汉武帝立:

延寿城仙人祠。在缑氏(今河南偃师东南)。

(六)东郡

1. 秦代立:

济庙。在临邑(今山东东阿)。

汶上蚩尤冢（新古迹）：兵主祠所祭

蚩尤祠刻石

2．汉宣帝立：

蚩尤祠。在寿良（今山东东平西南）西北沛水（济水）上。

【案】今山东汶上南旺镇有蚩尤冢。

（七）颍川郡

1．秦代立：

· 太室山祠。在嵩高（今河南登封）。

【案】太室山为汉代的中岳。

2．汉宣帝立：

太室山庙。在嵩高。

【案】今仍有太室阙在，见吕品《中岳汉三阙》，文物出版社1990年。

少室山庙。同上。

【案】今仍有少室阙在，见吕品《中岳汉三阙》。

· 夏后启母石祠。在汉中岳（今河南登封）

【案】今仍有启母阙和启母石在，见吕品《中岳汉三阙》。

（八）南阳郡

秦代立：

· 淮庙。在平氏（今河南桐柏西北平氏）。

【案】据《封禅书》索隐引《风俗通》。汉宣帝淮水祠因之。

（九）庐江郡

汉代立：

天柱山祠（天柱山即灊山）。在灊（今安徽霍山东北）。

【案】天柱山为汉代的南岳。

（十）济阴郡

年代不详：

尧冢灵台。在成阳（今山东菏泽东北）。

（十一）沛郡

汉高祖立：

· 枌榆社。在丰（今江苏丰县）。

（十二）常山郡

汉代立：

恒山祠。在上曲阳（今河北曲阳西）。

【案】恒山为汉代的北岳，即河北唐山大茂山，武帝以来作"常山"。

（十三）涿郡

秦代立：

· 鸣泽祠。在容城（今河北容城北）。

【案】地点是据《封禅书》索隐和正义。

（十四）济南郡

秦代立：

· 天主祠。在临淄（今山东淄博东北临淄北）南郊天齐渊。

【案】天主为秦"八神"之一。天齐渊在临淄古城南，今涸无水。

（十五）泰山郡

1．秦以前立：

泰山庙。在博县（今山东泰安东南旧县）。

【案】泰山为汉代的东岳。

· 社首山祠。同上。

【案】社首山在泰安火车站，1951年凿山被毁。

秦汉祠畤通考

临淄古城天齐渊:天主祠所祭

天齐瓦当

新泰梁父山：地主祠所祭

亭亭山祠。在钜平（今山东泰安南）。

【案】亭亭山在泰安大汶口镇。

· 地主祠。在梁父（今山东新泰西）。

【案】地主为秦"八神"之一。梁父山即新泰前寺庄映佛山。

· 云云山祠。在柴县（今山东新泰西南柴城）。

【案】云云山在新泰楼德镇。

2．汉武帝立：

明堂（祠太一、五帝、后土、高祖）。在奉高（今山东泰安东）西南四里汶水上。

- 石间山祠。在泰山下阯南方。
- 高里山祠。在博（今山东泰安东南旧县）。

【案】高里山即蒿里山。

- 肃然山祠。在嬴（今山东莱芜西北）。

3．年代不详：

蒙山祠。在蒙阴（今山东蒙阴西南）。

(十六) 齐郡

汉宣帝立：

逢山祠（祠石社石鼓）。在临朐（今山东临朐）。

【案】《地理志》作"逢山祠"，《郊祀志》作"蓬山祠"。

(十七) 东莱郡

1．秦代立：

- 阴主祠。在曲成（今山东莱州东北）三山（即参山，今山东莱州北汕岛）。

【案】阴主为秦"八神"之一。

- 阳主祠。在腄（今山东烟台）之罘山（今山东烟台北芝罘岛上）。

【案】阳主为秦"八神"之一。

- 月主祠。在黄县（今山东龙口东）莱山（今山东龙口东南）。

【案】月主为秦"八神"之一。

- 日主祠。在不夜（今山东荣成北）成山（即盛山，今山东荣成成山头）。

【案】日主为秦"八神"之一。

2．汉武帝立（？）：

莱州三山岛：阴主祠所在

龙口庙周家遗址：月主祠所在

烟台芝罘岛：阳主祠遗址

阳主像

荣成成山头海洋环境监测站：日主祠遗址

万里沙祠。在曲成（今山东莱州东北）三山。

3．汉宣帝立：

之罘山祠。在腄（今山东烟台）之罘山。

・参山八神祠。在曲成三山。

成山日祠。在不夜成山。

・莱山月祠。在黄县莱山。

莱山松林莱君祠。同上。

4．年代不详：

海水祠。在临朐（今山东莱州西北）。

百支莱王祠。在㟭县（今山东龙口西南）。

胶州琅琊台遗址：四时主祠所在

琅琊台刻石亭

（十八）琅琊郡

1．秦代立：

·四时主祠。在琅琊（今山东胶南西南琅琊台）。

【案】四时主为秦"八神"之一。

2．汉武帝立：

太一祠。在不其（今山东崂山西北）。

仙人祠。同上。

【案】连上共9所。

明堂。同上。

3．宣帝立：

四时祠。在琅琊。

4．年代不详：
· 凡山祠。在朱虚（今山东临朐东南）。
三山祠。同上。
五帝祠。同上。
莱山莱王祠。在长广（今山东莱阳东）。
环山祠。在昌县（今山东诸城北）。

(十九) 临淮郡

江海会祠。在海陵（今江苏泰州市）。

(二〇) 会稽郡

1．楚春申君立：
历山祠。在无锡（今江苏无锡）。
2．秦代立：
会稽山祠（山上有禹冢、禹井）。在山阴（今浙江绍兴）。
【案】今绍光有大禹陵。

(二一) 汉中郡

秦代立：
· 沔水祠。在南郑（今陕西汉中东）。

(二二) 蜀郡

秦代立：
· 渎山祠。在湔氐道（今四川松潘北）。
· 江水祠。在成都（今四川成都市）。
【案】成都文庙街旧有江渎祠，今毁。

（二三）越巂郡

汉宣帝立：

金马、碧鸡祠。在青蛉（今云南大姚）禺同山（今云南姚安）。

（二四）益州郡

年代不详：

黑水祠。在滇池（今云南晋宁县东北晋城镇）。

（二五）武都郡

秦文公立：

- 怒特祠。在故道（今宝鸡市西南大散关东南）。

【案】见《史记·秦本纪》正文及集解、正义。

（二六）陇西郡

秦襄公立：

- 西畤。在西县（今甘肃礼县）。

【案】《封禅书》、《郊祀志》皆云："西亦有数十祠"。今礼县西山遗址和鸾亭山遗址可能即西畤。

- 人先祠。同上。

【案】《封禅书》集解引《汉注》、索隐引《汉旧仪》说陇西西县有"人先祠"，或即西"数十祠"之一。

（二七）金城郡

年代不详：

西王母石室。在临羌（今青海湟中北）西北塞外。

仙海。同上。

盐池。同上。

弱水祠。在临羌西须抵池。

昆仑山祠。同上。

(二八) 安定郡

秦代立：

端旬祠（15所，胡巫祝）。在朝那（今宁夏固原东南）。

湫渊祠。同上。

【案】湫渊即固原东海子。

(二九) 上郡

1．汉宣帝立：

五龙山仙人祠。在肤施（今陕西横山）。

【案】《郊祀志》作"五龙山祠"。五龙山在陕西横山城殿镇五龙山村。

黄帝祠。同上。

·天神祠。同上。

·原水祠。同上。

【案】《地理志》作"五龙山、帝原水、黄帝祠四所"，《郊祀志》作"黄帝、天神、原水之属"。

2．年代不详：

黄帝冢。在阳周（今陕西子长西北）桥山（今陕西靖边杨桥畔龙眼城）。

(三〇) 西河郡

汉宣帝立：

天封苑火井祠。在鸿门（估计在今陕西横山县的白界、响水一带）。

固原湫渊

湫渊祠遗址

【案】疑由天然气喷发而附会。榆林地区属鄂尔多斯油田。

(三一) 辽西郡

  1．秦代立：

  ·碣石祠。在絫（今河北昌黎南）碣石山（今河北昌黎西北仙台山）。

  2．年代不详：

  高庙。在且虑（今辽宁朝阳市西）。

(三二) 胶东国

  汉宣帝立：

  天室山祠。在即墨（今山东平度东南）。

  【案】《地理志》作"天室山"，《郊祀志》作"太室山"。

  三户山祠。在下密（今山东昌邑东）。

  【案】《地理志》作"三石山"，《郊祀志》作"三户山"。

(三三) 东平国

  秦代立：

  ·兵主祠。在东平陆（今山东汶上西北）监乡。

  【案】兵主即蚩尤，为秦"八神"之一。

(三四) 鲁国

  秦代立：

  ·驺峄山祠。在驺（今山东邹县东南）。

  【案】秦称邾为邹。

（三五）广陵国

　　汉宣帝立：

　　江水祠。在江都（今江苏扬州市西南）。

（三六）长沙国

　　秦代立：

　　· 湘山祠。在益阳（今湖南益阳东）北（今湖南岳阳西南）。

（三七）地点不详

　　· 洛渊祠。疑在洛水上游。
　　· 蒲山祠。不详。
　　· 岳〔嵎〕山祠。不详。

　　汉武帝立：

　　· 明年祠（"明年"也叫"延年"）。在执期（今山东半岛一带）。

1996年12月31日写于北京蓟门里
1997年6月2日改定于美国西雅图

　　补记一：周振鹤《中国历史文化区域研究》，复旦大学出版社，1997年，51—81页：《秦汉时期宗教文化景观》对秦汉祠畤的地理分布有专门讨论。其附录一《西汉郡国祖宗庙的分布》共列西汉祖宗庙167所，其中太上皇庙8所，高庙53所，孝文庙57所，孝武庙49所；附录二《西汉成帝初年祠庙的分布》共收汉代祠畤152所，可参看。

　　【案】拙考所列西汉祖宗庙只有且虑之高庙，未收其他，如加上周文所考的其他166所，则不详者为307所（其中雍地占280所，雍以外占27所）。

补记二：1975—1982年，修筑青藏铁路的工人在青海省天峻县二郎洞附近发现汉代遗址，遗址出有"长乐未央"、"常乐万亿"瓦当，学者推测即上临羌西王母石室。参看曹清景《天峻县王母洞前发现古建筑遗址》、卢耀光《天峻西王母石室和西王母宫古遗址调查考略》，收入阿旺尖措等编《昆仑神话与西王圣母》，黄山书社，1998年，174—197页。

补记三：齐临淄故城一带多出"天齐"半瓦，应即天主祠所在天齐渊的遗物，见山东省文物管理处《山东临淄齐故城试掘简报》，《考古》1961年6期，289—297页；赵超《释"天"》，《考古》1983年1期，66—67页。

补记四：齐地的八主祠是由两部分组成，一部分是仿三才，曰天主、地主、兵主三祠，在泰山和泰山南北一带，偏西；一部分是配日月、阴阳、四时，在胶东半岛的南北两岸，偏东（日主、阳主祠在东，月主、阴主祠在西，四时主祠在南）。它们，除日主、阳主祠有早期遗址，出土瓦当、玉器等物，月主、阴主和四时主祠也有早期遗址和瓦当等物发现（而且它们多有以所当八神为名的晚期祠庙，或附始皇庙，或兼海神庙）。

补记五：2009年，我曾与罗丰、信立祥、栾丰实、王睿考察朝那古城和湫渊祠，湫渊今名东海子，是一堰塞湖，湖边有旧庙废墟。据李诚《重修朝那湫龙神庙记》（收入固原地方志办公室编印《明清固原州志》，2003年，40页），旧庙毁于宋金，1314年由土人佛玉保重建，所祭之神曰盖国大王。

（原载李零《中国方术续考》，北京：东方出版社，2001年）

秋风楼

汾阴后土祠的调查研究

汉武帝以来的西汉祠畤，前后加起来，总数有七百多个，其中地位最高，名气最大，要数甘泉泰畤（祭天）、汾阴后土祠（祭地）和雍五畤（祭五帝）。这三大祠，雍五畤在陕西凤翔县，地面上已渺无踪迹，至今没有找到；甘泉宫在陕西淳化县，虽有石鼓石熊、残砖剩瓦和高大废墟，但武帝以后，无人祭祀；旧的塌了新的盖，屡废屡兴，两千多年来，还保持着祭祀，只有山西万荣县的汾阴后土祠。今存后土祠虽是清代建筑，但早期遗址必在附近，不会太远。它究竟在万荣县的庙前村一带，还是像有些学者推断，是在它东面的孤山附近？过去曾有争论。2002年5月17—24日，我们在山西进行地理考察，对这一问题做过一点调查，回来查阅资料，整理印象，对问题有一个大致判断。这里把有关情况和我们的想法介绍一下，供大家参考。[1]

---

[1] 本文是李零与唐晓峰共同调查共同讨论的结果。文章由李零搜集资料，执笔写成。文中的地图是由北京大学历史地理研究中心马保春同学绘制。写作过程中，并得到中国建筑技术设计院建筑历史研究所钟晓青先生的指点和帮助。

一、山西万荣县的地理沿革

汾阴后土祠在今山西万荣县境内。现在的万荣县是1954年由旧荣河、万泉两县合并而成，荣河在西，万泉在东。[1]

旧荣河县，前身是战国魏汾阴邑，秦汉、魏晋南北朝、隋代和唐代初年，绝大多数时间都叫汾阴县。汾阴是因其地在汾水之南而得名。汉文帝十六年（前164年）曾在此修庙，祠河求鼎。汉武帝踵其事，在此设立后土祠，竟两次获鼎，元鼎元年（前116年）是一次，四年（前113年）是又一次，皆以获鼎为祥瑞。开元十一年（723年），唐玄宗效元鼎故事，在此重祭后土，之前也有两件铜鼎出土，故把汾阴县改名为宝鼎县。[2]大中祥符四年（1011年），宋真宗也到汾阴祭后土，又把宝鼎县改名为荣河县。[3]"荣河"，即"荣光出河"的简称，"荣光出河"，见《宋书·符瑞志上》、今本《竹书纪年》卷上和《路史·后纪·陶唐氏》等书，[4]来源是尧舜禅让的符瑞传说。这类故事不仅见于汉代纬书（如《尚书中候握河纪》），也流行于魏晋以来的很多作品。据说，尧舜禅让之前，修坛河洛，择吉沉璧，求《河图》、《洛书》之出，有所谓"荣光出河，休气四塞"。后来讲符瑞的人，把这个典故用得很滥，荣河荣河，不绝于口，干脆使用简称。如《陈书·高祖本纪》"是以文武之佐，磻溪蕴其玉璜；尧舜之臣，

---

[1] 参看万荣县志编纂委员会《万泉、荣河县志》，内部印刷，1999年。
[2] 《旧唐书·玄宗本纪》："（十一年春二月）壬子，祠后土于汾阴之脽上，……改汾阴为宝鼎县。"《旧唐书·礼仪志四》记唐玄宗第一次祭后土在开元十一年二月十六日，曰："先是，脽上有后土祠，尝为妇人塑像，则天时移河西梁山神塑像，就祠中配焉。至是，有司送梁山神像于祠外之别室，内出锦绣衣服，以上后土之神，乃更加装饰焉。又于祠堂院外设坛，如皇地祇之制。及所司起作，获宝鼎三枚以献，十一年二月，上亲祠于坛上，亦如方丘仪。礼毕，诏改汾阴为宝鼎。"《元和郡县图志》："宝鼎县……本汉汾阴也，属河东郡。……开元十一年，改为宝鼎县。"
[3] 《元丰九域志》卷三："大中祥符四年改宝鼎县为荣河，隶庆成军。"
[4] 今本《竹书纪年》卷上所述全同《宋书·符瑞志上》，或说前者是抄袭后者，其实不一定。因为这类传说在汉代非常流行，取材多端，不自一途。

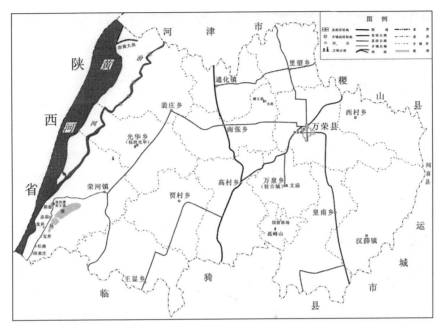

山西万荣县

荣河镂其金版",梁简文帝《大法颂并序》"荣河耻其祥润,汾阴聘其晖影"(《全梁文》卷十三),"荣河"就是简称,而且在用法上,已经和地名差不多,等于说"荣光所出之河"。唐玄宗祭后土,太史也用"荣光出河"拍马,等于说,玄宗有尧舜之德。[1] 宋真宗为什么要把唐宝鼎县改名为荣

---

[1]《通典》卷四五:"开元十一年,玄宗自东都将还西京,便幸并州。至十二年二月二十二日,祠后土于汾阴脽上。太史奏:'荣光出河,休气四塞,祥风绕坛,日扬其光。'"唐吕温《河出荣光赋》(《全唐文》卷六二五)还把"荣光出河"倒过来讲。

河县？原因就在，这样的话，皇帝都爱听，用于汾阴，非常吉利。[1] 他们三个，唐玄宗学汉武帝，宋真宗学唐玄宗，"宝鼎"和"荣河"都是取其祥瑞之义。县名本身反映了祭祀传统的延续。

旧万泉县，战国秦汉和魏晋南北朝属于汾阴县。唐武德三年（620年），始分出为万泉县。县城建于北魏道武帝天赐元年（404年）修建的薛通城故址。薛通城是邑人薛通（薛氏是汾阴世族）防赫连勃勃东侵，筑城自保而修建，位置在孤山的北面，是一座依托山势修建的军事性城堡。孤山在旧万泉县境的南面而偏西。万泉县之所以叫万泉县，就是以孤山之上多泉水而名。[2]

寻找后土祠，有两个地点值得注意，一是庙前村一带，一是孤山附近。

庙前村在旧万荣县西南汾水和黄河交会的地方，北距河口约4.5公里，正好在今后土庙的南面。庙前村叫庙前村，主要就是因为它在今后土庙的前方（古以南为前）。庙前村和今后土庙的西侧，是战国秦汉以来的汾阴古城，北、西、南三面已没入黄河，只有东墙留在岸上（详下第六节）。庙前村南约3.5公里，是唐宝鼎县和宋荣河县所在，过去叫宝鼎镇，现在叫宝井村，唐城和宋城也都在黄河岸边。1921年，为避水患，才把荣河

---

[1]《读史方舆纪要》卷四一于荣河县下记："开元十一年，获宝鼎，因改县曰宝鼎。宋祥符三年，又改为荣河县，又置庆成军。"案：真宗祭后土在大中祥符四年二月，到达宝鼎的具体日期有丙辰（十二日）、丁巳（十三日）二说，壬戌（十八日）始建宝鼎为庆成军，改县即在其时，这里当从《元封九域志》，顾氏作"三年"误。

[2]《元和郡县图志》："万泉县，上。东北至州一百二十里，本汉汾阴县地，属河东郡。又薛通城者，后魏道武帝天赐元年，赫连勃勃僭号夏，侵河外，于时有县人薛通，率宗族千余家，西去汉汾阴县城八十里筑城自固，因名之。武德三年，于薛通故城置万泉县，属泰州。县东谷中有井泉，因名万泉。"

县迁到庙前村以东约7公里现在叫荣河镇的地方。[1]过去，一般都认为，汉代的后土祠，唐宋的后土祠，位置是在庙前村一带。

孤山在旧荣河县以东的旧万泉县境内。唐以来的万泉县，县治在今万泉乡，过去也叫古城镇。它离旧荣河县约31公里，比较远，位置正好在孤山的北面。孤山东南的山麓有个叫阎子疙瘩的地点，1930年由卫聚贤倡导，董光忠等人曾在这一地点试掘，发现过汉代宫殿遗址。由于遗址在旧万泉县，而不在旧荣河县，卫聚贤推测，这一遗址才是真正的汾阴后土祠（详下第五、第六节），他的说法对不对，下面会进行讨论。

现在的万荣县，1954年的新县城，县城是设在解店镇（即飞云楼所在），南距旧万泉县城约6.5公里，位置在旧万泉县城的北面而略向西偏。

这是两县的地理沿革，以及境内古城与山川形势的大致关系。

二、山川形势与河道变迁

在上节的描述中，我们已经提到，汾、河为荣河之胜，孤山为万泉之胜，这一地理特点还值得做进一步分析。

---

[1] 杨富斗《山西万荣县发现古城遗址》(《考古》1959年4期,205页)说庙前村北距河口约1.5公里，南至宝井村（唐宝鼎县、宋荣河县）约4公里，东至荣河镇约7.5公里。王世仁《记后土祠庙貌碑》(《考古》1963年5期，273—277页) 说庙前村北距河口5公里，南距宝井村亦5公里。二文所记略有不同，这里的距离是马保春同学根据《山西省地图集》（上海：中华印刷厂，1973年，1:250000）按直线距离测算。关于民国十年的荣河之迁，张柳星《重修荣河县志叙》（民国石印本，1935年）说："荣邑旧城向在宝鼎镇，距此廿五里，左眉岭，右大河，系隋开皇时创建，迄今垂数千年，河身日高，县城日低，潮湿倾圮，不胜修理。民初纪元，群议迁徙，逮至十年，始迁于此。"（收入上引《万泉、荣河县志》，254页）。又张去疾《范公池歌》序也说"荣河县治西门内地势洼下，一遇淫雨，即成泽国"。

(一) 汾、河的形势

1．汾水。自山西北部和中部，沿吕梁、太岳二山间的河谷南注，自侯马转向，绕吕梁山的南端和峨嵋岭的北麓西行，经新绛、稷山、河津三县，进入万荣县的西部（即旧荣河县境），然后再东南流，入于黄河。[1]

2．黄河。穿晋陕峡谷南流，出龙门而始宽。古汾阴之地，在黄河东岸，汾水入河处。它的北面是河津县（古皮氏县）的禹门口（东岸是龙门山，西岸是梁山），东面是万荣县（旧万泉县）的孤山，西面隔河相望是陕西韩城县（古夏阳县）的梁山，南面是临猗县（古猗氏县）和永济县（古蒲坂县）。永济县的蒲津渡，是山西通往陕西的主要渡口，对面为陕西大荔县的朝邑镇（古临晋），是传统祭河的地方。[2]

(二) 河道变迁与城址、祠址的变迁

汾阴古城在庙前村的西北，为什么唐迁宝鼎（宋称荣河），要搬到庙前村的南面，民国移治荣河镇，要搬到庙前村的东面？原因很简单，是为了避水患。同样，后土祠的位置变动，也与河道变迁有关。汉祠在哪里？没于水中，还是仍在岸上？这个问题还有待调查。唐祠在什么地方，我们也不知道。《文献通考·郊社考九》说："汾阴后土，汉武帝元鼎中所立脽上祠，宣帝、元帝、成帝、后汉光武、唐玄宗皆亲祭。是后，旷其礼。开宝九年，徙庙稍南，是年，始遣使致祭。"开宝九年是宋太祖在位的最后一年（976年），和太平兴国元年是同一年。我们只知道，宋后土祠是在唐后土祠的南面。另外，我们从金《后土庙像图碑》（下简称"《庙图碑》"）看，宋金后土祠还是位于汾、河二水交会处。明清后土祠似乎也距

---

[1] 参看：《水经注·河水四》"（河水）又南过皮氏县西"、"又南出龙门口，汾水从东来注之"、"又南过汾阴县西"、"又南过蒲坂县西"四条的有关描述。
[2] 参看：《水经注·汾水》"（汾水）又南过临汾县东"、"又屈从县南西流"、"又西过长脩县南"、"又西过皮氏县南"、"又西至汾阴县北，西注入河"五条的有关描述。

河口不远。[1] 金代的后土祠，曾发生火灾，秋风亭被焚，只剩废墟。[2] 元明重建，最初仍叫"秋风亭"，后改称"秋风楼"。[3] 明万历年间，汾水冲岸，庙宇倾圮。[4] 清代，黄河三决，庙亦三度被淹，不断移地重建，最后落在庙前村北的今址。[5] 城的移徙和祠的移徙，都能反映河道的变迁。河道变化，总趋势是，汾水不断从北向南摆动（或扩展），黄河不断从西向东摆动（或扩展），[6] 迫使城向南向东搬迁，但祠虽屡迁，并不远徙，即使有所移动，也总在汾、河二水交会的那个夹角里，否则也就失去了它原来的祭祀意义（这类祠址和它们依托的山川形势有固定关系）。

（三）脽丘的位置

脽丘，也叫郊丘或葵丘。古人说后土祠是位于这个小丘之上，并把丘上之地称为"脽上"或"脽壤"。"脽"的意思是人的尾椎。"脽丘"是一道土岗，好像人的尾椎。"郊丘"或"葵丘"，颜师古说，恐是当代方言

---

[1] 明乔宇《汾阴祠记》："去祠三百步许，是为汾河。"（收入上引《万泉、荣河县志》，626 页）案：乔宇（1457—1524 年），明孝宗和武宗时的名臣，《明史》有传，传世文集有《乔庄简公集》。

[2] 宋金郊基秋风亭，后改名秋风亭。金曹之谦《题秋风亭故基》诗："危亭冠雉堞，飞构何崔嵬。一夕堕劫火，变化成烟灰。颓基翳蓬蒿，坏道封苔莓。萧条古城上，空有秋风来"（收入《全金诗》卷一三〇），他所看到的"秋风亭故基"，就是焚毁的秋风亭。

[3] 元明清三代，不断有人来此登临赋诗，看来不久又重修。此亭，明人犹称"秋风亭"（如明祝颢《登秋风亭》），但不久就改称"秋风楼"。这一名称一直延续到清代和民国。

[4] 参看清戴儒珍《迁建汾阴祠记》（收入上引《万泉、荣河县志》，638 页）。

[5] 荣河东岸的黄河三决，一次是在顺治十二年（1655 年），一次是在康熙元年（1662 年），一次是在同治元年（1862 年）。今后土祠是同治九年（1870 年）知县戴儒珍在阎村村北高阜上重建，见上引《万泉、荣河县志》，470 页。关于顺治十二年的决口，可参看清潘国华《重建汾阴后土祠记》（收入上引《万泉、荣河县志》，628—629 页）；关于康熙元年的决口，可参看清陈觐圣《后土庙自康熙元年河决被冲修志有感》诗（同上书，662 页），关于同治元年的决口，可参看清戴儒珍《迁建汾阴祠记》（同上书，638 页）。

[6] 参看：水利部黄河水利委员会《黄河水利史述要》编写组《黄河水利史述要》，北京：水利电力出版社，1984 年，17 页。

的异称。[1] 脽丘这个地点，它的位置在哪里？地形什么样？范围有多大？古人只有简短描述。第一是如淳说，第二是郦道元说，大体相同。他们都说这是贴着汾水南岸和河水东岸的一条土岗，南北长约四五里，东西宽约二里，高约十丈，如果按汉尺一尺长23.1厘米计算，就是长约1663—2079米（约今3—4里），宽约832米（约今1.5里），高20—30米左右（原文"十余丈"，10丈是23.1米，15丈是34.65米）。[2]

（四）孤山的形势

孤山，古称介山（也叫"汾山"）。一般理解，"孤"、"介"的意思，都是形容此山孤耸独峙。这种说法比较有道理，因为它是峨嵋岭以南，与稷山邻近，拔地突起，不与它山相连的一座孤山，[3] 但还有一个可能，它相当古人说的"介丘"，即禅地的小山，如古人常把社首叫"介丘"。[4]《汉书·武帝纪》引汉武帝太初二年诏，曰"朕用事介山，祭后土"，"用事"

---

[1]《汉书·郊祀志》"上遂立后土祠于汾阴脽上"，师古曰："二说皆是也。脽者，以其形高起如人尻脽，故以名云。一说此临汾水之上，地本名脽，音与葵同，彼乡人呼葵音如谁，故转而为脽字耳，故《汉旧仪》云葵上。"
[2]《汉书·武帝纪》"上遂立后土祠于汾阴脽上"，如淳曰："脽者，河之东岸特堆掘，长四五里，广（一）〔二〕里余，高十余丈。汾阴县治脽之上。后土祠在县西。汾在脽之北，西流与河合。"郦道元《水经注·汾水》"又西至汾阴县北，西注于河"条曾描写脽丘的位置和范围，也说"水南有长阜，背汾带河，阜长四五里，广二里余，高十丈。汾水历其阴，西入河，《汉书》谓之汾阴脽"。
[3]《水经注·汾水》"又西过皮氏县南"条："文颖曰：介山在河东皮氏县东南。其山特立。"《清史稿·地理志·山西》"万泉"，注："东：介山，其峰孤山。城南山阴暖泉。……"《读史方舆纪要》卷四一说孤山"在县西南十里，一名介山，以亭然孤峙，不接他山也"。案：介山又名汾山，见《水经注·汾水》"又西过皮氏县南"条；又名孤山，见《太平寰宇记》卷四六。
[4]"介丘"，或说是大山，或说是小山（读如"芥"），如《史记·司马相如传》："钦哉，符瑞臻兹，犹以为薄，不敢道封禅。盖周跃鱼陨杭，休之燎，微夫斯之为符也，以登介丘，不亦恧乎！"集解引《汉书音义》曰："介，大；丘，山也。言周以白鱼为瑞，登太山封禅，不亦惭乎！"就是以为大山；扬雄《法言·吾子》："升东岳而知众山之峛崺也，况介丘乎！浮沧海而知江河之恶沱也，况枯泽乎！"宋咸注："介，小也。"就是以为小山。古书常以"介丘"与"梁父"并举，如《晋书·礼志下》："登介丘，履梁父。"唐代封禅泰山，也把行禅礼的社首山称为介丘，并把社首坛称为介丘坛，见《旧唐书·礼仪志三》。介山或有这类含义。

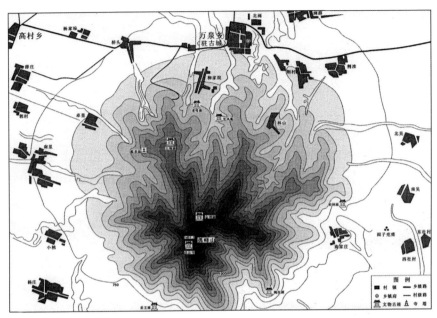

孤 山

是祭祀的意思。看来，武帝祭后土，也顺便祭介山。两者的确有关系。《汉书·扬雄传》记汉成帝元延二年（前11年）祠后土，[1]说"其三月，将祭后土，上乃帅群臣横大河，凑汾阴。既祭，行游介山，……"也是把汾阴和介山联系在一起。又文颖曰："介山在河东皮氏县东南。其山特立，周七十里，高三十里。"（《水经注·汾水》"又西过皮氏县南"条引）他说的介山，从方位看，只能是汉汾阴县的介山。《汉书·地理志》和《续汉书·郡国志》也说河东郡汾阴有介山。可见这个介山就是旧万泉县的介

---

[1] 扬雄《河东赋》是写于汉成帝的哪一年，王先谦《汉书补注》曾有所讨论，定为元延二年。《西汉会要》卷十也把《汉书·扬雄传》的这段话编入元延二年。

山，而与介休的绵山无关。[1]

三、历代的祭祀活动

古代祭祀后土属于郊祀。郊祀，按先秦礼书记载，本来是在国都四郊，祭天圜丘在南郊，祭地方丘在北郊。汉初仍如此。但汉武帝的郊祀不一样。它是一种与"五年一巡狩"的封禅活动相配，活动半径达200公里，远距离、大范围的祭祀活动，祭天在甘泉，祭地在汾阴，祭五帝在雍，都远离长安。[2] 这三大祠，雍五畤是袭用周秦故祠（原有四畤，惟增北畤祭黑帝），甘泉泰畤是利用秦代宫苑而扩建，建于故"匈奴祭天处"，只有后土祠是前无古人的全新创造。

（一）后土祠的兴立

后土祠是用来祭地，也用来祭河。秦代祭河，本来在临晋（在今陕西大荔县东南朝邑镇的西北），叫河水祠，后世也叫河渎祠或河渎庙。唐开元十五年（727年）迁河渎祠于黄河对岸的蒲州（在今山西永济县西的蒲州镇），仍在黄河转弯处。[3] 这是传统的祭河地点。汉武帝选中汾阴作为祭祀地点，有两个考虑，一是平水患，二是合祥瑞。他在汾阴正式立祠是在元鼎四年（前113年）。这以前，汉文帝十六年（前164年）已在此修庙，

---

[1]《唐十道志》："河东道名山曰介山，其山高三十里，周七十里，汉武帝用事介山，即此。后周保定初，韦孝宽筑城于玉璧以北，齐人至境上，会夜，孝宽使汾水以南傍介山、稷山诸村皆纵火，齐人以为军营，将兵自固。版筑遂集。所谓介山，亦即此山也。或又讹为绵山。西半隅有槛泉，南麓有双泉。又有桃花洞，其东谷有暖泉，流为东谷涧。"
[2] 扬雄《河东赋》"谒汾阴于东郊"，师古曰："京师之东，故曰东郊也。"可见当时是以汾阴比东郊。案：这三大祠，祭祀对象大体同于明清的天坛、地坛和历代帝王庙。
[3] 黄河在蒲坂和朝邑之间经常摆动，蒲津渡（宋称大庆关）时在河东，时在河西。参看《黄河水利史述要》，17页。

祠河求鼎。这些活动都和水患有关。文、武二帝时，黄河曾多次决口。[1]
文帝治庙，是从新垣平议，其事在河决酸枣之后四年。汉初盛传，秦亡而周鼎没泗水，而汾阴多出鼎彝。新垣平，赵人，可能对此早有所闻，他说"周鼎亡在泗水中，令河溢通泗，臣望东北汾阴直有金宝气，意周鼎其出乎？兆见不迎则不至"，以为河决是因鼎没，鼎出才能河平，劝文帝治庙汾阴南，临河求鼎。这是汉武帝立后土祠的先声。但周鼎没于泗，不可能逆流而上，汾阴所出者，乃魏墓所藏（详下第六节）。新垣平的气神之说（伪称"宝玉气"、"金宝气"），当然是编造。平谋败伏诛，但临河求鼎之说却深获武帝之心。元光三年，河决瓠子，通于淮、泗，使他再次把求鼎与塞河联系到一起（这种说法在汉代影响很大，东汉画像石上常见的泗水捞鼎图，就是其反映）。前116年，武帝得鼎于汾水（应即脽上），视为祥瑞，因此改元，称元鼎元年。这件事更刺激了武帝的想法。后三年，乃从司马谈和宽舒之议，在汾阴设后土祠，从此频繁祭祀后土。上有此好，当年夏天，供事后土祠的巫锦就在祠外发现了一件大鼎，也被视为祥瑞（应是当地人为了迎合武帝而制造的祥瑞），送往甘泉宫，供人朝拜。可见立祠和出鼎有直接关系。

（二）汉代的祭祀活动

史载天子亲祭17次，包括：

（甲）西汉。

（1）武帝。凡五祭后土：元鼎四年（前113年）、元封四年（前107

---

[1] 如（1）文帝十二年（前168年），"文帝十二年冬十二月，河决东郡"（《汉书·文帝纪》），"孝文时，河决酸枣，东溃金堤"（《史记·河渠书》）；（2）武帝建元三年（前138年），"河水溢于平原，大饥，人相食"（《汉书·武帝纪》）；（3）武帝元光三年（前132年），"三年春，河水徙，从顿丘东南流入勃海"（《汉书·武帝纪》）；（4）武帝元光三年（前132年），"夏五月，河水决濮阳，氾郡十六"（《汉书·武帝纪》），"今天子元光之中，而河决于瓠子，东南注钜野，通于淮、泗"（《史记·河渠书》）。

年)、元封六年(前105年)、太初二年(前103年)和天汉元年(前100年)。其中元鼎四年和元封四年,中间隔五年;太初二年和天汉元年,中间隔两年;其他只隔一年。

(2) 昭帝。年幼,不亲巡,无记录。

(3) 宣帝。初即位,亦为幼主,非宗庙之祀不出,即位12年,始祭后土,凡两次:神爵元年(前61年)和五凤三年(前55年),中间隔五年。

(4) 元帝。遵旧仪,凡五祭后土:初元四年(前45年)、永光元年(前43年)、永光三年(前41年)、永光五年(前39年)和建昭二年(前37年),都是隔年祭祀。

(5) 成帝。初,从匡衡、张谭议,罢武帝诸祠,行长安南北郊之祭,即位19年,以无继嗣故,又复武帝诸祠,凡四祭后土:永始四年(前13年)、元延二年(前11年)、元延四年(前9年)和绥和二年(前7年),也是隔年祭祀。

(6) 哀帝。成帝崩,曾罢武帝诸祠,复长安南北郊之祭。但哀帝即位后不久,又罢长安南北郊之祭,尽复武帝诸祠。哀帝多病,不亲祭,惟遣有司致祭。

(7) 平帝。从王莽议,彻底废除武帝诸祠,行长安南北郊之祭。

(乙) 东汉。

惟光武帝建武十八年(42年),进幸蒲坂,祠后土,推测也在汾阴。[1]

(三) 唐代的祭祀活动

史载天子亲祭三次,即唐玄宗开元十一年、十二年和二十年(723、724和732年)。祭祀地点在宝鼎县。玄宗祭祀前,宫内原有后土像,作妇

---

[1] 以上,见《史记·封禅书》,《汉书》的《武帝纪》、《昭帝纪》、《宣帝纪》、《元帝纪》、《成帝纪》、《哀帝纪》、《平帝纪》、《地理志》、《郊祀志》,《后汉书》的《光武帝纪》、《文苑列传》。

人塑像，武则天时还把河对岸梁山祠的神像移此，置于别室配焉。[1]

(四) 宋代的祭祀活动

史书记载，宋代祭后土，天子遣官致祭，主要有三次，即宋太祖开宝九年（976年）一次，宋真宗景德四年（1007年）一次，宋真宗大中祥符元年（1008年）一次，这些祭祀是真宗亲祭的准备。他祭后土，只有一次，是在大中祥符四年（1011年），仪式非常隆重。宋代史料对这一活动有详细记录（可以精确到天）。活动酝酿于三年（1010年）的下半年，正式进行是在四年的正月到三月（仪式在二月十七日，但往返颇费时日）。是年，真宗改宝鼎县为荣河县，置庆成军，增葺宫室，宫内设后土圣母像。[2]

(五) 宋以后的祭祀活动

宋以后，天子不亲祭，但金章宗（1190—1208年）和元世祖（1260—1294年）皆遣官致祭，[3] 明清以来降为民祠，乃乡社之所。[4]

【案】明乔宇《汾阴祠记》"登谒后皇，翠冠翟裳"（收入上引《万泉、荣河县志》，626页），曾提到明代的后土圣母像。今后土庙中仍供奉着类似的神像。

上述祭祀活动，自西汉中期到清代末年，历时两千多年，光是天子亲

---

[1] 以上，十一年祭，见两《唐书》的《玄宗本纪》和《旧唐书·礼仪志四》和《册府元龟》卷三三；十二年祭，见《通典》卷四五和《文献通考·郊社考九》。这也可能是同一次祭祀的两种不同记载。

[2] 以上，见《宋史》的《真宗本纪》、《礼志七》，以及《文献通考·郊社考九》、《续资治通鉴》卷二六、二九，《庙图碑》录《通鉴纲目》、《文献通考》。

[3] 见上《万泉、荣河县志》，470页。

[4] 后土庙附近的乡民在庙中举行祭祀活动，宋代就有记载。如《宋会要辑稿·礼二八》："（大中祥符四年四月）五日，诏汾阴后土坛令官吏守奉，勿令人至其上。十六日，诏胙上后土宜令本殿周设栏楯，民庶祈赛，上拜于庭中，官吏非祠祭，亦勿升殿。""六年四月六日，庆成军言：'太宁宫请自清明至四月八日天庆节三元各五日，并听士庶焚香。'从之。"案：今俗以农历3月18日和10月5日为庙会大祭日。

祀，就有21次。[1]

四、历代发现和金石铭刻（附：艺文著录）

这类发现和金石铭刻有：

1．铜鼎。汉武帝元鼎元年（前116年），"得鼎汾水上"（《汉书·武帝纪》）。

【案】此鼎非当时之鼎（若当时之鼎，不会视为神异），据下第六节，当是战国魏国墓地出土的铜鼎。

2．铜鼎。汉武帝元鼎四年（前113年），"其夏六月中，汾阴巫锦为民祠魏脽后土营旁，见地如钩状，掊视得鼎。鼎大异于众鼎，文镂无款识"（《史记·封禅书》）。"昔宝鼎之出于汾脽也，河东太守以闻，诏曰：'朕巡祭后土，祈为百姓蒙丰年，今谷口兼未报，鼎焉为出哉？'博问耆老，意旧藏与，诚欲考得事实也。有司验脽上非旧藏处，鼎大八尺一寸，高三尺六寸，殊异于众鼎。……"（《汉书·郊祀志下》）

【案】这是一件有花纹无铭文的大鼎，按汉尺一尺长23.1厘米计算，径约187厘米，高约83厘米，在出土发现中非常罕见，据下第六节，估计也是战国魏国墓地出土的铜鼎。

3．铜鼎。唐玄宗开元十一年（723年），有两种说法，一种是出了三

---

[1] 下引《庙图碑》"历朝立庙致祭实迹"对历代祭祀有撰述，王世仁《记后土祠庙貌碑》说它"除轩辕、二帝、三王之说系讹衍附会者外，余文均见诸史乘无误"，但经核实，其记事多误，如：（1）以后土祠立于元狩二年冬十月"行幸雍，祠五畤"后；（2）误增"汉武帝元封二年祀后土"；（3）误增"太初元年十二月祀后土"；（4）"五凤元年三月幸河东祀后土"是"五凤三年三月幸河东祀后土"之误；（5）误增"甘露二年三月，幸河东，祀后土"；（6）汉元帝五祭后土，此碑漏掉永光三年和五年事；（7）汉成帝四祭后土，此碑漏掉元延二年、四年和绥和二年事；（8）误增"哀帝建平三年冬十一月祀汾阴"；（9）漏唐玄宗开元十一年事。

件，一种是出了两件。[1]

【案】有可能是战国魏鼎，或秦汉魏晋时期的鼎。

4．汉砖。唐玄宗开元十一年，"又获古砖，长九寸，篆书'千秋万岁'字及'长乐未央'字"（《唐会要》卷十上）。

【案】"千秋万岁"、"长乐未央"，都是汉宫砖瓦铭文的流行用语，不仅陕西出土，山西也出土。《三辅黄图》卷三："万岁宫，武帝造。汾阴有万岁宫。宣帝元康四年幸万岁宫，神爵翔集，以元康五年为神爵纪元。"《河水四》"又南过汾阴县西"条："汉宣帝神爵元年，幸万岁宫，东济大河，而神鱼舞矣。"这很明显是汉代的宫室用砖，或许就是万岁宫的用砖。

5．张说《后土神祠碑铭》。碑铭很短，唐玄宗开元十一年，命兵部尚书张说撰（收入《全唐文》卷二三一），但前有御序（收入《全唐文》卷四一），很长。碑亡。

【案】《庙图碑》于承天门外西侧画碑楼，上题"唐明皇碑"，疑即此碑。[2]

6．宋《汾阴二圣配飨之铭碑》。宋真宗大中祥符四年（1011年）刻，俗称"萧墙碑"。原在后土庙内，清顺治十二年（1655年），黄河东侵，祠被水淹，曾移此碑，置之荣河县城（在今宝井村）内察院东。1931年，黄河东侵，荣河县城被淹，碑亦沉沦。1951年，荣河县修建轧花厂，将碑帽砸碎作石料，留下中间的篆字碑额，使石碑遭到破坏。1963年，经勘探，始从泥沙中挖出，移入今后土祠内，收入碑廊保护。[3]

---

[1]《旧唐书·礼仪志四》："先是，脽上有后土祠，尝为妇人塑像，则天时移河西梁山神塑像，就祠中配焉。至是，有司送梁山神像于祠外之别室，内出锦绣衣服，以上后土之神，乃更加装饰焉。又于祠堂院外设坛，如皇地祇之制。及所司起作，获宝鼎三枚以献，十一年二月，上亲祠于坛上，亦如方丘仪。"《唐会要》卷十上："初，有司奏修坛，掘地获古铜鼎二，其大者容四升，小者容一升，色皆青。"

[2] 参看：王世仁《记后土祠庙貌碑》。

[3] 山西省考古研究所《山西碑碣》，太原：山西人民出版社，1997年，172—181页。参看：樊晋宝《〈汾阴二圣配飨铭〉碑文注释》（《后土》2001年4期，44—50页），50页：注2。

宋《汾阴二圣配飨之铭碑》（拓本）

【案】《庙图碑》于承天门外东侧画碑楼，上题"宋真宗碑"，疑即此碑。[1] 或者楼中还有宋真宗《河渎显圣灵源公赞》、宋真宗《西海广润王赞》等碑（详下）。

7. 宋真宗祭后土玉册。大中祥符四年刻铭瘗埋，埋藏地点应在《庙图碑》所画"坤柔之殿"前的栅栏内。文曰："维大中祥符四年，岁次辛亥，二月乙巳朔，十七日辛酉，嗣天子臣某，敢昭告于后土地祇：恭惟位配穹旻。化敷品汇。瞻言分壤，是宅景灵。备礼亲祠，抑惟令典。肇启皇宋，混一方舆。祖祢绍隆，承平兹久。眇躬缵嗣，励翼靡遑。厚德资生，绵区允穆。清宁孚祐，戴履蒙休。申锡宝符，震以珍物。虔遵时迈，已建天封。明察礼均，有所未答。枨沐祇事，用致其恭。夷夏骏奔，瑄牲以荐，肃然郊上，对越坤元。式祈年丰，椒昭政本。兆民乐育，百福蕃滋。

---

[1] 王世仁《记后土祠庙貌碑》说此"宋真宗碑"是指大中祥符四年王钦若撰《汾阴朝觐坛颂》，恐非。

介祉无疆,敢忘祗畏。恭以琮币、牺牲、粢盛、庶品,备兹禋礼。皇伯考太祖皇帝、皇考太宗皇帝侑神作主。尚享。"(《宋史·礼志七》)

【案】册文形式同于大中祥符元年(1008年)宋真宗禅社首玉册,目前尚未发现。

8. 金《后土庙像图碑》。[1]此碑是明天启三年(1623年)翻刻嘉靖三十五年(1556年)碑,嘉靖三十五年碑又是据金天会十五年(1137年)碑重刻,碑名全称是《蒲州荣河县创立承天效法厚德光大后土皇地祇庙像图石》,"蒲州荣河县创立承天效法厚德光大后土皇地祇庙",是宋后土庙的原名,[2]碑的正面是庙像图,背面是"历朝立庙致祠实迹"。此图有两点值得注意。第一,它可以大致反映宋金后土庙的基本布局;第二,它把庙的北端画在汾、河二水交会处,这足以说明,宋金时期的庙址应在今庙前村以北,傅熹年先生的复原图也表现出这一点。明代的后土庙,其实也离水边很近。[3]故今后土庙反而是南移的结果。

【案】此碑,王世仁先生简称"后土祠庙貌碑"。他指出,"此图与金承安五年重修中岳庙图碑中之中岳庙极为类似"。王先生提到的"金承安五年重修中岳庙图碑",碑额原名是"大金承安重修中岳庙图"。此碑碑阴所录《通鉴纲目》、《文献通考》提到大中祥符三年八月"辛未,内出《脽上后土庙图》,命陈尧叟量加修饰",也是称为"脽上后土庙图"。可见当时最普通的叫法是"庙图",本文简称"《庙图碑》"。

---

[1] 参看王世仁《记后土祠庙貌碑》。案:王文只有碑图的拓本和摹本,碑阴的拓本,见山西省考古研究所《山西碑碣》,182—184页。
[2] 王世仁先生指出,今碑额所刻庙号全称见于《宋大诏令集》卷一三七之政和六年诏,是宋代原来的名称。见氏著《记后土祠庙貌碑》。
[3] 明乔宇《汾阴祠记》:"去祠三百步许,是为汾河,重湍驶涛,自河津而来。河之滨,见卧有崇碑,埋有穿龟,去流惟跬步,拂而观之,乃宋真宗西封文也。相与恻感,遂鸠隶人培土而深,贯木而旋,系绳而引,使依于祠所,庶几不忘。"(收入上引《万泉、荣河县志》,626页)。案:"宋真宗西封文",是记真宗祭华山事。真宗祭后土前曾西行祭华山。乔宇文说明,明后土祠仍距河口不远。

金《后土庙碑图》正面(拓本)

金《后土庙像图碑》背面（拓本）

9. 元代和清代的《秋风辞》刻石。有元大德十一年（1307年）刻楷书《秋风辞》和清同治十三年刻篆书《秋风辞》两种，现藏秋风楼的二层和三层。[1]

【案】我们推测，明清时期的"秋风楼"，前身即金元时期的"秋风亭"，而金元时期的"秋风亭"，前身即宋代的郊丘亭。明清时期的"秋风楼"，金元时期的"秋风亭"，都是取名于汉武帝《秋风辞》，碑刻本身正与这一名称相配。这可能是金元以来改名。我们推测，《庙图碑》上的大亭就是宋代的郊丘亭或金元的秋风亭。今秋风楼在后土庙的最后，正与此亭相当。

10. 邵黛编钟。据说"出山西荣河县后土祠旁河岸中。同治初年，岸圮，出古器甚夥，长安贾人雷姓获邵钟大小十二器，皆同文"（《愙斋集古录》卷一，第七页）。[2]

【案】同治元年（1862年），黄河于荣河东岸决口，淹后土庙。这套编钟可能即出于其前后。"邵黛"，魏邵錡的后人。这套编钟是春秋晚期的魏器，出土后，曾归英兰坡、潘祖荫所有。"十二器"，现知有十三件，十件在上海博物馆，一件在台北"故宫博物院"，一件在大英博物馆，一件只有拓片，下落不明。

11. 齐仲之子□鎛。旧称齐子仲姜鎛、齐侯鎛、鎛鎛等等。据说"同治庚午岁四月，山西荣河县后土祠旁河岸圮出土"（《攀古楼彝器款识》卷二，第一页），"寻氏得之，后归潘伯寅"（《缀遗斋彝器款识考释》卷二，第二十七页）。20世纪50年代，此器由上海博物馆调拨中国历史博物馆收藏。[3]

【案】这是一件春秋中晚期的齐器，葬于魏国。"同治庚午岁"为1870年，即今后土庙落成之年。这是现存铭文最长的钟鎛之一，铭文有172字（外加重文二，合文一），它与上邵黛钟也有可能是一墓所出，犹曾侯乙编钟与楚王酓章鎛同簴。

---

[1] 山西省考古研究所《山西碑碣》，270—271页。
[2] 中国社会科学院考古研究所编《殷周金文集成》，第一册，北京：中华书局，1984年，252—262页；225—237。
[3] 同上，301—302页：271。

元代的《秋风辞》刻石（拓本）

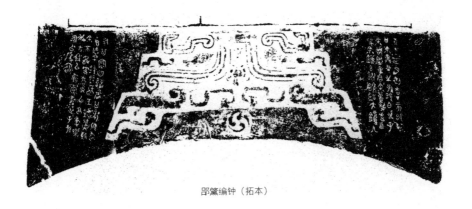

邵黛编钟（拓本）

齐仲之子口镈（拓本）

12．古铜印。"初淳熙十四年春，有聂事愿者获古印，其文曰'皇帝车驾奉祀汾阴之宝'。吴琚以献于朝，诏藏天章阁，下工部考覈，乃铜也。按《汾阴记》：'封金匮石匮，用"受命宝"及"天下同文宝"。'此宝不见于记载，朝论疑之，卒不加赏云。"（《文献通考·王礼考十一》）。

【案】《汾阴记》，即下陈尧叟《汾阴奉祀记》。宋工部考覈，疑点有二，一是此宝是天子用印，非金则玉，而此印是铜印；二是《汾阴记》没有著录这类印文。但《汾阴记》所记为宋印，此印也可能是唐印。当然，唐代是否真有此类铜印，还有待证实。

附：艺文著录

（1）汉武帝《郊祀歌·景星》。见《汉书·礼乐志》等书，佚。《汉书·武帝纪》："（元鼎四年夏）六月，得宝鼎后土祠旁。秋，马生渥洼水中，作《宝鼎》、《天马之歌》。"

（2）汉武帝《秋风辞》。见《文选》卷四五等书，存。或说出自《汉书》，或说出自《汉武故事》。序曰："上行幸河东，祠后土，顾视帝京，欣然中流，与群臣饮燕，上欢甚，乃自作《秋风辞》曰"云。

【案】汉武帝亲幸河东祭后土都在春三月，而不在秋，此诗或出依托。逯钦立先生说，元鼎四年夏六月巫锦获鼎后，武帝或有汾阴之行，乃猜测之辞，无法证实，见氏著《先秦汉魏晋南北朝诗》（北京：中华书局，1983年，上册），94—95页。

（3）扬雄《河东赋》。见《汉书·扬雄传》，存。

（4）《玄宗开元十一年祭皇地祇于汾阴乐章》。见《旧唐书·音乐志》，凡十一首，存。

（5）《汾阴后土故事》三卷（自汉至唐）。见《崇文总目》卷二、《宋史·艺文志》。《宋志》注"不知作者"，佚。

【案】《宋会要辑稿·礼二八》之四二至四三载大中祥符三年八月一日下宰臣诏，提到"先是召王旦等谓曰：'朕览史书，见汾阴祠后土事，亦古礼也。'因勑陈彭年等检讨历代祀汾阴及废后土祠事",其书或出陈彭年等人。

（6）宋真宗《汾阴二圣配飨铭》。见《宋会要辑稿·礼二八》之五二，《续资治通鉴》卷二九，《庙图碑》录《通鉴纲目》、《文献通考》，即上《汾阴二圣配飨之铭碑》，存。

（7）宋真宗《河渎显圣灵源公赞》。见《宋会要辑稿·礼二八》之五二，佚。

（8）宋真宗《西海广润王赞》。见《宋会要辑稿·礼二八》之五二，佚。

（9）宋真宗《汾阴礼成诗》。见《庙图碑》录《通鉴纲目》、《文献通考》，佚。

（10）宋真宗《西巡还京歌》。见《庙图碑》录《通鉴纲目》、《文献通考》，佚。

（11）王旦《祀汾阴坛颂》。见《宋会要辑稿·礼二八》之四六、五二，为碑刻，文见上引《万泉、荣河县志》,617—620页，存。

（12）宋王钦若《朝觐坛颂》。见《宋会要辑稿·礼二八》之四六、五二，亦碑刻，佚。

（13）宋陈尧叟《亲谒后土庙颂》。见《宋会要辑稿·礼二八》之四六、五二，亦碑刻，佚。

【案】《宋史·陈尧叟传》作《亲谒太宁庙颂》,"太宁庙"即大中祥符四年四月十六日宋真宗为后土庙起的新名。

（14）宋陈尧叟《汾阴奉祀记》三卷。见《续资治通鉴》卷三十一，佚。

（15）宋陈尧叟《汾阴补记》三卷。见《庙图碑》录《通鉴纲目》、《文献通考》，佚。

（16）丁谓等《大中祥符祀汾阴记》五十卷。见《郡斋读书志》卷八、《宋史·艺文志》、《文献通考·经籍考十四》、《续资治通鉴》卷三一，佚。

【案】《郡斋读书志》曰:"右皇朝丁谓撰。大中祥符三年八月,降祀汾阴御札,至明年春礼成。四年,诏与陈彭年编次事迹仪注,逾二年,成书上之。"

(17) 宋丁谓《大中祥符祀汾阴祥瑞赞》五卷。见《宋史·艺文志》,佚。

(18) 宋杨照《重修太宁庙记》。文见上引《万泉、荣河县志》,620—621页,存。

(19) 宋师德《汾阴大礼颂》。见《宋史·师德传》,佚。

(20) 宋晁迥等撰《祀汾阴十首》。见《文献通考·乐考》,佚。

五、读卫聚贤《汉汾阴后土祠遗址的发现》和董光忠《山西万泉县阎子疙瘩（即汉汾阴后土祠遗址）之发掘》

西方考古学,最初往往与探险和寻宝有关。他们的探险和寻宝很多都是根据古典作品和《圣经》的描写,按书上的记载去找,可能找到,可能找不到。有些著名发掘就是因此而起。比如英法和德国在土耳其、伊拉克、伊朗等地的发掘就是如此,典型代表是谢里曼的特洛伊发掘。我们的考古学比较年轻,20世纪上半叶,也有类似经历。比如,1930年卫聚贤发起的山西万泉县阎子疙瘩汉代遗址的发掘就是如此。[1]

卫聚贤为什么要发起和策划这一发掘?而且是选择在万泉县的孤山附近进行发掘?原因可能很多,但关键一条,他是旧万泉县北吴村人。其地在唐以前,一直属于汾阴县,即后土祠之所在。卫氏是在自己的家乡,按照《史》、《汉》记载寻找后土祠,而且一找,还真的就发现了汉代的遗址。《汉汾阴后土祠遗址的发现》就是他寻找后土祠和发掘后土祠的设想

---

[1] 1950年,徐旭生先生在河南登封、禹县、偃师寻找夏墟也带有同样的性质。

和计划,下简称《发现》。[1]

《发现》一文包括四部分:

(一)"介子推的隐地"。他先讨论介子推。介子推是山西历史上的名人,据说逃隐于介山。介山见于古书,向有二说,一说在介休,即绵山;一说即上面提到的万泉孤山。他的结论是,汉武帝到过的介山肯定在万泉,而不在介休,此山才是介子推隐居的介山。

(二)"汉汾阴后土祠的所在地"。是讨论汾阴后土祠在什么地方,即旧荣河县还是旧万泉县,作者认为,古书所见脽丘应是一高起之地,而汉汾阴境内的最高处当属介山,介山应即脽丘。他在"山西万泉县南吴村药王庙西南柏林庙东南严子疙瘩",即阎子疙瘩,发现断崖上有不少汉代砖瓦,其中包括带"千秋"铭文的汉砖和带"宫宜子孙"、"长乐未央"铭文的瓦当,这更坚定了他的想法:汉汾阴后土祠肯定在旧万泉县的孤山。

(三)"后土祠即介子推祠"。作者又回到文章开头的话题,他说介子推是死在三月,万泉、稷山交界处的介庙有三月三日举行迎神赛会的习俗,而汉祭后土也在三月,可见后土祠就是介子推祠。

(四)"发掘的计划"。包括在山西万泉、山西太原、河南洛阳、陕西咸阳四处发掘,共需经费九万元,其中万泉占一万元。卫氏设想,此次发现,除汉代砖瓦为"当然得物",铜器石刻和其他汉代建筑物为"预计所得",还有"进一步希望",是挖出春秋铜器,其中甚至包括"晋文公所埋五鼎之四"(此说近于幻想),以及这一时期的其他建筑物。

文后有年款,是1929年6月12日写于南京古物保存所。

《山西万泉县阎子疙瘩(即汉汾阴后土祠遗址)之发掘》,是根据卫氏

---

[1] 卫聚贤《汉汾阴后土祠遗址的发现——附发掘计划》,《东方杂志》第26卷19号(1929年),71—81页。

阎子疙瘩遗址出土的砖瓦(卫聚贤采集)

设想,于次年在山西万泉县阎子疙瘩进行发掘,嗣后写成的发掘报告。报告用中英文双语发表,中文从书口的右边翻页,英文从书口的左边翻页,图版按英文顺序走。下简称《发掘》。[1]

中文部分,书前有山西省立(封面作"公立")图书馆馆长柯璜的序言。然后是著者的简短声明,说明这一发掘是由卫聚贤论证和策划,请看《发现》一文云。

正文分四部分,第一至第三部分是由董光忠执笔,第四部分是由张蔚然执笔:

(一)"山西万泉县阎子疙瘩(即汉汾阴后土祠遗址)之发掘"。主要是讲发掘之缘起和发掘之经过,甚短。发掘缘起,是1930年卫聚贤从南

---

[1] 董光忠《山西万泉县阎子疙瘩(即汉汾阴后土祠遗址)之发掘》,太原山西公立图书馆和美国华盛顿福利尔艺术陈列馆合刊,上海,1932年。案:"美国华盛顿福利尔艺术陈列馆",即 Freer Gallery of Art of Washington, D.C.,今多译为"华盛顿弗利尔美术馆"。

京到北京与美国华盛顿弗利尔美术馆陈列部主任毕士博（C. W. Bishop）商定，由弗利尔美术馆出资，山西省立图书馆负责组织考古团进行发掘。双方签约，规定发掘标本归山西省立图书馆，发掘报告由两家署名，用中英文双语发表，发掘经费和出版经费由美方负责。考古团由四人组成：董光忠（来自山西省立图书馆，毕士博在中国的代理人）、张蔚然（来自"中央研究院"历史语言研究所考古组）、聂光甫（来自山西省立图书馆）和卫聚贤（来自南京古物保存所），万泉县长魏日靖、西杜村村长吴克明协助。发掘始于1930年10月30日，终于同年11月8日，共挖探沟十条，其中包括南北纵沟五条、东西横沟四条、斜沟一条，以及探沟旁出的探坑四个，属于试掘性质。

（二）"掘获物门类"。是对出土物的说明，主要包括汉砖、汉瓦、陶器等大件器物，以及铜、铁、蚌、骨、琉璃等不同材质的小件器物。其中"铜器类"为耳环和五铢钱，没有图版或插图。汉砖有"千秋"、"□岁"铭，瓦当有"长生无极"、"宫宜子孙"和"长乐未央"铭。

（三）"各坑掘获物器物数目统计表（附统计表例言）"。即出土器物登记表，只有一页。

（四）"遗址附近之地形及地质"。是对孤山地理、地质的描述，并附"图三"即地图三的说明。作者说，此山周长60里，山高300米〔两句中间，英文还多出一句：and it occupies an area of some 300 square *li* (thirty-five square miles)，即"占地约300平方里（35平方英里）"〕，[1] 西南峭突，东北坡缓，特别是东南一隅，山势平缓，为山尾，按堪舆家的说法，是宜于修

---

[1]《水经注·汾水》"又西过皮氏县南"条曾描写此山："文颖曰：介山在河东皮氏县东南。其山特立，周七十里，高三十里。颖言在皮氏县东南则可，高三十里，乃非也。今准此山，可高十余里。"案："周七十里"，与此说相近，但"高三十里"或"高十余里"则不合。疑所记或为上山路程，非高度也。

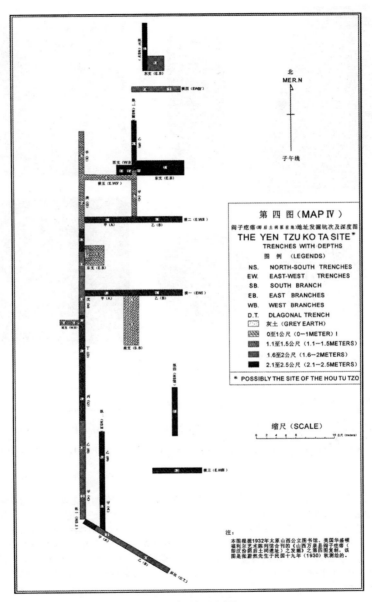

1930年发掘的探沟和探坑

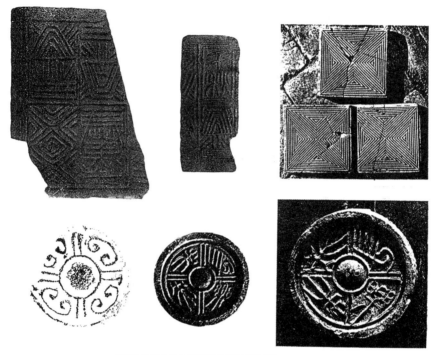

阎子疙瘩遗址出土的砖瓦（1930年发掘）

建宫殿和祭坛的地点。[1] 遗址即位于此处的多层台地上。

英文部分，与中文略同，但前面多出一篇长达20页的介绍：Prefatory Note on the Worship of Earth in Ancient China（《序说：中国古代的土地崇

---

[1] 地图三上标有大片新石器遗址。它们主要位于孤山东北（药王庙的西北和东南）和正南（水母庙南）的山麓。这次发掘后，1931年4月，由国立北平大学女子师范研究所、山西省立图书馆和美国弗利尔美术馆合作，卫聚贤（代表国立北平大学女子师范研究所）和董光忠（代表弗利尔美术馆）还在孤山东北的荆村瓦渣斜进行过考古发掘。参看：董光忠《本校与山西图书馆、美国福利尔艺术陈列馆发掘山西万泉石器时代遗址之经过》，《师大月刊》1933年3期，99—111页。案：1993年李零在华盛顿弗利尔—赛克勒美术馆的图书馆曾发现董氏的报告手稿。

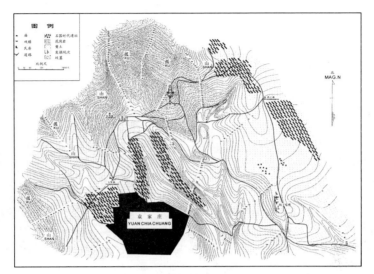

阎子疙瘩遗址附近的地形图

阎子疙瘩遗址周围的村落

阎子疙瘩遗址所在的台地

拜》),是毕士博写给英文读者看的。上述四节的顺序也不一样,张文(第四节)在前,董文(第一至第三节)在后。

全书包括图版19幅(14幅是黑白照片,5幅是线图),地图3幅,遗址(发掘部分)平面图1幅,插图1幅。

这次发掘的出土物,后归山西省立图书馆。山西省立图书馆,1933年改为民众教育馆,后来又改称山西省立太原博物馆,即山西省博物馆的前身。当年,这批文物曾于该馆的文庙陈列室展出。[1]

上述作品,《发现》的最大可取之处,就是它对与汾阴后土祠有关的介山给予了极大关注。其贡献主要有两点,一是论定汉武帝所到介山非介休介山而是万泉介山,二是指出阎子疙瘩遗址是汉代的宫殿遗址。但此文

---

[1] 水野清一、日比野丈夫《山西古迹志》,孙安邦等译,太原:山西古籍出版社,1993年,11、16—18页。

把万泉介山说成是脽丘和后土祠所在，把后土祠说成是介子推祠，据下所论，并不可信。《发掘》一书记录的发掘，是在卫氏的设想下进行，它对遗址性质的判定也不可取，但发掘对象与汉武帝祭后土有关，这对我们的研究仍有参考价值。

六、汾阴古城之调查和庙前村魏国墓地的发掘

探索汾阴后土祠，关键有三，一是确定古汾阴城的位置，二是确定古脽丘的位置，三是寻找汉后土祠本身的遗物。

（一）先说第一点。首先，我们可以肯定，历代文献讲后土祠都是说它在汾阴。上面说过，汾阴古城，战国秦汉也好，魏晋南北朝也好，隋代和唐初也好，肯定是在汾、河二水交会处；唐代的宝鼎县和宋元明清的荣河县也都在黄河岸边。现在，据山西省考古工作者调查，汾阴古城在今后土庙和庙前村的西侧，只有东墙的北段和东北角还留在岸上，北、西、南三面均已没入水中，保留面积还有3000—4000平方米。东墙残长约750米，北段高15—42米、宽约7—9米不等，夯层厚8厘米，夯窝直径5.5厘米；东南角"看去不很明显"。城址遗物有陶片、砖瓦、瓦当、箭头等物，年代在战国到西汉。其中有西汉典型的云纹瓦当和带"长生无极"铭文的瓦当（注意：这种铭文也见于1930年万泉阎子疙瘩汉宫殿遗址出土的瓦当）。[1] 也有学者认为，古城可以早到春秋时期，[2] 即与庙前村的魏国墓地大致为同一时期。其上下限的时间范围还可以讨论。但凭这一发现，我们可以肯定，早期的汾阴肯定在这一带。

---

[1] 杨富斗《山西万荣县发现古城遗址》。
[2] 陶正刚《山西境内东周古城址调查》，《晋文化研究座谈会纪要》，太原：山西人民出版社，1985年，32—36页。

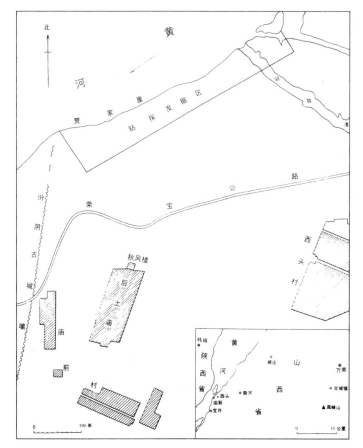

汾阴古城和庙前墓地

汾阴古城出土的瓦当

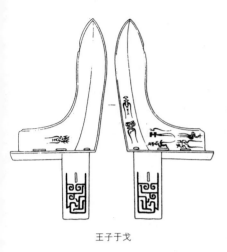

王子于戈

　　(二) 脽丘，按古书记载，是在汾、河二水交会处，今已没入水中。20世纪50年代，考古工作者到当地调查，以当时黄河东岸的一道土岗当之，高约30米。村民说，30—40年前，它东西长约5—6里，南北宽约2—3里，后来因河道东移，南段约3—4里已没入水中，剩下的部分只有2里长。[1] 我们在第二节提到，按汉代标准计算，脽丘的大小是：长约今3—4里，宽约今1.5里，高约今20—30多米。它比村民所说10—20年代人们看到的土岗要小一点，但比50年代看到的土岗要大一点。古之土岗，汉代叫"魏脽"（《史记·封禅书》），当与它在魏汾阴城附近有关。我们要想确定汉后土祠在什么地方，有一点不能忘记，就是这一地点是个历代多出鼎彝的地方，汉武帝、唐玄宗祭后土，都是迎合这种祥瑞。

　　脽丘为什么多出鼎彝？请参看上文第四节。[2] 它们很多都是因河水冲刷暴露于断崖，显然和脽丘所在的地形有关。1958年3月，当地船工在黄河边距河底30多米高的断崖（贾家崖）发现有铜器露出，当时捡到铜鼎、罍、鬲等二十余件。山西省文物管理委员会获知这一情况后，派人清理了残余部分，证实这是一座墓葬，编号为58M1。它就是后来庙前墓地发掘的先声。[3] 另外，1961年，因河水冲刷，贾家崖被河水冲塌，这里还出土过错金鸟书的吴国铜器：王子于戈。[4]

　　庙前墓地，50—60年代，山西省文物管理委员会做过全面调查、钻

---

[1] 杨富斗《山西万荣县发现古城遗址》。
[2] 关于汾阴出鼎和庙前墓地的关系，李零已有所讨论，见所著《中国方术续考》，北京：中华书局，2006年，134—136页。
[3] 杨富斗《山西万荣县庙前村的战国墓》，《文物参考资料》1958年12期，34—35页。
[4] 张颔《万荣出土错金鸟书戈铭文考释》，《文物》1962年4、5期，35—36页。

探，并有三次发掘（1958、1961和1962年）。他们发现，遗址的地势是东北高亢，西南低缓，墓地分布其上，略小于这道土岗，面积有25万平方米，贾家崖一带，断崖上暴露墓葬甚多，就是历代多出鼎彝的地方。整个墓地，墓地中部和斜口村西北，墓葬最密集。这批墓葬主要是春秋战国墓，年代最早是上面提到的58M1。它们早可早到春秋晚期之初，晚可晚到战国中期，战国中期以后一度废弃，西汉中期又被利用，多数是春秋战国墓，少数是汉墓。[1]

上述发现说明，汾阴这个地方，城、墓、祠三者之间有密切关系。春秋战国时期，汾阴古城和庙前墓地彼此相邻，城里是住活人的地方，墓地是埋死人的地方，两者一左一右，相互匹配。而西汉中期，大约正好在武帝前后，这里的居民似乎突然增加，城邑是利用原来的城邑，墓地是利用原来的墓地。当时的人在这一带兴屋起坟，很容易发现铜器。汉代的后土祠是和出鼎有关，它的位置应该就在这一带，庙前墓地是间接证明。

（三）汉代的汾阴城是沿袭秦代和战国时期的汾阴城，但后土祠的正式建立却是在汉武帝元鼎四年，大致与庙前墓地中的汉墓是同一时期。汉汾阴城在什么地方？汉后土祠在什么地方？现在还没有直接证据。但我们在第四节中提到唐玄宗开元十一年祭后土，"又获古砖，长九寸，篆书'千秋万岁'字及'长乐未央'字"（《文献通考·郊社考九》），汉汾阴城也出土过带"长生无极"铭文的西汉瓦当。这些都是寻找汉代宫殿的重要线索。

总结上述发现，我们认为，既然汾阴古城在黄河岸边，唐宝鼎县和宋荣河县皆沿其地而易其名，仍在附近，唐宋以来的后土祠，与城相随，一脉相承，也在这一带，我们相信，汉代的后土祠不可能在其他地方，也一定就在附近。

---

[1] 正式报告尚未发表，目前比较详细的介绍，见山西省考古研究所《万荣庙前东周墓发掘收获》，《三晋考古》第一辑，太原：山西人民出版社，1994年，218—250页。

七、我们的调查

我们的调查，是由国家社会科学基金委员会、山西省文物局大力支持，太原师范学院派车，该校网络中心主任董靖保陪同，同行有中国社会科学院文学所的赵丽雅先生，以及北京大学城市环境系的两位研究生，马保春和王辉，连同司机，一共七人。

下面摘自李零的调查日记。

5月16日夜，同赵丽雅乘火车去太原。**17日**晨到达，与先到太原师范学院的唐晓峰会合，他的两个学生已在身边。上午，去山西省考古所座谈，参观所内的发掘标本。然后，去山西省博物馆，除院里有一点石刻，没有文物展览。下午，上路，先去平遥古城，再去镇国寺，最后到霍州，宿霍州市财政局招待所。**18日**，参观霍州署、兴唐寺和霍山中镇庙，继往洪洞，参观广圣寺，看水神庙壁画，访永凝堡和坊堆的西周遗址，宿临汾市；**19日**，经临汾、襄汾、新绛，到稷山和河津一游。稷山，参观金墓博物馆，看青龙寺壁画。河津，看禹门口。然后去万荣，本来打算沿黄河东岸走，因为堵车，被迫绕道从柴家、里望走。下午到达万荣，住商贸大厦，旅馆对面是飞云楼。参观飞云楼，见万荣县文物旅游局局长孙养幸，听他介绍情况，得《万泉、荣河县志》和后土祠《庙图碑》拓片，以及后土祠和秋风楼的说明书。

20日，早起，天阴下雨，再到飞云楼会孙局长。孙局长在开会，暂时无法谈话。先在院内参观，看薛儆墓石椁。然后登楼照相。飞云楼的匾额是1952年所书，落款仍作"万泉县"。会后，孙局长派小贾、小孙为向导，南行，一同去孤山。

先到万泉乡，寻找"西社村"。因为在北京准备不够，很多地理方位都不清楚，只好临时打听。赵丽雅在孙局长写的《卫氏故里考》中读到，阎子疙瘩是在一个叫"西社村"的地方。我们就先打听"西社村"。万泉乡在孤山的北面。小贾、小孙说，你们要了解"西社村"在哪里，最好找当地老人而且是有知识的老人问。经介绍，我们拜访了一位退休老师。此人名叫屈殿魁。他给我们讲孤山的形势，介绍孤山周围的村落分布。经他指点，卫聚贤的故里是在孤山东侧的北吴村，北吴村的南面还有南吴村；我们找的"西社村"，其实是"西杜村"之误，和吴村分南北相似，它也分东西，我们要找西杜村，先要找到东杜村。谢过屈老师，我们往外走，南望孤山，灰灰蒙蒙，天公不作美，雨中摄孤山，很不理想。照相后，去荆村，路旁有小屋，小屋旁立有保护标志，旁边是个土疙瘩，村人谓即瓦渣斜，当年董光忠等人在此发掘，在考古学史上有纪念意义。出荆村，再往东南走，至皇甫乡。问路，谓向南走，不意走错，又返回皇甫乡，再问路，才知应走另一条路。路上，黄色的麦田和绿色的树丛相间，风景很好。左绕右绕，终于到达东杜村。东杜村与西杜村，中间有一道南北向的壕沟，连接两村的路是一道土梁，比较窄，刚刚下过雨，司机担心塌陷，众遂下车而行。进西杜村，被村民围观。问阎子疙瘩在什么地方，都说不知道，没人听说过。我们问，村里还有没有老人知道，谁听说过吴村的卫聚贤，也没人知道。这个村是以吴姓为大姓。有人说，村里最有知识的是尹老师。于是，找尹老师。我们进一个院子打听，说不是尹老师家，唐晓峰和赵丽雅扭头就走。我在院中解手，留在后面，出门前，顺便打听，女主人靠窗而立，说不知道，但问话间，有人在屋里搭讪，不断驳斥女主人，原来是此家的男主人。他说他知道这些事。唐晓峰和赵丽雅问尹老师，无功而返，他们没有想到，反而是这个农民知道情况。此人叫吴振江，自告奋勇，愿意给我们带路。我们从村西头出村，先西行，再北折，路边到处可见汉代的砖瓦。最后爬上一座高塬。他说，到了，你们说的"阎子疙瘩"，我们叫"阎疙瘩"，现在是村里的墓地，俗名"陵园"，还有一种叫法是"上甘岭"（当是50年代以来的新名)，并指着北面的另一个

阎子疙瘩遗址出土的砖瓦（笔者采集）

塬说，那座塬上有个"祖先碑"，有一个叫吴璋的人埋在那里。当年，卫聚贤到此发掘，是1930年，即72年前。那时，即便是10岁的小孩，活到现在也82岁，老人是见不到了。吴振江也是耳闻于先人。

遗址在孤山的东南脚，西北遥对孤山上的柏林庙，所见砖瓦与1930年的发现相符，纹饰同于未央宫和甘泉宫所出。

我们终于找到了阎子疙瘩。登临四望，细雨绵绵，大家都很激动。唐晓峰望气，斩钉截铁说，此遗址必非后土祠，而是汉武帝祭后土临时歇脚的行宫（或可称为"介山宫"）。大家都赞同这一看法。看来，这个遗址还没有引起考古学界的足够重视，今后，还应做进一步调查，遗址保护的问题也应呼吁一下。

从阎子疙瘩回来，时间紧，放弃去北吴村调查（老人都已作古，估计很难访到当年的情况），返回万荣县吃午饭。然后去庙前村看后土祠。路上有不少水坑，颠颠簸簸。

后土祠，东依黄河，北带汾水，人还没到，远远已见秋风楼。车开到庙垣东北隅，有小门正对秋风楼的右侧。大家从此小门入。接待者十分热心，售当地出版的《后土》杂志和碑刻拓片，入库看《秋风辞刻石》和《后土庙像图碑》，然后在院内拍摄。

今后土庙是一长院，北门不开，只能从门缝向外窥看。前院有树，地面有点潮湿，后院比较敞亮，也比较干燥。正殿和秋风楼间是一大空场，有一群小孩正在跳舞，秋风楼有三层，第一层，一进门，可见"扫地坛"三字，下面有放供物的石龛，左右两旁是楼梯。登楼，观《秋风辞》刻石，极目远眺，左前河滩十分宽阔，远处有星星点点的白色，是羊在吃草。黄河的河道很远，汾水蜿蜒，流入其中。整个颜色，或黄或绿，昏昏蒙蒙。左侧是韩城县，据说可见司马迁祠，但睁大眼睛看，还是看不清。

后土庙西的黄河渡口，对面是韩城

出秋风楼，继续颠簸，经临猗，去永济。晚上到永济，宿黄河宾馆（原名莺莺饭店）。

扫地坛

21日，上午参观万固寺和普救寺。然后，去蒲州城和蒲津渡，看黄河铁牛。下午去运城，看关帝庙、运城市博物馆、盐池博物馆。最后到夏县，宿国贸宾馆，名字很阔，条件极差（被褥、毛巾都很脏）。22日，上午去夏县博物馆，找不到拿库房钥匙的人。然后，去东下冯遗址。然后去侯马，住凯悦宾馆。下午去山西省考古所的信息中心，看陶寺文物。23日，同夏商周断代工程的人一起参观曲村车马坑、陶寺城址和侯马工作站。下午4点半，乘火车回北京。

上述调查，时间过于仓促，资料准备很不充分，但沿途所过，山川形势，多所观察，归而读书，还是很有收获。

现在，对照上世纪90年代后土庙的平面图和剖面图，回想我们看到的建筑，讲一点粗糙的印象：

（1）大门。前有月台，后有戏台，大体相当《庙图碑》的欞星门或"太宁庙"门。

（2）道院。左右并列，大体相当《庙图碑》的"西道院"和"东道院"。但《庙图碑》的这两个院子是在外垣中点的两侧，这里则前置。

（3）旗杆。在院门内，《庙图碑》是放在"太宁庙"门后，位置大体对应。

（4）戏台。在旗杆后，左右并列，相当《庙图碑》的露台，两旁有廊庑。这一空间大体相当《庙图碑》主殿区内院的前庭。

（5）鼓楼和钟楼。在献殿前。《庙图碑》的钟楼和对面的建筑也在主殿的前方，但位置更为靠前，其实是在主殿区内院的前方，按此庙的位置讲，等于是在戏台的前面。

（6）献殿和正殿。它们大体相当《庙图碑》的"坤柔之殿"。

（7）献殿、正殿两旁的建筑。左右有东西相对的两个配殿，左前和右前还有二祠，或即说明书上的"东西五虎配殿"。它们大体相当《庙图碑》的"□王"、"六丁殿"、"五岳殿"和"五道殿"、"六甲殿"、"真武殿"。

（8）正殿后的空场和秋风楼。大体相当《庙图碑》的"寝殿"、"旧轩辕扫地坛"和我们推测为郊丘亭的建筑。

总体印象，今后土庙，主要是放大和突出了《庙图碑》的主殿区，而大大简化了它前面的院子。它在一定程度上保留了《庙图碑》的某些成分，但布局变化很大。

八、初步总结

（一）汾阴后土祠是汉代"三大祠"中硕果仅存，惟一保持祭祀的地点，唐宋时期的祭祀带有复古意味，延续了这一传统。其地位很高，从建筑设计看，要高出一般的岳镇海渎庙，只有封禅泰山，才能与之相比。历史上，光天子亲祠就有21次。其中西汉最盛，有17次，唐代有3次，宋代有1次。天子派臣致祭或民间奉享，还不在其内。其著名天子，如汉武帝和汉光武帝，唐玄宗和宋真宗，都是历史上举行过封禅大典的皇帝。它的历史价值和考古价值是毋庸置疑的。

（二）汾阴后土祠在今万荣县西黄河、汾水交汇处，即在旧荣河县的西南，地点与汉汾阴县城、唐宝鼎县城、宋荣河县城相邻，而不可能在其东面旧万泉县的孤山。

（三）汉代的汾、河二水，汾水的南岸较今靠北，河水的东岸较今靠西。我们应根据当地的地理形势和历史上的水患记录，进行地质和水文方面的调查。这会有助于了解上述城址和祠址的位置，以及其迁徙移动的规律。

（四）战国和汉代的汾阴古城是在今万荣县黄河东岸、汾水南岸的庙前村一带，确切地点是庙前村的西北，即今荣河镇的西南。这座古城，除东墙还残存在岸上，大部分都已没入黄河之中。唐宝鼎县和宋荣河县在庙前村南的宝井村，它们都在庙前村附近。唐万泉县在庙前村以东的万泉乡，即旧万泉县城的位置，与历代的后土祠相距较远。1930年卫聚贤和董光忠等人在旧万泉县东南的阎子疙瘩发掘，他们发现的是另一处汉代遗址，而不是汉代的汾阴后土祠。

（五）汉后土祠在脽丘，脽丘在庙前村一带。这里是春秋战国魏国的汾阴城所在，城东有魏国墓地，历代多出鼎彝。汉武帝和唐玄宗获鼎，清代出土邰黛编钟、齐仲之子□鏄，多半都是因汾、河二水冲刷河岸，因此露头。汉祠的位置在什么地方，还有待调查，或已没入水中，或仍压在今后土祠下，还有可能在附近的其他地方。唐玄宗祭后土，曾在这一带发现过"千秋万岁"砖和"长乐未央"砖，可以证明这一带确有汉代宫室。唐祠的位置，可能较汉祠偏南，具体位置也有待调查。宋祠则更在唐祠以

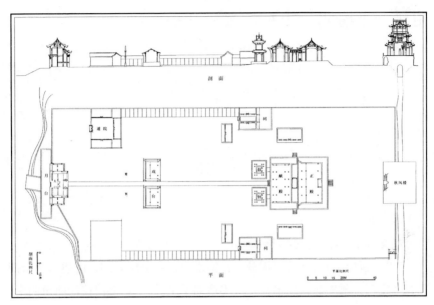

上世纪 90 年代后土庙的布局

南。金元和明清时期的后土祠是在庙前村的北面,位置也经常移动。

（六）卫聚贤、董光忠等人发掘的万泉县阎子疙瘩遗址不是汾阴后土祠,而是汉武帝祭祀汾阴临时歇脚的行宫,即介山宫,情况类似蒲坂的首山宫。这个遗址,虽然不是后土祠本身,但与后土祠有关,是属于同一时期的汉代建筑,而且从过去的调查和试掘看,规模可能比后土祠还大,今后应该进行深入调查,摸清其遗址范围和地层内涵,以便采取适当的保护措施,为将来的发掘作准备。

2004 年 7 月 17 日写于北京蓝旗营小区

附录一：汾阴后土祠的祭祀活动

一、汉代

（一）汉文帝

汉文帝十六年（前164年）

"平（新垣平）言曰：'周鼎亡在泗水中，今河溢通泗，臣望东北汾阴直有金宝气，意周鼎其出乎？兆见不迎则不至。'于是上使使治庙汾阴南，临河，欲祠出周鼎。"（《史记·封禅书》，《汉书·郊祀志》有类似记载）

【案】新垣平，赵人。汾阴城西为魏国墓地，因黄河冲刷河岸，历代多出鼎彝，而赵地又与魏地相近，盖预有所闻。周鼎没于泗水，是秦汉时期的流行传说（汉画像石常见泗水捞鼎图）。新垣平说"周鼎亡在泗水中"是导致"河溢通泗"的原因，预言汾阴会出周鼎，想用鼎出则河平来打动文帝。汉文帝十二年（前168年），即四年以前，曾有河决酸枣的大水灾："文帝十二年冬十二月，河决东郡"（《汉书·文帝纪》），"孝文时，河决酸枣，东溃金堤"（《史记·河渠书》），但未闻"河溢通泗"。史载河溢通泗，是在武帝元光三年（前132年），"夏五月，河水决濮阳，氾郡十六"（《汉书·武帝纪》），"今天子元光之中，河决于瓠子，东南注钜野，通于淮、泗"（《史记·河渠书》），即32年以后。新垣平编造神气之说，被人揭发而伏诛，但河溢通泗和获鼎汾阴，后来却成为事实。这是武帝立后土祠的背景。

（二）汉武帝

1. 元鼎元年（前116年）

"（元鼎元年）夏五月，赦天下，大酺五日。得鼎汾水上。"（《汉书·武帝纪》）

【案】这是武帝首次获鼎，元鼎年号即以此而得。

2．元鼎四年（前113年）

"其明年冬，天子郊雍，议曰：'今上帝朕亲郊，而后土无祀，则礼不答也。'有司与太史公、祠官宽舒议：'天地牲角茧栗。今陛下亲祠后土，后土宜于泽中圜丘为五坛，坛一黄犊太牢具，已祠尽瘗，而从祠衣上黄。'于是天子遂东，始立后土祠汾阴脽丘，如宽舒等议。上亲拜望，如上帝礼。……

是时上方忧河决，……

其夏六月中，汾阴巫锦为民祠魏脽后土营旁，见地如钩状，掊视得鼎。鼎大异于众鼎，文镂无款识，怪之，言吏。吏告河东太守胜，胜以闻。天子使使验问巫得鼎无奸诈，乃以礼祠，迎鼎至甘泉，从行，上荐之。至中山，曣㬈，有黄云盖焉。有麃过，上自射之，因以祭云。至长安，公卿大夫皆议请尊宝鼎。天子曰：'间者河溢，岁数不登，故巡祭后土，祈为百姓育谷。今岁丰庑未报，鼎曷为出哉？'有司皆曰：'闻昔泰帝兴神鼎一，一者壹统，天地万物所系终也。黄帝作宝鼎三，象天地人。禹收九牧之金，铸九鼎。皆尝享鬺上帝鬼神。遭圣则兴，鼎迁于夏商。周德衰，宋之社亡，鼎乃沦没，伏而不见。《颂》云"自堂徂基，自羊徂牛；鼐鼎及鼒，不吴不骜，胡考之休"。今鼎至甘泉，光润龙变，承休无疆。合兹中山，有黄云降盖，若兽为符，路弓乘矢，集获坛下，报祠大享。唯受命而帝者心知其意而合德焉。鼎宜见于祖祢，藏于帝廷，以合明应。'制曰：'可。'"（《史记·封禅书》，《汉书·郊祀志上》有类似记载）

"……昔宝鼎之出于汾脽也，河东太守以闻，诏曰：'朕巡祭后土，祈为百姓蒙丰年，今谷嗛未报，鼎焉为出哉？'博问耆老，意旧臧与，诚欲考得事实也。有司验脽上非旧臧处，鼎大八尺一寸，高三尺六寸，殊异于

众鼎。今此鼎细小，又有款识，不宜荐见于宗庙。制曰：'京兆尹议是。'"（《汉书·郊祀志下》）

【案】据下《汉书·武帝纪》，武帝"郊雍"在元鼎四年冬十月，"始立后土祠"在冬十一月甲子，事出司马谈、宽舒之议，非以获鼎而立，获鼎是在其后的夏六月。"其明年冬"节，原文接在"文成死明年……世莫知也"节和"其后三年……三元以郊得一角兽曰'狩'云"节后，《庙图碑》"历朝立庙致祠实迹"误读，以为后土祠始立于元狩二年冬十月"行幸雍，祠五畤"之后，应纠正。"于是天子遂东，始立后土祠汾阴脽丘，如宽舒等议"，《汉书·郊祀志》作"于是天子东幸汾阴。汾阴男子公孙滂洋等见汾旁有光如绛，上遂立后土祠于汾阴脽上，如宽舒等议"。"脽上"，苏林曰："脽音谁。"如淳曰："脽者，河之东岸特堆掘，长四五里，广（一）〔二〕里余，高十余丈。汾阴县治脽之上。后土祠在县西。汾在脽之北，西流与河合。"师古曰："二说皆是也。脽者，以其形高起如人尻脽，故以名云。一说此临汾水之上，地本名鄈，音与葵同，彼乡人呼葵音如谁，故转而为脽字耳，故《汉旧仪》云葵上。"此记武帝始立后土祠，事在河决濮阳之后十九年。当时，汉武帝"遂东，始立后土祠汾阴脽丘"，估计是东出长安，从蒲坂渡河，直接到汾阴祠后土。"汾阴巫锦为民祠魏脽后土营旁"，我们理解，意思是说有巫名锦者（疑即后土祠中的巫者）为当地人民祷求，地点在故魏脽之地新建后土祠的围墙之外，而不是说巫锦在后土祠外另外修了一所"民祠"（以别于官祠）。这是武帝的第二次获鼎，鼎大异于前，迁于甘泉。

"（元鼎）四年冬十月，行幸雍，祠五畤。赐民爵一级，女子百户牛酒。行自夏阳，东幸汾阴。十一月甲子，立后土祠于汾阴脽上。……

……

"（夏）六月，得宝鼎后土祠旁。秋，马生渥洼水中，作《宝鼎》、《天马之歌》。"（《汉书·武帝纪》）

【案】这是汉武帝第一次祭后土。《史记·封禅书》只记武帝元鼎四年立后土祠。其后发生之事，详《汉书》之《武帝纪》、《郊祀志》。

3．元鼎五年（前112年）

"（元鼎五年）十一月辛巳朔旦，冬至。立泰畤于甘泉。天子亲郊见，朝日夕月。诏曰：'朕以眇身托于王侯之上，德未能绥民，民或饥寒，故巡祭后土以祈丰年。冀州脽壤乃显文鼎，获⁽祭⁾〔荐〕于庙。渥洼水出马，朕其御焉。战战兢兢，惧不克任，思昭天地，内惟自新。《诗》云"四牡翼翼，以征不服"。亲省边垂，用事所极。望见泰一，修天文襢。辛卯夜，若景光十有二明。《易》曰："先甲三日，后甲三日。"朕甚念年岁未咸登，饬躬斋戒，丁酉，拜况于郊。'"（《汉书·武帝纪》）

【案】此五年追记之辞。"脽壤"即脽上之地，"文鼎"即"文镂无款识"之鼎。

4．元封四年（前107年）

"（元封）四年冬十月，行幸雍，祠五畤。通回中道，遂北出萧关，历独鹿、鸣泽，自代而还，幸河东。春三月，祠后土。诏曰：'朕躬祭后土地祇，见光集于灵坛，一夜三烛。幸中都宫，殿上见光。其赦汾阴、夏阳、中都死罪以下，赐三县及杨氏皆无出今年租赋。'"（《汉书·武帝纪》，其事又见《郊祀志》）

【案】这是汉武帝第二次祭后土。他是从西北巡游，绕一个大圈子，从代地南下，到河东祠后土。《庙图碑》"历朝立庙致祠实迹"记"元封二年祀后土，赐二县及杨民无出今年租赋。四年三月祀后土，诏曰：'朕躬祭后土，光集灵坛，一夜三烛。'"其实是把四年事一分为二，误增二年。

5．元封六年（前105年）

"（元封）六年冬，行幸回中。春，作首山宫。三月，行幸河东，祠后土。诏曰：'朕礼首山，昆田出珍物，化或为黄金。祭后土，神光三烛。其赦汾阴殊死以下，赐天下贫民布帛，人一匹。'"（《汉书·武帝纪》，其事又见《郊祀志》）

【案】这是汉武帝第三次祭后土。"首山宫"，是蒲坂之宫。应劭曰："首山在上郡，于其下立庙也。"文颖曰："在河东蒲坂界。"师古曰："寻此下诏文及依《地理志》，文说是。"《汉书·地理志》"河东郡……蒲反"，注："有尧山、首山祠。雷首山在南。故曰蒲，秦更名。""行幸河东，祠后土"，大概都是东出长安，直接渡河，经蒲坂，前往汾阴，下同。

6．太初二年（前103年）

"（太初二年春）三月，行幸河东，祠后土。……夏四月，诏曰：'朕用事介山，祭后土，皆有光应。其赦汾阴、安邑殊死以下。'"（《汉书·武帝纪》）

【案】这是汉武帝第四次祭后土。文颖曰："介山在河东皮氏县东南。其山特立，周七十里，高三十里。"《汉书·地理志》"河东郡……汾阴"，注："介山在南。"《庙图碑》"历朝立庙致祠实迹"记"太初元年十二月祀后土"，误。又《武帝纪》"（太初元年）十二月，禋高里，祠后土"，是说在蒿里祠后土，而非于汾阴祠后土，不录。

7．天汉元年（前100年）

"（天汉元年春）三月，行幸河东，祠后土。"（《汉书·武帝纪》）

【案】这是汉武帝第五次祭后土。《史记·封禅书》于结尾说"今天子所兴祠，太一、后土，三年亲郊祠，建汉家封禅，五年一修封"，规定太一、后土，皆三年一祀（即每隔一年祭祀一次），但元鼎四年至元封四年，中间隔五年，太初二年至天汉元年，中间隔二年，则有所不同。

(三) 汉宣帝

1．神爵元年（前61年）

"（神爵元年春）三月，行幸河东，祠后土。诏曰：'朕承宗庙，战战栗栗，惟万事统，未烛厥理。乃元康四年嘉谷玄稷降于郡国，神爵仍集，金芝九茎产于函德殿铜池中，九真献奇兽，南郡获白虎威凤为宝。朕之不明，震于珍物，饬躬斋精，祈为百姓。东济大河，天气清静，神鱼舞河。幸万岁宫，神爵翔集。朕之不德，惧不能任。其以五年为神爵元年。赐天下勤事吏爵二级，民一级，女子百户牛酒，鳏寡孤独高年帛。所振货物勿收。行所过毋出田租。'"（《汉书·宣帝纪》，其事又见《郊祀志》）

【案】《汉书·郊祀志》说"昭帝即位，富于春秋，未尝亲巡祭云"，是因为八岁即位，年纪太小，由大将军霍光辅政，又很短命。宣帝即位，情况类似，"时大将军霍光辅政，上共己正南面，非宗庙之祀不出"（《汉书·郊祀志》）。他是十二年以后，才亲巡出祭。这是汉宣帝第一次祭后土。"幸万岁宫"，服虔曰："万岁宫在东郡平阳县，今有津。"晋灼曰："《黄图》汾阴有万岁宫，是时幸河东。"师古曰："晋说是。"《黄图》即《三辅黄图》，其书记甘泉宫有万岁宫，而汾阴亦有万岁宫，此平阳万岁宫是另一万岁宫，非汾阴万岁宫。

2．五凤三年（前55年）

"（五凤三年春）三月，行幸河东，祠后土。"（《汉书·宣帝纪》，其事又见《郊祀志》）

【案】这是汉宣帝第二次祭后土。《庙图碑》"历朝立庙致祠实迹"误隶此事于五凤元年，并记"甘露二年三月，幸河东，祀后土"，亦无据。甘露二年为前52年。

（四）汉元帝

1．初元四年（前45年）

"（初元四年春）三月，行幸河东，祠后土。赦汾阴徒。赐民爵一级，女子百户牛酒，鳏寡高年帛。行所过无出租赋。"（《汉书·元帝纪》，其事又见《郊祀志》）

【案】这是汉元帝第一次祭后土。《庙图碑》"历朝立庙致祠实迹"于此条下记"永光元年，幸河东，祀后土"，据下引《郊祀志》，可信。永光元年为前43年。

2．建昭二年（前37年）

"（二年春）三月，行幸河东，祠后土。"（《汉书·元帝纪》，其事又见《郊祀志》）

【案】这是汉元帝第五次祭后土。元帝祭后土，最合乎武帝所立"三年一祀"（即每隔一年祭祀一次）的祭祀规定。《汉书·郊祀志》说"元帝即位，遵旧仪，间岁正月，一幸甘泉郊泰畤，又东至河东祠后土，西至雍祠五畤。凡五奉泰畤、后土之祠"，史缺其三，疑在永光元年、三年和五年（前43年、前41年、前39年）。

(五) 汉成帝

1．建始二年（前32年）

"（建始）二年春正月，罢雍五畤。辛巳，上始郊祀长安南郊。诏曰：'乃者徙泰畤、后土于南郊、北郊，朕亲饬躬，郊祀上帝。皇天报应，神光并见。三辅长无共张繇役之劳，赦奉郊县长安、长陵及中都官耐罪徒。减天下赋钱，算四十。'……辛丑，上始祠后土于北郊。"（《汉书·成帝纪》）

【案】成帝初即位，匡衡、张谭议罢甘泉泰畤、汾阴后土祠和雍五畤，改行长安南北郊之祭。建始元年（前33年），罢甘泉泰畤、汾阴后土祠。二年（前32年），罢雍五畤。至此始行长安南北郊之祭。参看《汉书·郊祀志》载衡、谭奏议。

2．永始三年（前14年）

"（永始三年）冬十月庚辰，皇太后诏有司复甘泉泰畤、汾阴后土、雍五畤、陈仓陈宝祠。语在《郊祀志》。"（《汉书·成帝纪》）

【案】汉成帝从匡衡、张谭议，罢甘泉泰畤、汾阴后土祠和雍五畤，行长安南北郊之祭，事在建始元年和二年。三年，衡、谭坐事免，众多非议之，以为不当变动旧制，尤以刘向反对最力，上有悔意。后以无继嗣故，乃令皇太后诏有司复甘泉泰畤、汾阴后土祠和雍五畤，以及旧祠著明者。其时上距建始元年已有18年。参看《汉书·郊祀志》载刘向对上问。

3．永始四年（前13年）

"（永始四年春）三月，行幸河东，祠后土，赐吏民如云阳，行所管无出田租。"（《汉书·成帝纪》）。

【案】这是汉成帝第一次祭后土。成帝复后土之祀，议在三年，行在四年。

4．元延二年（前11年）

"（元延二年春）三月，行幸河东，祠后土。"（《汉书·成帝纪》）

【案】这是汉成帝第二次祭后土。扬雄《河东赋》记汉成帝祭后土，说"其三月,将祭后土,上乃帅群臣横大河,凑汾阴。既祭,行游介山……"此事应系于汉成帝哪一年,王先谦《汉书补注》曾有所讨论,最后定为元延二年。《西汉会要》卷十也把《河东赋》定在这一年。

5. 元延四年(前9年)

"(元延四年春)三月,行幸河东,祠后土。"(《汉书·成帝纪》)

【案】这是汉成帝第三次祭后土。

6. 绥和二年(前7年)

"(绥和二年春)三月,行幸河东,祠后土。"(《汉书·成帝纪》)

【案】这是汉成帝第四次祭后土。成帝初,从匡衡、张谭议,罢武帝诸祠,行南郊之祭(在长安南郊祭天),后以无继嗣故,复武帝诸祠,凡四祭后土:成帝遵旧仪,仍作三年一祀。《庙图碑》"历朝立庙致祠实迹"只记永始四年之祀,不记元延二年、四年和绥和二年之祀。

(六)汉哀帝

"后数年,成帝崩,皇太后诏有司曰'皇帝即位,思顺天心,遵经义,天下说意。惧未有皇孙,故复甘泉泰畤、汾阴后土,庶几获福。皇帝恨难之,卒未得其祐。其复南北郊长安如故,以顺皇帝之义也。'

"哀帝即位,寝疾。博征方术士,京师诸县皆有侍祠使者,尽复前世所常兴诸神祠官,凡七百余所,一岁三万七千祠云。

"明年,复令太皇太后诏有司曰:'皇帝孝顺,奉承圣业,靡有解怠,而久疾未瘳。夙夜唯思,殆继体之君不宜改作。其复甘泉泰畤、汾阴后土祠如故。'上亦不能亲至,遣有司行事而礼祠焉。后三年,哀帝崩。"(《汉书·郊祀志》)

"(建平三年)冬十一月壬子,复甘泉泰畤、汾阴后土祠,罢南北郊。"(《汉书·哀帝纪》)

【案】哀帝尽复武帝诸祠,但体弱多病,不亲巡,惟遣官致祭。平帝元始五年

(公元5年），王莽奏罢哀帝所复，颇改祭礼，再定南北郊之祭，配五帝、五佐于五位，集大小神祠1700余所于长安。至此，武帝之祀尽除。

二、东汉

汉光武帝

建武十八年（42年）

"（十八年春）三月壬午，祠高庙，遂有事十一陵。历冯翊，进幸蒲坂，祠后土。"（《后汉书·光武帝纪》，事又见《文苑列传》）

【案】金《庙图碑》"历朝立庙致祠实迹"录此，以为汉光武帝祠后土在汾阴。

三、唐代

唐玄宗

1．开元十一年（723年）

"（十一年春二月）壬子，祠后土于汾阴之脽上，升坛行事官三品已上加一爵，四品已上加一阶，陪位官赐勋一转。改汾阴为宝鼎县。癸亥，兵部尚书张说兼中书令。三月庚午，车驾至京师，制所经州、府、县无出今年地税，京城见禁囚徒并原免之。"（《旧唐书·玄宗本纪》）

"汾阴后土之祀，自汉武帝后废而不行。玄宗开元十年，将自东都北巡，幸太原，便还京，乃下制曰：'王者承事天地以为主，郊享泰尊以通神。盖燔柴泰坛，定天位也；瘗埋泰折，就阴位也。将以昭报灵祇，克崇严配。爰逮秦、汉，稽诸祀典，立甘泉于雍畤，定后土于汾阴，遗庙巍然，灵光可烛。朕观风唐、晋，望秩山川，肃恭明神，因致禋敬，将欲为人求福，以辅升平。今此神符，应于嘉德。行幸至汾阴，宜以来年二月十六日祠后土，所司准式。'"

"先是，脽上有后土祠，尝为妇人塑像，则天时移河西梁山神塑像，就祠中配焉。至是，有司送梁山神像于祠外之别室，内出锦绣衣服，以上后土之神，乃更加装饰焉。又于祠堂院外设坛，如皇地祇之制。及所司起作，获宝鼎三枚以献，十一年二月，上亲祠于坛上，亦如方丘仪。礼毕，诏改汾阴为宝鼎。亚献邠王守礼、终献宁王宪已，颁赐各有差。"（《旧唐书·礼仪志四》）

"（十一年正月）壬子，如汾阴，祠后土，赐文武官阶、勋、爵、帛。癸亥，张说兼中书令。三月辛未，至自汾阴，免所过今岁税，赦京城。"（《新唐书·玄宗本纪》）

"开元十年十二月壬寅，将北巡，诏曰：'王者承事天地以为主，郊享泰尊以通神。盖燔柴大坛，定天位也；瘗埋太折，就阴位也。将以昭报灵祇，克崇严配。爰追秦汉，稽诸祀典，立甘泉于雍畤，定后土于汾阴，遗庙巍然，灵光可烛。朕观风唐晋，秩望山川，肃恭明神，思致祇敬，将欲为人求福，以辅升平。今此神符，应于嘉德。宜以来年正月北巡狩，行幸至汾阴，以二月祠后土，所司准式。'（注：先是，脽上有后土祠，尝为妇人素像，则天时移河西梁山神塑〔像〕，就祠中配焉。）至是，有司送梁山神像于祠外之别室，内出锦绣衣服，以上后土之神，乃更加装饰焉。又于祠堂院外设坛，如皇地祇之制。及所司起作，获宝鼎三枚以献。"（《册府元龟》卷三三）

【案】这是玄宗第一次祭后土。玄宗北巡在开元十年十二月五日。两《唐书》记玄宗祭后土只有十一、二十年祭，无十二年祭。十一年祭的时间，为开元十一年二月十六日。

2．开元十二年（724年）

"开元十一年，玄宗自东都将还西京，便幸并州。至十二年二月二十二日，祠后土于汾阴脽上。太史奏：'荣光出河，休气四塞，祥风绕坛，日扬其光（注：旧祠堂为妇人塐像。武太后时，移河西梁山神塐像，就祠中配焉）。'"（《通典》卷四五）

"开元十一年，上将还西京，便幸并州，兵部尚书张说进言曰：'陛下今因行幸，路由河东，有汉武后土之祠，此礼久阙，历代莫能行之。愿陛下绍斯坠典，以为三农祈谷，此诚万姓之福。'至十二年二月二十二日，祠后土于汾阴脽上，太史奏：'荣光出河，休气四塞，祥风绕坛，日扬其光（初，有司奏："修坛掘地，获古铜鼎二，其大者容四升，小者容一升，色皆青。又获古砖，长九寸，有篆书'千秋万岁'字及'长乐未央'字。又有赤兔见于坛侧。"旧祠堂为妇人塐像，则天时，移河西梁山神塐像，就祠中配焉。至十一年，有司迁梁山神像于祠外之别室焉。兼以中书令张嘉贞为坛场使，将作少监张景为坛场副使，张说为礼仪使）。'"（《文献通考·郊社考九》）

【案】这是玄宗第二次祭后土。但也有可能是第一次祭后土的异说，其时间是开元十二年二月二十二日。

3．开元二十年（732年）

"（开元二十年）十一月庚午，祀后土于脽上，大赦天下，左降官量移近处。内外文武官加一阶，开元勋臣尽假紫及绯。大酺三日。十二月壬申，至京师。"（《旧唐书·玄宗本纪》）

"（开元）二十年，车驾又从东都幸太原，还京。中书令萧嵩上言：'去十一年亲祠后土，为祈谷，自是神明昭格，累年丰登。有祈必报，礼之大者。且汉武亲祠脽上，前后数四，伏请准旧祀后土，行赛之礼。'上从之。其年十一月至宝鼎，又亲祠以申赛谢。礼毕，大赦。仍令所司刊石祠所，上自为其文。"（《旧唐书·礼仪志四》）

"（开元二十年十一月）庚申，如汾阴，祠后土，大赦。免供顿州今岁税。赐文武官阶、勋、爵，诸州侍老帛，武德以来功臣后及唐隆功臣三

品以上一子官。民酺三日。十二月辛未,至自汾阴。"(《新唐书·玄宗本纪》)

"(开元)二十年,车驾欲幸太原,中书令萧嵩上言云:'十一年亲祠后土,为苍生祈谷。自是神明昭祐,累年丰登。有祈必报,礼之大者。且汉武亲祠脽上,前后数四。伏请准旧事,至后土行报赛之礼。'从之。至十一月二十一日,祀后土于脽上。其文曰:'恭惟坤元,道昭品物,广大茂育,畅于生成,庶凭休和,惠及黎献。博厚之位,粤在汾阴,肃恭时巡,用昭旧典。敬以琼璧牺牲,粢盛庶品,备兹瘗礼,式展诚悫。睿宗皇帝,配神作主。'礼毕,令所司刊石于祠所。"(《通典》卷四五)

【案】这是玄宗第二次祭后土。祭祀时间当从《新唐书·玄宗本纪》,作"(开元二十年十一月)庚申",庚申是二十一日,正与《通典》卷四五作"二十一日"合。该年十一月无庚午日,《旧唐书·玄宗本纪》作"十一月庚午"误。汉以后,天子封禅泰山、祭汾阴后土只有唐玄宗和宋真宗。唐玄宗封禅泰山在开元十三年(725年)十一月。

附:

1. 唐玄宗《后土神祠碑序》

"古之王者,皆受天命,礼乐有权,神祇是主。郊兆所设,虽定于厥居;精灵所感,则通乎其变。大抵归正,旁行不流,惟创制者为能之,亦安在守文而已。脽上祠者,本魏地郊丘之旧,而汉家后土之宫。汾水合河,梁山对麓,地形堆阜,天然诡异。隆崛屼而特起,忽盘纡而斗绝,景象相传,肸蠁如在。有物不可以终否,有典不可以遂废,故推而行之,神而明之,岁在癸亥,始有事于兹焉。

"在昔后王,时迈省方,柴燎告至,幽隐胥洎。大舜则五载一巡,武帝则三岁一祭,古今代变,人神礼烦,朕就为损益,折以法度,一纪再驾,亦无闲焉。二十年冬,勒兵三十万,旌旗亘千里,校猎上党,至于太原。赫威戎于朔陲，沛展义于南夏。肆觐群后，道有以大备；怀柔百神，文无而咸秩。先是有司宿设，恪敬乃事。己未师次于斋宫，庚申亲祀于后祇。圣考在天，侑而作主，何礼不举，靡神不遍。往者汉氏之祠也，牲以养牛，五岁茧栗，所以贵其诚；藉以采席，六重藁秸，所以尚其质。事与古反，义不经见。朕因其地而不因其仪，取其得而不取其失。凡牲币法物之事，歌舞接神之类，咨故实于方泽。不遂过于元鼎。此皆公卿大夫，鸿生钜儒，献其方闻，匡于不逮，朕何有也。且王者事天明，事地察，示有本，教以孝，奈何郊丘之礼，犹独以祈谷为名者耶？

"於戏！享于至诚，锡以繁祉。黄云盖于神鼎，降光烛于灵坛。自昔已然，乃今复见。斯固阴精有所寓，宝气为不诬，虽寂寥而不动，亦动之而斯应。顾朕之不德，灵感何从？赖累圣储祉，福流所致。乃眚灾肆赦，与物更始，大赍天下，有庆兆人。山川鬼神，鸟兽鱼鳖，莫不允若，莫不咸宁。此所以承覆载，报生植，资元元，尽翼翼，岂与夫封禅有牒，专在求仙，秘祝有辞，密于移过而已！"（《全唐文》卷四一）

2. 张说《后土神祠碑铭》

"至哉坤元！万物资生。王者母事，德合天明。义有大报，用协永贞。茫茫九土，思索其精。因天事天，因地事地。彼汾之曲，高脽杰异。景象遗光，坛场旧位。寂寥千祀，精灵永閟。诬神不祥，复古维祺。文所无者，秩而祭之。矧曰后土，昔载明祠。何必因阴，迺为我师。意多汉武，迹在横汾。风流可接，箫鼓如闻。寿宫创制，神鼎勒勋。古往今来，岂无斯文？"（《全唐文》卷二三〇）

【案】此碑立于二十年祭后。

四、宋代

(一) 宋太祖

开宝九年（976年）

"汾阴后土，汉武帝元鼎中所立脽上祠，宣帝、元帝、成帝、后汉光武、唐元宗皆亲祭。是后，旷其礼。开宝九年，徙庙稍南，是年，始遣使致祭。其后，又诏：'自今凡告天地，仍诣祠告祭，命礼官考定衣冠制度，令有司修制，遣使奉上。'"（《文献通考·郊社考九》）

【案】"开宝九年，徙庙稍南"，说明宋庙在唐庙南。

(二) 宋真宗

1. 景德四年（1007年）

"（真宗景德）四年正月十七日，以朝拜诸陵，遣工部尚书王化基乘驿诣后土庙致祭，用大祀礼。其祭服祭器并自京赍送。"（《宋会要辑稿·礼二八》之四〇）

"真宗景德三年八月九日，详定所又请造正座玉册玉匦一副，配座玉册金匦二副，及金绳金泥，如禅祭社首之制。其配座金匦，通礼藏于太庙坫室，欲依东封例，更不凿动壁庙，只依尊谥册宝，置神座之侧。又祀礼毕，封玉册匦于庙中，伏缘前代，封禅之外，别无祠宇内封玉册制度。今详所用石匦，并盖三层，方广五尺，下层高二尺，上开牙缝一周，阔四寸，深五寸；中容玉匦处，长一尺六寸，阔一尺。又南北刻金绳道三周，各相去五寸。每勒金绳处，阔一寸，深五分。上层厚一尺，仍于上面四角，更刻牙缝，长八寸，深四寸。每系金绳处，深四寸，方三寸五分，容'天下同文之宝'。先就庙庭规度为坫，深五尺，阔容石匦及封固之人，先以金绳三道，南北络石匦。候祀毕，封玉匦讫，中书侍郎奉匦至庙，与太尉同置匦石中。将作监加上层盖讫，系金绳三道毕，各填以石泥，印以'天下同文之宝'印毕，皇帝省事后，将作监率执事更加盖顶石盖，然后以土封固如法，上为小坛如方丘状，诏可，仍命直史馆刘锴摄将作监，与入内殿头郝昭信同领其事，又命三曾押当玉册金玉匦朱允中援护入内，供奉官杨怀玉与判门下省官押当'授命宝'。

"初，命制置史定置石匦方位。尧叟等据翰林天文邢中和等议置前殿西间近北壬地吉，或从殿内西间午地安置亦吉。既而礼仪使王钦若请依仪注，于前殿栏楯之下，皇帝板位之西，奉安石匦，以藏玉册。诏尧叟覆议，请依钦若所定，礼官详定亦请如尧叟议，于正殿直南安置，仍别设栏槛遮护。刘锴又请依东封例，增差石匠二十人。又言封固石匦，将作监率执事者更加盝顶石盖，然后用土封固，上为坛，如方丘之状。若只用土，恐未如法。欲先用砖砌，后以土封固。又小坛元无方广制度，请广厚皆五尺，饰如丘坛。"（《宋会要辑稿·礼二五》之六〇至六一）

【案】景德四年祭属于遣官致祭，但其三年所议，却为五年后真宗亲祭定下制度。《文献通考·王礼考二十一》载大中祥符三年诏："将来祀汾阴，还时朝拜诸陵，大略如景德四年之礼。"就是证明。

2．大中祥符元年（1008年）

"大中祥符元年九月五日，以将东封，议同日遣官致祭汾阴后土。详定所上言：'按西汉祭天于甘泉泰畤，祭地于汾阴后土，后汉始定南北郊。然则今之汾阴后土，本汉祀地之所也。将来既禅社首，祀皇地祇，则后土不当同日更祭。按唐开元十二年、二十年祀后土于汾阴脽上，十三年封禅不别祀望，欲车驾将行，遣官告祭封禅日，即罢祭。'从之。乃命给事中冯起致祭。及礼成，又遣右谏议大夫薛映祭谢。"（《宋会要辑稿·礼二八》四〇至四一）

【案】此亦遣官致祭。

3．大中祥符四年（1011年）

[记载一]

"(大中祥符三年）六月庚戌，边臣言契丹饥，来市籴，诏雄州籴粟二万石振之。河中府父老千余人请祀后土，不许。……

……（秋七月）辛丑，文武官、将校等三上表请祠汾阴后土。

……

八月丁未朔，诏明年春有事于汾阴，州府长吏勿以修贡助祭烦民。戊申，陈尧叟为祀汾阴经度制置使。己酉，王旦为祀汾阴大礼使，王钦若为礼仪使。庚戌，诏汾阴路禁弋猎，不得侵占民田，如东封之制。……乙亥，河中府父老千七百人来迎，上劳问之，赐以缗帛。

……

四年春正月辛巳，诏执事汾阴懈怠者，罪勿原。乙酉，习祀后土仪。丁亥，将祀汾阴，谒启圣院太宗神御殿、普安院元德皇后圣容。丙申，诏以六月六日天书再降日为天贶节。丁酉，奉天书发京师。日上有黄气如匹素，五色云如盖，紫气翼仗。……

……（二月）癸丑，次河中府。丁巳，黄云随天书辇。次宝鼎县奉祇宫。戊午，登后圃延庆亭。己未，瀵泉涌，有光如烛。辛酉，祀后土地祇。是夜，月重轮，还奉祇宫，紫气四塞。幸开元寺，作大宁宫。……"（《宋史·真宗本纪》）

【案】"奉祇宫"，是真宗在宝鼎县祭后土的行宫，前殿叫穆清殿，前亭叫望云亭，后亭叫"延庆亭"、"延信亭"。《宋会要辑稿·礼二八》之四七："（大中祥符三年十月）五日，赐宝鼎县行宫名曰奉祇，前殿曰穆清殿，后亭曰严庆、严信，行宫前亭曰望云，渭河桥曰省方，洛河桥曰迎跸。""严庆"就是这里的"后圃延庆亭"，"严信"也应当是"延信"之误。二亭皆在奉祇宫的后院，即所谓"后圃"。这是大中祥符三年宋真宗定的一套名称。次年则改奉祇宫为太宁宫，详下。

[记载二]

"汾阴后土。真宗东封之又明年，河中府言：'进士薛南及父老、僧道千二百人列状乞赴阙，请亲祠后土。'诏不允。已而南又请，河南尹宁王元偓亦表请，文武百僚诣东上阁门三表以请。诏明年春有事于汾阴后土，命知枢密院陈尧叟为祀汾阴经度制置使，翰林学士李宗谔副之，枢密直学士戚纶、昭宣使刘承珪计度发运，河北转运使李士衡、盐铁副使林特计度粮草，龙图阁待制王曙、西京左藏库使张景宗、供备库使蓝继宗修治行宫、道路，宰臣王旦为大礼使，知枢密院王钦若为礼仪使，参知政事冯拯为仪仗使，赵安仁为卤簿使，陈尧叟为桥道顿递使。又以旦为天书仪卫使，钦若、安仁副之，丁谓为扶侍使，蓝继宗为扶侍都监，内侍周怀政、皇甫继明为夹侍。发陕西、河东兵五千人赴汾阴给役，出厩马，增传置，命翰林、礼院详定仪注，造玉册、祭器。先令尧叟诣后土祠祭告，分遣常参官告天地、庙社、岳镇、海渎。

"详定所言：'祀汾阴后土，请如封禅，以太祖、太宗并配。其方丘之制，八角，三成，每等高四尺，上阔十六步。八陛，上陛广八尺，中广一丈，下广一丈二尺。三重壝，四面开门。为瘗坎于坛之壬地外壝之内，方深取足容物。其后土坛别无方色。正坐玉册，玉匮一副；配坐玉册，金匮二副；金泥，金绳。所用石匮并盖三层，方广五尺，下层高二尺，上开牙缝一周，阔四寸，深五寸，中容玉匮，其阔一尺，长一尺六寸。匮刻金绳道三周，各相去五寸，每缠绳处，阔一寸，深五分。上层厚一尺，仍于上四角更刻牙缝，长八寸，深四寸。每缠金绳处深四寸，方三寸五分，取容封宝。先即庙庭规地为坎，深五尺，阔容石匮及封固者。先以金绳三道南北络石匮，候祀毕封匮讫，中书侍郎奉匮至庙，与太尉同置石匮中，将作监加盖，系金绳毕，各填以石泥，印以"天下同文之宝"，如社首封礅制。帝省视后，将作监率执事更加盝顶石盖，然后封固如法。上为小坛，如方丘状，广厚皆五尺。'

"经度制置使诣脽上筑坛如方丘，庙北古双柏旁有堆阜，即其地为之。有司请祭前七日遣祀河中府境内伏羲、神农、帝舜、成汤、周文武、汉文帝、周公庙及于脽下祭汉、唐六帝。

"四年正月,帝习仪于崇德殿。丁酉,法驾发京师。二月丙辰,至宝鼎县奉祇宫。戊午,致斋。己未,遣入内都知邓永迁诣祠上衣服、供具。庚申,百官宿祀所。是夜一鼓,扶侍使奉天书升玉辂,先至脽上。二鼓,帝乘金辂,法驾诣坛,夹路设燎火,盘道回曲,周以黄麾仗。初,路出庙南,帝以未修谒,不欲乘舆辇过其前,令凿路由庙后至坛次。翼日,帝服衮冕登坛,祀后土地祇,备三献,奉天书于神坐之左次,以太祖、太宗配侑。

"册文曰:'维大中祥符四年,岁次辛亥,二月乙巳朔,十七日辛酉,嗣天子臣某,敢昭告于后土地祇:恭惟位配穹旻,化敷品汇。瞻言分壤,是宅景灵。备礼亲祠,抑惟令典。肇启皇宋,混一方舆,祖祢绍隆,承平兹久。眇躬缵嗣,励翼靡遑,厚德资生,绵区允穆,清宁孚祐,戴履蒙休。申锡宝符,震以珍物,虔遵时迈,已建天封。明察礼均,有所未答,栉沐祇事,用致其恭。夷夏骏奔,瑄牲以荐,肃然郊上,对越坤元。式祈年丰,秾昭政本,兆民乐育,百福蕃滋,介祉无疆,敢忘祇畏。恭以琮币、牺牲、粢盛、庶品,备兹瘗礼。皇伯考太祖皇帝、皇考太宗皇帝侑神作主。尚享。'亲封玉册,正坐于玉匮,配坐于金匮,摄太尉奉之以降,置于石匮,将作监封固之。

"帝还次,改服通天冠、绛纱袍,乘辇谒后土庙,设登歌奠献,遣官分奠诸神。至庭中,视所封石匮。还奉祇宫,钧容乐、太常鼓吹始振作。是日,诏改奉祇曰太宁宫。壬戌,御朝觐坛受朝贺,肆赦,宴群臣于穆清殿,父老于宫门。穆清殿,奉祇宫之前殿也。诏五使、从臣刻名碑阴。谒西岳庙,从官皆刻名庙中,仗卫仪物大略如东封之制。命薛南试将作监主簿,以首请祠汾阴故也。"(《宋史·礼志七》)

【案】真宗祭后土是在祭泰山之后,议在三年,祭在四年。"真宗东封"指宋真宗大中祥符元年(1008年)封禅泰山,"之后明年"是大中祥符三年(1010年)。"祀汾阴后土,请如封禅",请看《宋史·礼志七》的"封禅"条,该条提到"太平兴国中,有得唐玄宗社首玉册、苍璧,至是令瘗于旧所"。真宗所埋"唐玄宗社首玉册"，即马鸿逵获于泰安，今藏于台北"故宫博物院"之唐玄宗玉册，同出还有宋真宗玉册。其四年祭后土的玉册，据《宋会要辑稿·礼二八》之四四"（大中祥符三年八月）十七日，命王旦撰后土地祇册文，赵安仁撰太祖、太宗配座册文"，册文是出自王旦之手。《宋会要辑稿·礼二五》之六三载之，略同。其格式同于宋真宗祭泰山的玉册，可以对照参看。宋制，祭地埋册是在"前殿栏楯之下，皇帝板位之西"，"于正殿直南安置，仍别设栏槛遮护"（《宋会要辑稿·礼二五》之六〇至六一）。"至庭中，视所封石匮"，是仪式完毕后，检查册文的埋藏情况。《宋会要辑稿·礼二八》之四九和五一提到祭前开石匮瘗坎，祭后埋册庭中，一条是大中祥符四年正月八日，"详定所言：'后土庙开石匮瘗坎，望令于祀前七日内择日穿土。'从之"，一条是同年二月十七日，"帝服衮冕，登坛祀后土地祇，奉天书于右次，以太祖、太宗配侑，亲封玉册正座于玉匮，配座于金匮，摄太尉奉之以降，置玉匮于殿庭石匮，将作监领徒封固"。"穆清殿"，是奉祇宫的前殿，见上条案语。

[记载三]

"大中祥符三年，河中府言：'进士薛南率耆老、僧道千二百九十人列状求诣阙，请亲祠。'诏不允，仍止其来。七月，复上表固请，群臣亦诣东上阁门陈请。八月，诏以来年春，有事于汾阴后土。

"有司定制：'玉册、金玉匮，度庙庭择地为坎，中置石匮，匮方五尺，厚二尺，中容玉匮，刻金绳道三，阔一寸，深五分，系绳处刻深四寸，方三寸五分，容"天下同文"宝。俟祀毕，太尉奉玉匮置其中，将作监领徒举石覆之，石厚一尺，系绳、填泥、印宝，悉如社首封磴之制。皇帝省视讫，加盖其上，封固，为小坛，广厚五尺。'从之。九月，经度制置使诣脽上筑坛如方丘之制，庙北古双柏旁有堆阜，即就其地焉。十月，礼仪使王钦若言：'准仪注，祀毕，太尉封玉册于庙庭石匮，百官班于庭中。皇帝谒庙礼毕，至石匮南，北向省视。'

"四年正月丁酉，备銮驾出京师。二月丙辰，至奉祇宫。戊午，致斋，召近臣登延庆亭，南望仙掌，北瞰龙门，自宫至脽丘，列植嘉树，六师环宿行阙，旌旗帟幕照耀郊次，眺览久之。己未，遣入内都知邓永迁诣祠上衣服、供具。庚申，群臣宿祠所。辛酉，具法驾诣脽坛，夹路设燎火，其光如昼。盘道纡屈，周以黄麾仗。至坛次，服衮冕登坛，祀后土地祇，备三献，奉天书于神座之左，以太祖、太宗并配，悉如封禅之礼。先是，脽上多风，及行礼，顿止，黄气绕坛，月重轮，众星不见，惟大角光明。少顷，改服通天冠、绛纱袍，乘辇诣庙，设登歌，奠献，省封石匮，遣官分奠诸神。登郊邱亭望河汾。还行宫，鼓吹振作，紫气四塞，观者溢路，民有扶老携幼，不远千里而至者。壬戌，御朝觐坛肆赦。是行，涂中屡有甘澍之应，皆夕降晨霁，从官、卫兵无霑服之患；又农事方兴，耕民欢忭相属。三月，驻跸西京。四月，诏脽上后土庙宜上额为太宁正殿。"(《文献通考·郊社考九》)

【案】"诏脽上后土庙宜上额为太宁正殿。"《续资治通鉴》卷三〇作"诏恭上汾阴后土庙额曰太宁"，《宋大诏令集》卷一一七作"诏脽上后土庙宜上额为太宁宫"，这三种记载，应以《续资治通鉴》为是，"宫"、"正殿"并是衍文。

[记载四]

"（大中祥符三年）六月，庚戌，……

知河中府杨举正言本府父老僧道千二百九十人状请车驾亲祀后土，诏不许。

……

（七月）辛丑，文武官、将校、耆艾、道释三万余人诣阙请祀汾阴后土，不允。表三上，八月，丁未朔，诏以来年春有事于汾阴。

戊申，以知枢密院事陈尧叟为祀汾阴经度制置使，翰林学士李宗谔副之。

河北转运使李士衡献钱帛三十万以佐用度，诏褒之。

己酉，发陕西、河东兵五千人赴汾阴给役，置急脚递铺，出厩马，增驿传递铺卒至八千余人。

庚戌，命翰林学士晁迥、杨亿等与太常礼院详定祀汾阴仪注。

诏：'汾阴路禁弋猎，不得侵占民田，如东封之制。'

……

丁巳，诏：'宝鼎县不得笞箠人，有罪并送府驱遣。'

……

辛未，命曹利用祭汾河。

有司定祀后土仪，度庙庭，择地为坛，其玉册、玉匮、石匮、石礛、印宝，悉如社首之制，从之。

乙亥，河中府父老千七百人诣阙迎驾，帝劳问之，赐以缯帛。

九月，戊寅，诏：'西路行营，宜令仪鸾司止用油幕为屋，以备宿卫，不须覆以芦竹。'

辛巳，河东转运使、兵部郎中陈若拙请以所部缗钱刍粟十万转输河中以助经费，许之。

癸未，陈尧叟言：'筑坛于脽上，如方丘之制。庙北古双柏旁起堆阜，即就用其地焉。'

……

初，有司议：'祀宇之旁难行觐礼，欲俟还至河中，朝会，肆赦。'于是陈尧叟等言：'宝鼎行宫之前，可以设坛壝，如东封之制。'诏如尧叟等奏。

……

冬，十月，庚戌，陈尧叟言解州父老欲诣阙奉迎车驾，诏尧叟谕止之。

戊午，命三司使丁谓赴汾阴路计度粮草。

……

（十二月）乙卯，告太庙，奉天书，如东封之制。

……

龙图阁待制孙奭，由经术进，守道自处，即有所言，未尝阿附取悦。帝尝问以天书，对曰：'臣愚所闻："天何言哉！"岂有书也！'帝知奭朴忠，每优容之。是岁，特命向敏中谕奭，令陈朝廷得失。奭上纳谏、恕直、轻徭、薄赋四事，颇施用其言。

及将有汾阴之役，会岁旱，京师近郡谷价翔贵，奭遂奏疏曰：'（略）.'

帝遣内侍皇甫继明谕以具条再上，于是奭又上疏曰：'（略）.'

时群臣数奏祥瑞，奭又上疏言：'（略）.'疏入，不报。

……

（四年）春，正月，乙亥朔，……

……

诏：'执事汾阴懈怠者，罪勿原.'

……

乙酉，亲习祀后土仪于崇德殿。

丁亥，谒启圣院太宗神御殿、普安院元德皇后圣容，告将行也。

……

丁酉，车驾奉天书发京师。群臣言日上有黄气如匹素，五色云如盖。是夕，次中牟县。

戊戌，次郑州。命陈彭年、王曙同详定邀驾词状。

庚子，次巩县。判河阳张齐贤见于汜水顿，侍食毕，即还任。

辛丑，过訾邨，设幄殿，奉置山陵神坐，帝韡袍拜哭奠献。是日，有白雾起陵上，俄覆神幄，群臣以为帝哀惨所感。夕，次偃师县。

壬寅，至西京。

甲辰，发西京，至慈涧顿，大官始进素膳。夕，次新安县。

二月，乙巳朔，次渑池县。

……

壬子，出潼关，渡渭河，次严信仓，遣近臣祀西岳。

丙辰，次永安镇，遣近臣祀河渎。

丁巳，发永安镇，群臣言有黄云随《天书》辇。法驾入宝鼎县奉祗宫。

戊午，致斋。召近臣登延庆亭，南望仙掌，北瞰龙门，自宫至脽，列植嘉树，六师环宿，行阙旌旗帟幕照耀郊次，眺览久之。

己未，宝鼎县守臣言瀵泉涌，有光如烛。庚申，群官宿祀所。

辛酉，具法驾诣脽坛，夹路燎火，其光如昼，甬道盘屈，周以黄麾仗。至坛次，服衮冕，登坛，祀后土地祇，备三献，奉天书于神坐之左，以太祖、太宗并配，悉如封禅礼。司天奏言黄气绕坛，月重轮，众星不见，惟大角光明。少顷，改服通天冠、绛纱袍，乘辇诣庙，登歌奠献，省封石匮，遣官分奠诸神。登郊丘亭，视汾河，望梁山，顾左右曰：'此汉武帝泛楼船处也。'即日，还奉祇宫。诏以奉祇宫为太宁宫，增葺殿室，设后土圣母像，又遣官祭告河渎。

壬戌，御朝觐坛，受群臣朝贺。大赦天下，恩赐如东封例。建宝鼎县为庆成军，给复二年，赐天下酺三日。大宴穆清殿，赐父老酒食衣帛。帝作《汾阴二圣配飨》、《河渎》、《西海》等赞。

癸亥，发庆成军，观瀵泉。夕，次永安镇。

甲子，次河中府，幸舜庙，赐舜井名广孝泉。度河桥，观铁牛。又幸河渎庙，登后亭，见民有操舟而渔，秉耒而耕者，帝曰：'百姓作业其乐乎！使吏无侵扰，则日用而不知矣。'

……

乙丑，御宣恩楼观酺。

加号西岳金天王曰顺圣金天王，遣鸿胪少卿裴庄祭告。又诏葺夷、齐庙。

丙寅，赐亲王、辅臣、百官酺宴于行在尚书省，凡二日。

戊辰，发河中府。己巳，次华阴县，幸云台观观陈抟画像，除其观田租。庚午，谒顺圣金天王庙，群臣陪位，遣官分奠庙内诸神。又幸巨灵真君观，并除其田租，宴从官父老于行宫之宣泽楼。召见华山隐士郑隐、敷水隐士李宁，赐隐号曰贞晦先生。

辛未，次阌乡县，召承天观道士柴通玄，赐坐，问以无为之要，除其观田租。通玄年百余岁，善服气，语无文饰，多以修身谨行为说云。

壬申，次湖城县，宴虢州父老于行宫门。

三月，甲戌朔，次陕州，召草泽魏野，辞疾不至。

……

乙亥，幸顺正王庙，宴从官父老于需泽惠民楼。又登北楼，望大河，赐运河卒时服。是日，雨，石普请驻跸城中，勿涉泥泞，因令扈从至西京。

戊寅，次新安县。帝之还也，以道远，闵卫士肩舆执盖之劳，多乘车马，御乌藤帽。翼日，入西京，以知河南府薛映有治状，赐诗嘉奖。癸未，张齐贤来河阳来朝，召之也。

甲申，幸太子太师吕蒙正第，慰抚之，赐赉有加。问蒙正：'诸子孰可用？'对曰：'臣之子豚犬耳；臣侄夷简，宰相才也。'

陈尧叟、李宗谔自河中府来朝，言初经度祀事至礼毕，凡土木工三百九十万余，止役军士辇送粮草，供应顿递亦未尝差扰编民，帝称善。

戊子，丁谓言有鹤二百余翔天书殿上，又有五百余飞集太清殿。

乙丑，御五凤楼观酺。

车驾将朝陵，甲午，发西京。

乙未，帝素服乘马至永安县，斋于行宫。丙申，谒安陵、永昌、永熙、元德皇太后陵。帝奠献悲泣，感动左右。又遍诣诸后陵、诸王坟致奠。命中使遍祭皇亲诸坟及诣汝州祭秦王坟。

丁酉，次巩县，张齐贤辞归河阳，赐衣带、器币如侍祀例。

戊戌，至汜水县。虎牢关路险，命执炬火以警行者。河阳结采为楼，备乐奏，帝以太宗忌辰甫近，亟止之。夕，至荥阳县。改虎牢关为行庆关。

己亥，次郑州。庚子，召从官宴于回銮庆赐楼，宴父老于楼下，不作乐。

癸卯，次琼林苑，赐部署钤辖羊酒，犒设将士。

……

夏，四月，甲辰朔，驾至自汾阴。

……

己未,诏恭上汾阴后土庙额曰太宁。

以河中府进士薛南为试将作监主簿,首诣阙请祀汾阴者也。

……

(五年秋,七月)癸未,庆成军大宁宫、庙成,总六百四十六区。

……

(六年,八月)辛酉,以参知政事丁谓为奉祀经度制置史,翰林学士陈彭年副之,谓仍判亳州,增置官署,如汾阴之制。

……

丁丑,参知政事丁谓上《新修祀汾阴记》五十卷。

……

(七年,十一月壬辰),户部尚书陈尧叟上《汾阴奉祀记》三卷。

……"

(《续资治通鉴》卷二九至三一)

【案】宋真宗祭后土,是从河南到陕西,再从陕西渡河,往河中。《宋会要辑稿·礼二八》之四五:"先是往河中路有二,一由陕州浮梁,历白径岭,一由三亭渡黄河。司天保章正贾周言:'二路岩险湍迅,不如出潼关,过渭、洛二水趋蒲津,地颇平坦,虽兴工不过十数里,事下尧叟等,请如周议。'"《河渎》、《西海》等赞,即《河渎显圣灵源公赞》、《西海广润王赞》,见《宋会要辑稿·礼二八》之五一之五二。"(五年秋,七月)癸未,庆成军大宁宫、庙成",癸未是十七日,《宋会要辑稿·礼二八》之五二至五三作"五年七月十四日,庆成军言:'太宁宫、庙成。'"

[记载五]

"宋真宗大中祥符四年春二月,帝祭后土于汾阴,大赦三月,驻跸西京,诏雎上后土庙宜上额为太宁正殿。

先是三年六月癸丑,河中府进士薛南等请祀后土。

七月辛丑,群臣上表复请。

八月丁未朔,诏以来年春有事于汾阴。上曰:'冀民获丰穰于朕躬固

无所惮.'

戊申，以王旦兼汾阴大礼使，王钦若为礼仪使，陈尧叟为经度使，李宗谔副之。庚戌，命翰林晁迥、杨亿、杜镐、陈朋年、王曾与详定祀汾阴仪注。

辛未，内出《脽上后土庙图》，命陈尧叟量加修饰。

九月甲午，令宰臣王旦撰《汾阴坛颂》，知枢密院王钦若撰《朝觐坛颂》。

十月甲子，晁迥上《祀汾阴乐章》十首。

十二月二十六日，诏进蔬食，群臣继请御常膳。

己巳，帝制《奉天庇民述》以示王旦等。

四年正月，帝习仪于崇德殿。

丁酉，奉《天书》发京师，出潼关，渡河，次河中府。

甲寅，以冯起为考制度使，赵湘副之。

丁巳，至宝鼎县奉祇宫，有黄云随《天书》辇。

戊午，斋穆清殿。

庚申二鼓，上乘金辂法驾，进至脽坛，夹道设燎，周以黄麾下仗。

辛酉，上服衮冕，登坛祀后土地祇，奉《天书》于左次，以太祖、太宗配侑，亲封玉册、玉匮。少顷，服通天绛纱，乘辇至庙，设登歌奠献。司天监言黄气绕坛，月重轮，大角光明，群臣拜舞称贺，诏改奉祇宫曰太宁。

壬戌，御朝觐坛，受朝贺，大赦，赐天下脯三日，大宴群臣于穆清殿，御制《汾阴二圣配飨》，建宝鼎为庆成军，给复三年。

乙丑，丁谓而下以礼成献歌颂者四十二人，付史馆。

丙寅，制《汾阴礼成诗》赐百官。

四月甲午，至京师。

丁未，制《西巡还京歌》。

己未，诏脽上后土庙上额为太宁正殿，周设栏。

壬戌，增葺宫、庙。

六年八月丁丑，参政丁谓上《新修祀汾阴记》五十卷，诏褒之。

七年十一月壬辰，陈尧叟上《汾阴补记》三卷。"（《庙图碑》录《通鉴纲目》、《文献通考》）

【案】"四月甲午，至京师"，"甲午"当作"甲辰"。"壬戌，增葺宫、庙"，"壬戌"是该月十九日。参看：《宋会要辑稿·礼二八》之五二："（大中祥符四年四月）十九日，命内供奉官郝昭信、赵履信增葺太宁宫、庙，并依修会真宫例，仍令周起一月一至检校。"

归纳上述记载，宋真宗祭祀后土的过程，大体是像下面这样：

正月丁酉	发京师。
二月丁巳	入宝鼎，次奉祇宫。
戊午	在奉祇宫，斋穆清殿，登延庆亭。
辛酉	自奉祇宫，诣庙祭后土，登郊丘亭，还奉祇宫，改奉祇宫为太宁宫。
壬戌	在太宁宫，御朝觐坛，诏改宝鼎县为荣河县，置庆成军。
四月甲辰	至京师。
己未	改后土庙正殿为太宁正殿。
壬戌	增葺宫、室。

宋真宗祭后土在祭泰山之后。祭泰山在大中祥符元年（1008年），祭后土在四年（1011年）。四年正月丁酉是二十三日，二月丙辰是十二日，丁巳是十三日。真宗至宝鼎有丁巳、丙辰二说，《宋会要辑稿·礼二八》之五〇作"十三日"，《宋史·真宗本纪》、《续资治通鉴》卷二九作"丁巳"，《宋史·礼志七》、《文献通考·郊社考九》作"丙辰"。今采用"丁巳"说。二月戊午是十四日，辛酉是十七日，壬戌是十八日。其祭祀活动主要在丁巳至壬戌六天里。四月甲辰是一日，己未是十六日，壬戌是十九日。宋代以后，皇帝不亲祀后土，皆遣官致祭，下不备述。

附录二：汾阴后土祠和孤山的地理位置

一、荣河县

（一）《汉旧仪》的记载（参看：《汉官六种》，周天游点校，北京：中华书局，1990年，99页）

"祭地，河东汾阴后土宫，宫曲入河，古之祭地泽中方丘也。礼仪如祭天，名曰汾葵，一曰葵丘也。"

（二）《说文解字》的记载

"鄈，河东临汾地，即汉之所祭后土处，从邑癸声。"

（三）《三辅黄图》的记载（参看：《三辅黄图校注》，何清谷校注，西安：三秦出版社，1998年，203、307页）

"万岁宫，武帝造。汾阴有万岁宫。宣帝元康四年幸万岁宫，神爵翔集，以元康五年为神爵纪元。"（卷三《甘泉宫·万岁宫》）

"武帝定郊祀之事，祀太乙于甘泉圜丘，取象天形，就阳位也；祀后土于汾阴泽中方丘，取象地形，就阴位也。至成帝徙泰畤后土于京师，始祀上帝于长安南郊，祀后土于长安北郊。"（卷五《南北郊》）

（四）《水经注》的记载

"河水东际汾阴脽，县故城在脽侧。汉高帝六年，封周昌为侯国。《魏土地记》曰：河东郡北八十里有汾阴城，北去汾水三里。城西北隅曰脽丘，上有后土祠。《封禅书》曰：元鼎四年，始立后土祠于汾阴脽丘是也。汉宣帝神爵元年，幸万岁宫，东济大河，而神鱼舞河矣。"（《河水四》"又南过汾阴县西")

"汾水西迳郊丘北,故汉氏之方泽也。贾逵……谓之方泽,丘即葵丘也。许慎《说文》称从邑癸声,河东临汾地名矣,在介山北,山即汾山也。……文颖曰:介山在河东皮氏县东南。其山特立,周七十里,高三十里。颖言在皮氏县东南则可,高三十里,乃非也。今准此山,可高十余里。山上有神庙,庙侧有灵泉,祈祭之日,周而不耗。世亦谓之子推祠。扬雄《河东赋》曰:灵舆安步,周流容与,以览于介山。嗟文公而愍推兮,勤大禹于龙门。《晋太康记》及《地道记》与《永初记》,并言子推所逃,隐于是山,即实非也。余按介推所隐者,绵山也。文公环而封之,为介推田,号其山为介山。杜预曰:在河西界休者是也。

"汾水又西,迳耿乡城北,故殷都也。……汉武帝行幸河东,济汾河,作《秋风辞》于斯水之上。"(《汾水》"又西过皮氏县南")

"水南有长阜,背汾带河,阜长四五里,广二里余,高十丈。汾水历其阴,西入河,《汉书》谓之汾阴脽。应劭曰:脽,丘类也。汾阴男子公孙祥望气,宝物之精上见,祥言之于武帝,武帝于水获宝鼎焉,迁于甘泉宫,改其年曰元鼎,即此处也。"(《汾水》"又西至汾阴县北,西注于河")

(五)《括地志》的记载(参看:《括地志辑校》,贺次君辑校,北京:中华书局,1980年,60页)

"汾阴故城俗名殷汤城,在(蒲)〔泰〕州汾阴县北。"(《史记·秦本纪》"渡河取汾阴、皮氏"正义引。又《通鉴》卷二《周显王纪》"取汾阴、皮氏"注引作"汾阴故城在蒲州汾阴县北九里"。)

(六)《元和郡县图志》的记载

"宝鼎县,次畿。西南至府一百一十里,本汉汾阴也,属河东郡。刘元海时废汾阴县入蒲坂县。后魏孝文帝复置汾阴县。开元十一年,改为宝鼎县。

黄河,在县北十一里。赵简子沈佞臣栾激之所也。

汾水，北去县二十五里。

后土祠，在县西北一十一里。

殷汤陵，在县北四十三里。"

（七）《元丰九域志》卷三的记载

"次府，河中府，河东郡，护国军节度。（唐河中节度。皇朝太平兴国七年改护国军。治河东县。）

……

县七。（大中祥符四年改宝鼎县为荣河，隶庆成军。熙宁元年废军，以荣河县隶府，即县治置军使；三年省河西县，六年省永乐县并入河东。）

……

次畿，荣河。（府北一百里。二乡。北乡、胡壁堡二镇。有黄河、汾水、脽丘。）"

（八）《读史方舆纪要》卷七的记载

"河中府（唐末护国军治。宋仍曰河中府，亦曰护国军，领河东等县七。又大中祥符五年，置庆成军，领荣河县一，今蒲州荣河县也）。"

（九）《读史方舆纪要》卷四一的记载

"荣河县（在州北百二十里。东北至河津县九十里，西至陕西韩城县三十里，东南至临晋县六十里。古纶地，夏后少康所邑也。战国时为魏汾阴地。汉置汾阴县，属河东郡。后汉及魏、晋因之。晋乱，刘渊省汾阴入蒲坂县，后魏时复置，兼置北乡郡治焉。后周改为汾阴郡。隋初郡废，县属蒲州。义宁元年，复置汾阴郡。唐初改属泰州。贞观十七年，还属蒲州。开元十一年，获宝鼎，因改县曰宝鼎。宋祥符三年，又改为荣河县，又置庆成军。熙宁初军废。金贞祐三年，升为荣州。元仍曰荣河县。今城周九里，编户三十二里）。"

二、万泉县

（一）《汉书·武帝纪》的记载

"（太初二年春）三月，行幸河东，祠后土。……

夏四月，诏曰：'朕用事介山，祭后土，皆有光应。其赦汾阴、安邑殊死以下。'"

（二）《汉书·地理志》的记载

"河东郡……汾阴"，注："介山在南。"

（三）《汉书·扬雄传上》的记载

"孝成帝时，客有荐雄文似相如者，上方郊祠甘泉泰畤、汾阴后土，以求继嗣，召雄待诏承明之庭。正月，从上甘泉，还奏《甘泉赋》以风。其辞曰：

……（略）

其三月，将祭后土，上乃帅群臣横大河，凑汾阴。既祭，行游介山，回安邑，顾龙门，览盐池，登历观，陟西岳以望八荒，迹殷、周之虚，眇然以思唐、虞之风。雄以为临川羡鱼不如归而结网，还，上《河东赋》以劝。其辞曰：

伊年暮春，将瘗后土，礼灵祇，谒汾阴于东郊，……遂臻阴宫，穆穆肃肃，蹲蹲如也。

灵祇既乡，五位时叙，絪缊玄黄，将绍厥后。于是灵舆安步，周流容与，以览虖介山。嗟文公而愍推兮，勤大禹于龙门，洒沈灾于豁渎兮，播九河于东濒。……

……"

【案】扬雄作《甘泉》、《河东》、《羽猎》三赋同在元延二年（前11年），而非永始三年（前14年），详王先谦《汉书补注》考证。文中"介山"，师古曰"介山在汾阴东北"，当指万泉介山。但下文说"嗟文公而愍推兮"，则又以介山指灵石、介休的绵山，盖介推隐地早有歧说，古人已有混淆。"灵祇"，指地祇。"谒汾阴于东郊"，师古曰："京师之东故曰东郊也。"可见武帝时是以汾阴比东郊。"河灵"，苏林曰："河灵，巨灵也。"乃辟开华山的河神。"阴宫"，师古曰："阴宫，汾阴之宫也。"

（四）《续汉书·郡国志》的记载

"汾阴，有介山。"

（五）《水经注·汾水》"又西过皮氏县南"的记载

"汾水西迳郊丘北，故汉氏之方泽也。贾逵谓之方泽，丘即葵丘也。许慎《说文》称从邑癸声，河东临汾地名矣，在介山北，山即汾山也。文颖曰：介山在河东皮氏县东南。其山特立，周七十里，高三十里。颖言在皮氏县东南则可，高三十里，乃非也。今准此山，可高十余里。山上有神庙，庙侧有灵泉，祈祭之日，周而不耗。世亦谓之子推祠。扬雄《河东赋》曰：灵舆安步，周流容与，以览于介山。嗟文公而愍推兮，勤大禹于龙门。《晋太康记》及《地道记》与《永初记》，并言子推所逃，隐于是山，即实非也。余按介推所隐者，绵山也。文公环而封之，为介推田，号其山为介山。杜预曰：在河西界休县者是也。"

【案】《周书》和《北史》的《韦孝宽传》也提到汾水以南有"介山、稷山"。

（六）《太康地记》佚文（王谟《汉唐地理书钞》，北京：中华书局，1961年，169页）

"介山一名孤山，在万泉县南一里，晋文公臣介之推从文公逃难，返国赏不及，怨而匿此山，文公求之，推不出，乃封三百里之地，又号为介山。"

（七）《新唐书·地理志》的记载

"万泉"，注："上。本隶泰州，武德三年析稷山、安邑、猗氏、汾阴、龙门置，州废隶绛州，大历二年来属，有介山。"

（八）《元和郡县图志》卷一四的记载

"万泉县（上。东北至州一百二十里），本汉汾阴县地，属河东郡。又薛通城者，后魏道武帝天赐元年，赫连勃勃僭号夏，侵河外，于时有县人薛通，率宗族千余家，西去汉汾阴县城八十里筑城自固，因名之。武德三年，于薛通故城置万泉县，属泰州。县东谷中有井泉百余区，因名万泉。"

（九）《唐十道志》的记载（《读史方舆纪要》卷四一引）

"河东道名山曰介山，其山高三十里，周七十里，汉武帝用事介山，即此。后周保定初，韦孝宽筑城于玉璧以北，齐人至境上，会夜，孝宽使汾水以南傍介山、稷山诸村皆纵火，齐人以为军营，将兵自固。版筑遂集。所谓介山，亦即此山也。或又讹为绵山。西半隅有槛泉，南麓有双泉。又有桃花洞，其东谷有暖泉，流为东谷涧。"

（十）《太平寰宇记》卷四六的记载

"介山一名孤山。"

（十一）《元封九域志》卷三的记载

"万泉"，注："府东北一百五十里。二乡。有介山。"

（十二）《明史·地理志》的记载

"万泉"，注："州东北。南有介山。"

（十三）《清史稿·地理志》的记载

"万泉"，注："难。府东北百六十里。东：介山，其西峰孤山。城南山阴暖泉。又东涧。解店镇。"

附录三：金《后土庙像图碑》的布局和榜题

金《后土庙像图碑》，碑额原名是《蒲州荣河县创立承天效法厚德光大后土皇地祇庙像图石》，下简称《庙图碑》。此碑是研究宋后土庙的重要参考资料，并与金承安五年《重修中岳庙图碑》可以相互比较，[1]王世仁、车文明和傅熹年先生已有所讨论。[2]这里围绕庙图的布局和榜题，在前贤研究的基础上，试作订正和补充。

研究宋后土庙，此图之前，有宋大中祥符四年（1011年）陈尧叟据内府旧藏《脽上后土庙图》（估计是开宝九年或景德四年祭祀后土画的庙图）修订的庙图，[3]惜已失传。此图虽出金刻，仍可反映宋庙的规划

---

[1] 参看：张家泰《〈大金承安重修中岳庙图〉碑试析》，《中原文物》1983年1期，40—50页，张文对金《中岳庙图碑》的榜题有全面论述。
[2] 参看：王世仁《记后土祠庙貌碑》（下简称"王世仁文"），《考古》1963年5期，273—277页（附三张插页：拓本、摹本和傅熹年先生复原的鸟瞰图）；车文明《后土祠庙貌碑中两方台的考释》（下简称"车文明文"），《考古》2001年6期，70—73页；傅熹年《中国古代城市规划建筑群布局及建筑设计方法研究》（下简称"傅熹年书"），北京：中国建筑工业出版社，2001年，上册，42—44页。案：王世仁文发表的拓本和摹本比例比较小，有些榜题看不清，摹本缺释，我们核对原拓（孙养幸局长赠本），有所订补。凡碑图所见榜题，下文引用，一律加引号。
[3] 见《庙图碑》录《通鉴纲目》、《文献通考》。

设计。[1]

《庙图碑》上的碑图是平面图。其庙域轮廓，粗看是长方形，但北端为圆弧形，属于所谓"南方北圆"式。整个建筑分三部分。主体部分，外垣近乎正方，四角建角楼。[2] 其南，围以方墙，伸出一个外院；其北，围以圆墙，也伸出一个外院。两个外院，下称"外接前院"和"外接后院"，围墙、隔墙皆树堞。主体部分，围墙、隔墙皆覆瓦，这是基本区别。

内部结构，三部分也不同：

（1）主体部分。是由四墙四门划分空间，第一道墙，即通常说的"下三门"，是以"太宁庙"门居中，旁开二门；第二道墙，即通常说的"中三门"，是以"承天门"居中，也旁开二门；第三道墙，为增出的一道墙，是以"延禧门"居中，也旁开二门；第四道墙，是主殿区的内垣，即通常说的"上三门"，则以"坤柔之门"居中，旁接侧墙，也各开一门。[3] 它们把庙垣以内分为前后两半：前半略小，是由三道横墙隔出的日字形前院。后半较大，分内外两层，作回字形，则是主殿区。主殿区的内院是由廊庑四围和中分，也隔出两重院，作日字形；外院，左右各有三个配殿，作目字形。配殿前端的短墙，连接主殿区内垣的南墙，形成上述第四

---

[1] 王世仁文说此图与金承安五年《重修中岳庙图碑》中之中岳庙极为类似（277页），非常正确。承安五年为1200年，比此图略晚。这两幅图都是根据金刻，但实际反映的是宋庙的规制。傅熹年书指出，宋代宫观之制，特点是"皆南开三门，二重，东西两廊，中建正殿，连接拥殿。又置道院、斋坊"（《续资治通鉴长编》卷七九），《中岳庙图碑》是"南面开三门，三重"，但《庙图碑》是南面开三门，四重，比岳庙的等级要高，"中建正殿，连接拥殿"，则为二图所见"工字殿"，前面是正殿，后面是寝殿。案："东西两廊"即此图主殿区的廊庑。"道院"即此图的六配殿，以及"二郎殿"、"判官殿"、"西道院"、"东道院"四殿。"斋坊"即此图的八个不知名小殿（"太宁庙"门前有二，"承天门"前有四，"坤柔之殿"前有二），正合上清太平宫的"八小殿"（见王世仁文引《宋朝事实》卷七）。《中岳庙图碑》与此相比，有四点显著不同，一是没有圆形后院；二是只有三墙，少一道墙也少一重院；三是没有埋册之坛；四是没有旁出的"道院"。此外，其他"道院"和"斋坊"，数目和布局也不一样。
[2] 金《重修中岳庙图碑》榜题称之为"角楼"。
[3] "下三门"、"中三门"、"上三门"，见金《重修中岳庙图碑》榜题。

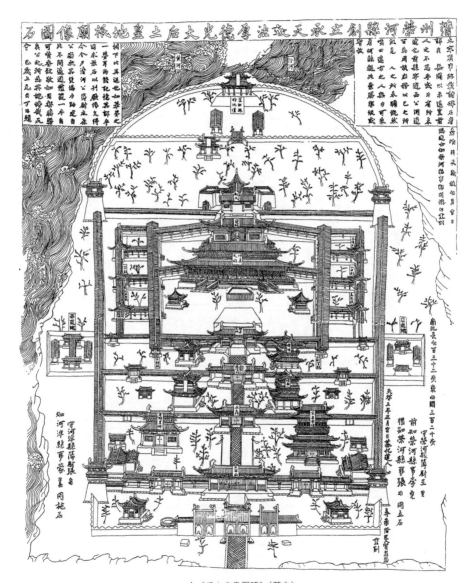

金《后土庙图碑》(摹本)

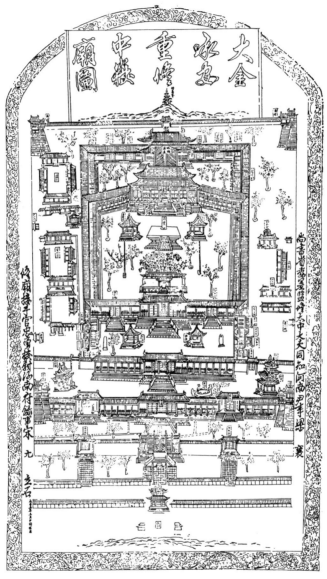

金承安五年《重修中岳庙图碑》

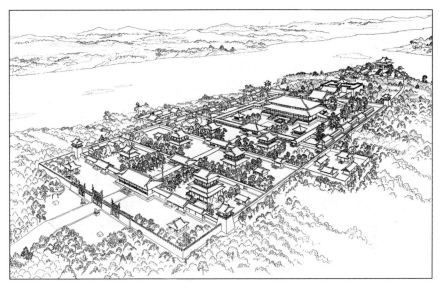

傅熹年先生据金《后土庙像图碑》画的复原图

道墙。第三道墙和第四道墙之间，即"坤柔门"前、"延禧门"后的空间，是衔接前后的中间地带。它的两侧，外垣左右还有两个道院。

（2）外接前院。比较简单，只有四面的围墙。

（3）外接后院。还有一道横墙，也分前后院。

下面，从南到北，我们讲一下庙图的布局和题榜。

（一）外接前院。南墙正中有三个棂星门，门前有下马石（？）和狮子，各一对。入棂星门，北面是庙垣的南墙，上开三门，上题"太宁庙"的建筑居中，是正式的庙门，周设栏楯（后面三道门也如此），[1]门后树旗杆二。此门题"太宁庙"，庙名与太宁宫同，但太宁庙是太宁庙，太宁宫

---

[1]《庙图碑》录《通鉴纲目》、《文献通考》引大中祥符四年四月己未诏，作"诏脽上后土庙上额为太宁正殿，周设栏"，正提到"周设栏"。但此诏，他书所载，互有不同，"正殿"当是衍文（见页注2）。

是太宁宫，两者不容混淆。王世仁先生已指出，太宁宫是宋真宗祭后土的行宫，原来叫奉祇宫，[1] 在宝鼎县城（祭后土前叫宝鼎县，祭后土后改名荣河县），距后土庙还有九里（应作"八里"）。真宗祭后土是在大中祥符四年（1011年）的二月辛酉（十七日）。他是礼成返回奉祇宫才诏改奉祇宫为太宁宫，时间在同一天。这是太宁宫。太宁庙是另一建筑，即后土庙。这里的"太宁庙"，过去没有确解，王世仁先生曾猜测，庙图"太宁庙"三字"或系明代重刻时原字模糊而刻工以意为之，或另有缘故"。其实，"太宁庙"就是后土庙的庙额，庙额挂在庙门上，还是保留真宗时的名称。史载真宗到河中祭后土，四月甲辰（一日）返回京师，己未（十六日）下诏，"诏恭上汾阴后土庙额曰太宁"（《续资治通鉴》卷二九）。此诏原义不过是说，真宗把后土庙改名为"太宁庙"，本来很简单。但他书互有不同，误衍"宫"、"正殿"等字，使人误以为是改宫殿之名。[2] 现在，我想指出的是，后土庙改叫"太宁庙"，这个新名在史料上出现不多，后来也不太流行（新名虽定，旧名不废），但在史籍中还是留下痕迹。如《宋史·五行志》提到"庆成军大宁庙圣制碑阁"，"庆成军大宁庙"，显然就是这里的"太宁庙"。又《宋史·陈尧叟传》记陈尧叟作《亲谒太宁庙颂》，《宋会要辑稿·礼二八》之四六、五二作《亲谒后土庙颂》，也是后土庙亦名"太宁庙"的有力证据。另外，当时还有一个习惯，就是把太宁

---

[1] 王世仁文。案：据《宋会要辑稿·礼二八》之四七："（大中祥符三年十月）五日，赐宝鼎县行宫名曰奉祇，前殿曰穆清殿，后亭曰严庆、严信，行宫前亭曰望云……"，奉祇宫也是真宗在祭祀后土前不久才刚刚改名。"奉祇"，是供奉地祇的意思，与祭祀后土有关。
[2] 此诏见于他书，或有不同，《宋大诏令集》卷一一七作"脽上后土庙宜上额为太宁宫"，《庙图碑》引《通鉴纲目》、《文献通考》作"诏脽上后土庙上额为太宁正殿，周设栏"。案：这两种异文，"诏脽上后土庙宜上额为太宁宫"，"宫"字当是衍文，王世仁文指出，太宁宫是由奉祇宫改名，与后土庙无关，很对；"诏脽上后土庙上额为太宁正殿"，"正殿"也是衍文，因为正殿都是在后面，不可能用作庙额题名。王世仁文说，此碑的庙号全称见于《宋大诏令集》卷一三七之政和六年诏，"坤柔之殿"也许是政和间改名，原来是叫"太宁正殿"，这完全是推测。其实，这两种记载都有问题。他没有注意到，宋代当时确有以"太宁庙"指后土庙的例子，己未诏只是改庙名而已。

宫和太宁庙并称为"大宁宫、庙"（多作"大宁宫庙"，以为同一建筑，其实宫是宫，庙是庙，两者应分读），如真宗下己未诏，改后土庙额为"太宁"，后三日，马上"增葺宫、庙"（《庙图碑》录《通鉴纲目》、《文献通考》），就是对太宁宫和后土庙都进行翻修和扩建。这个工程一直持续到来年七月，花了十五个月。《续资治通鉴》卷二九说，次年七月十七日（癸未），"大宁宫、庙成，总四百四十六区"。《宋史·刘综传》也提到"真宗以太宁宫、庙长吏奉祠"。它们都是以太宁宫与太宁庙并举，类似《宋史·礼志五》说"河中之后土庙、太宁宫"。这几处提到的太宁庙（或大宁庙），显然都是指后土庙。真宗改后土庙为太宁庙，是为了与太宁宫相配。王先生可能没有考虑这一层，所以有上述猜测。现在做一点补充，问题就清楚多了。这个前院，只有左右相向的两个小殿，以及位于门左，相当后世燎炉的"火池"（傅熹年先生的复原图遗之）。[1]

（二）主体部分的前半。有三道横墙，各三门。第一道墙，是庙垣的南墙，正中是题"太宁庙"的庙门，两旁有侧门。第二道墙，正中是"承天门"，[2]两旁也有掖门。"承天门"门前，左右并列，是放"唐明皇碑"和"宋真宗碑"的碑楼，这是第一进。"唐明皇碑"，疑即张说撰《后土神词碑铭》，前有唐玄宗御序。"宋真宗碑"，则是《汾阴二圣配飨之铭碑》。《宋史·五行志》提到"庆成军大宁庙圣制碑阁"，应即后一建筑。碑楼两旁，还有左右并列的两个小殿，西南和东南两隅，还有左右相向的两个小殿，皆不知名。出"承天门"，是第二进，前面是第三道墙，正中是"延禧门"，两旁有小门。"延禧门"前，也有两个碑楼，左右相向，是放"□□□□"（榜题磨损，摹本缺）和"修庙记"二碑。[3]前者不详所

---

[1] 金《中岳庙图碑》有之，名"火池"。王世仁文以为可能是"燎炉之类"，但又说位置不同（金《中岳庙图碑》在第二进的右边），怀疑是"瘗坎"。案：前说更为合理。
[2] 宋东京宫城也有承天门，见《宋史·地理志一》。
[3] 旧作怀疑第一字是"花"，仍以缺释为好——李零补记。

指,后者当是宋金重修此庙的碑记,其中包括杨照《重修太宁庙记》(收入上引《万泉、荣河县志》,620—621页)。此外,碑楼侧后,还有两个井亭。

(三)主体部分的后半(主殿区)。从"延禧门"入,是第三进,即正殿所在的回字形套院。外院前区,是以"坤柔之门"居中。门前左右相向,是一不知名建筑(无榜题,从侧门可见,内陈一扁圆形物,摹本缺)和"钟楼",其后,内垣南墙的两端,还有题为"二郎殿"和"判官殿"的两个小殿;小殿两旁,配殿前端,各有墙,上开侧门,可通外院左右区和后区的永巷。配殿有六座,左区三殿坐西朝东,为"□王"(榜题磨损,摹本缺,"王"下疑脱"殿"字)、"六丁殿"和"五岳殿",[1] 右区三殿坐东朝西,为"五道殿"、"六甲殿"和"真武殿"。院门开在内院的东西两庑。外院前区,围墙以外,还有两个小院,是"西道院"和"东道院"。内院,四周为廊庑,也分前后两区。前区较大,自"坤柔之门"入,北面正中为"坤柔之殿",是后土庙的正殿,在所有各殿中,规模最大。此殿,从名称考虑,当是供奉后土圣母的地方,地位相当北京地坛位于方泽坛后的皇祇室。它的庭院比较开阔,殿前有用栅栏围起的一块地方,王世仁先生推测,可能是封石匣之坛,疑不能定,[2] 车文明先生认为,此说确无可疑。[3] 车说是。据《宋会要辑稿·礼二五》之六〇至六一,宋代埋册之制,是用玉匣或金匣封存玉册,放入瘗坎中的石匣内,以土封固,上为小坛。埋册地点,在"前殿栏楯之下,皇帝板位之西"。图中栅栏,即"于正殿直南安置,仍别设栏槛遮护"的"栏槛"。此坛以南的平台,王世仁先生推测,可能是拜台或舞基(上无覆屋的露天舞台),[4] 车文明先生考证,应即《大金承安重修中岳庙图》碑中的"路台",也就是宋元祠庙中

---

[1] 旧作"主"是"王"之误,"六一"是"六丁"之误——李零补记。
[2] 王世仁文。
[3] 车文明文。案:金《中岳庙图碑》没有这一部分。
[4] 王世仁文。

碑楼：题"□□□□"

表演歌舞，兼陈供品，习惯上叫"露台"的露天戏台。[1]这种理解也很对。但这类戏台的前身，恐怕还是祭坛。[2]此外，值得注意的是，东西两庑的前面，还有左右相向的两个小殿，皆不知名，王世仁先生推测，可能是奏

---

[1] 车文明文。
[2] 唐宋礼仪，祭祀后土是仿封禅泰山的禅地之礼。祭泰山，有三类坛。一类是封祀坛，一类是社首坛，一类是朝觐坛。封祀坛是封祀泰山的坛，仿祭天圜丘，为圆坛，笼统说，叫封祀坛，具体讲，山下的坛叫封祀坛，山上的坛叫登封坛。社首坛是禅祭社首的坛，仿祭地方丘，为八角方坛，笼统说，叫社首坛，具体讲，山上的坛叫禅祭坛或介丘坛，山下的坛叫降禅坛。朝觐坛是设于行宫之前的坛，也是方坛。三者皆设钟鼓，有登歌献舞。坛也叫台，如封祀坛也叫舞鹤台，介丘坛也叫万岁台，降禅坛也叫景云台。参看：《旧唐书·礼仪志三》和《宋史·礼志七》。

配殿：题"口王"

乐之所。[1] 这是内院前区。内院后区，还有"寝殿"。"寝殿"与"坤柔之殿"，中间有穿廊相连，形成所谓"工字殿"。这两个殿，后面的廊庑都是钝角形斜廊，与其他三面不同。

（四）外接后院。上述主体部分，庙垣北墙只有一门。出此门，有半圆形的两重院，当是临河而祭的行礼之地。其轮廓有点像明清陵寝后面的宝城。明清陵寝都是前方后圆，前面是长方形的寝园，后面是半圆形的宝城，宝城围绕圆形的宝顶，即陵墓，宝顶和寝园交接处是明楼。北京的天坛和先农坛也是这种轮廓，它们都是体现天地相配。[2] 王世仁先生已指出这种相似，对我们很有启发。但他认为，这些南方北圆的设计都是以北方属阴，故以半圆像月代表之，汾阴后土属坤（阴），也是以半月象之，却值得商榷。其实，南方北圆和外方内圆，都是体现天地相配，它也是一种方圆相含，只不过不是以方套圆，而是以方形的北端与圆形的南半叠压。

---

[1] 王世仁文。
[2] 傅熹年书，49—53页，61—66页。

后院小亭：题"高□"　　　　　　　　　　后院大亭：题"□□亭"

特别是陵墓，宝顶都是圆形，可以看得很清楚。它们都不是代表月亮。这两重院落，第一进，与庙垣北门相接，是题为"配天"的门楼，乃登临眺望的佳处。王世仁先生以为，楼上之亭可能就是宋真宗登临过的"郊丘亭"，我的想法不太一样。我理解，此楼题为"配天"，当指以地配天（"履地戴天"），这一部分做成半圆，就是体现这种含义。上面说过，此后院酷似明清陵寝的宝城，如果这种比喻可以成立，这里的"配天"楼就相当它的明楼。这一进，院中多植树木，比较空旷，除去南面的"配天"楼，只有一座小亭，偏于门左，而面向南（三面开放，只有后墙），题为"高□"（榜题磨损，摹本缺）。[1] 小亭以北，有横墙为隔。横墙正中有一檐

---

[1] 旧作未能认出"高"——李零补记。

星门。出棂星门，是第二进。北面正中，有一大亭（亦三面开放，只有后墙），亦面南，题为"□□亭"（榜题磨损，第三字影影绰绰，似为"亭"字）。[1] 此亭下有高台，则题为"旧轩辕扫地坛"，它和前面两个坛不一样，是临河而祭专门禅地的坛场，而且同样可以登临眺望。王世仁先生说，宋后土坛是利用"庙北古双柏旁"的土堆筑为方坛，有如北郊祭地的方丘，就是这个坛。[2] 坛前，还有两个小屋，可能是存放祭物的地方，皆无榜题。这一进也很空旷，不但建筑少，树木也少（只有左三右三，共六株）。[3] 我很怀疑，这个亭子才是宋代的"郊丘亭"。[4] 理由有三条，第一，金元后土庙有"秋风亭"，明清后土庙有"秋风楼"，[5] 显然是一脉相承，今秋风楼，原来叫亭，正在后土庙的最后；第二，今秋风楼下，于入门处题刻"扫地坛"三字，也与此亭下有"旧轩辕扫地坛"对应。这里的"扫地坛"很有意思，它是先在场上筑坛，再在坛上起亭，坛只是建筑的一部分。我们可以笼统说，这也是一种"坛场"，但严格讲，"坛"和"场"还不太一样。古人所谓"坛"，是指隆起的台子；"场"，是指平坦的空地。如古代祭泰山，山上祭天叫"封"，是堆土为坛而祭；山下祭地叫"禅"，是扫地为场而祭，两者就不太一样。禅地之礼，本来就和"扫地而祭"的概念直接有

---

[1] 缺文可能是"葵丘亭"或"秋风亭"——李零补记。
[2]《宋史·礼志七》："经度制置使诣脽上筑坛如方丘，庙北古双柏旁有堆阜，即其地为之。有司请祭前七日遣祀河中府境内伏羲、神农、帝舜、成汤、周文武、汉文帝、周公庙及于脽下祭汉、唐六帝。"
[3] 王世仁先生以为亭右二树就是《宋史·礼志七》的"庙北古双柏"。
[4] 郊丘亭，宋太宗时已有，如《宋史·镇王元偓传》："（至道）三年，文武官诣阙请祠后土，……至河中，与判府陈尧叟分道乘舆渡蒲津桥，上登郊丘亭……"。宋真宗祭后土，也登过郊丘亭，如《续资治通鉴》卷二九载，宋真宗于大中祥符四年二月，"辛酉，具法驾诣脽坛，……登郊丘亭，视汾河，望梁山，顾左右曰：'此汉武帝泛楼船处也。'"（又见《文献通考·郊社考九》）登亭是在祭后土的当天，而且是在仪式结束之后。
[5] 如金曹之谦《秋风亭故基》（收入《全金诗》卷一三〇）、元王恽《浣溪沙》"至元九年秋九月，登秋风亭观雨，赋呈曹参军、周干臣"（收入《全金元词》），均称"秋风亭"。明祝颢《登秋风亭》（收入《万泉、荣河县志》，660页）也称"秋风亭"。但明侯祁《秋风楼》（同上，660页）、李篸《登秋风楼见菊有感》（同上，662页）则称"秋风楼"。

关。"场"，古人也叫"墠"，就是和"禅"相对应。[1]它是最原始的祭地方式：一不起坛，二不覆屋。[2]此亭平地起台，台上覆屋，已经让人看不出"扫地而祭"的意义，但屋下有台，台下有场，还是可以反映坛与场、坛与庙的关系。[3]今秋风楼下有"扫地坛"，大家不知坛在哪里。其实，它就是楼下的地基和地面。这一部分，垣墙以外，北、西两面临水，分别标注"黄河"、"汾河"，说明当时的北墙和西墙都是紧贴河道。

(原载《九州》第4辑，北京：商务印书馆，2007年)

---

[1] 参看：李零《说"祭坛"和"祭祀坑"》，收入所著《入山与出塞》，北京：文物出版社，2004年，3—38页。
[2]《礼记·郊特牲》："扫地而祭，于其质也。"《礼记·礼器》"有以高为贵者"，释文："有以下为贵者。至敬不坛，扫地而祭。"《后汉书·肃宗孝章皇帝纪》："不起寝庙，扫地而祭。"这都说明，"扫地而祭"的本义是没有坛，也不起屋。
[3] 明清天坛的祈年殿，也是在祈谷坛上修建。

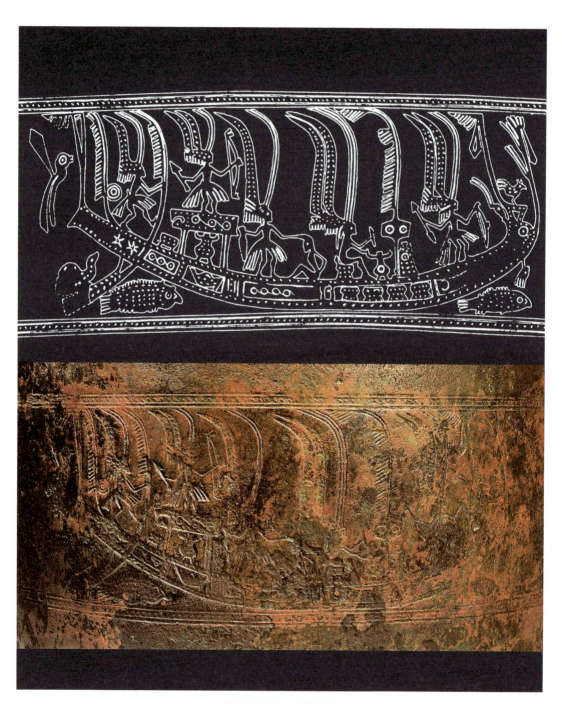

西汉南越王墓出土船纹铜提筒

从船想到的历史
——以东周、秦汉时期的考古发现为例

在这篇短文里,我想回顾和总结一下,和东周、秦汉时期的船文化有关,有哪些考古发现最值得注意,最值得研究。

一、四海十港

今日的中国版图是个历史形成的范围。几千年,它的疆界不断改变,但地理大环境没有变,崇山峻岭和黄土高原主要在西部,戈壁、沙漠、草原和森林主要在北部,平原和丘陵主要在东部和南部,百川朝宗于海,主要是朝东朝南流。《淮南子·天文》已用"共工怒触不周山"的神话故事描绘过这块倾斜的大地。

过去,童恩正先生提出,我国从东北到西南,有个"半月形文化传播带",[1] 这是讲它的北部和西部,讲它的山。其实,它的另一半也有一个"半月形文化传播带",是海,是东南沿海。中国的船文化和后者关系更大。

早在新石器时代,中国的环渤海地区和长三角地区就很发达。

---

[1] 童恩正《试论我国从东北至西南的边地半月形文化传播带》,收入氏著《中国西南民族考古论文集》,北京:文物出版社,1990年,252—278页。

古人有"四海"，东、南、西、北四海。"海"字和"晦"字有关，本义是举目四望，朦朦胧胧，看不到边。看不到边的地方，都可以叫"海"。但他们说的"巨海"，可以航行其上的"海"，只在东边和南边。

中国的海岸线很长，大陆海岸线有1.8万公里，可以长江口为界，分为南北两段。

北段，渤海湾以内，秦汉叫北海；渤海湾以外，秦汉叫东海，现在叫黄海。

南段，现在分两段，一般把台湾海峡以南叫南海，以北叫东海。东海指浙江、福建的海，南海指广东、广西的海。古代，概念不一样。秦汉时期，南北是画江为界，东海主要指长江口以北。长江口以南，今天所谓的东海和南海，古人并无明确划分，都可以叫南海（详下第二节）。

西海，古代也泛指不一。王莽立西海郡。西海不是真正的海，只是个大湖：青海湖。

中国沿海，近代开埠，大连、天津、烟台、青岛、上海、宁波、福州、厦门、广州最有名，但年代更早，情况不完全一样。

早期港口，有十个地点，以考古发现看，最值得注意：[1]

（1）河北秦皇岛市（古临渝）；

（2）山东龙口市（古黄县）；

（3）山东烟台市（古腄县）；

（4）山东荣成市（古不夜）；

（5）山东胶南市（古琅邪）；

（6）江苏连云港市（古朐县）；

（7）浙江宁波市（古句章）；

---

[1] 这十个地点外，山东莱州市（古曲成）也很重要。西汉，当地有阴主祠、参山万里沙祠和海水祠；宋代，也有东海神庙。这里，因考古材料不足，暂付阙如。又泉州，是唐以来的海港，也很重要。

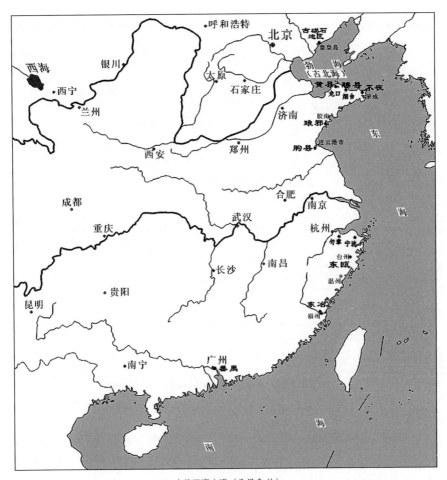

古代四海十港（马保春 绘）

(8) 浙江台州市（古东瓯）；
(9) 福建福州市（古东冶）；
(10) 广东广州市（古番禺）。
这些地点有什么发现，下面做一点介绍。

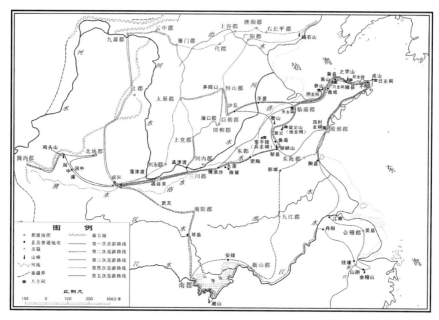

秦始皇巡狩及八主祠（马保春 绘）

二、八主祠遗址和"秦皇岛—绥中遗址群"

秦始皇是中国的第一个皇帝，第一个囊括四海、并吞八荒的征服者和统治者。只是从他开始，中国才第一次真正有了"四海为家"的世界概念。他在亚洲的历史地位，就像亚历山大在欧洲一样。

他喜欢跑路。跑路，不是为了玩，而是为了控制他刚刚造就的"天下"：检查政务，检查军事，考察宗教和学术。

秦统一后，他曾五次出巡。第一次是西巡（前220年），第二次是东巡加南巡（前219年），第三次是东巡（前218年），第四次是北巡（前215年），第五次是南巡加东巡（前210年）。除第一次，每次都巡海。

（一）始皇西巡（一次），是视察陇西、北地二郡，与海无关。

（二）始皇东巡（三次），是视察齐地，每次都围着山东半岛转。山东半岛是嬴姓的祖庭，方士最多，幻想最多。司马迁说，秦始皇"东游海上，行礼祠名山大川及八神，求仙人羡门之属"（《史记·封禅书》）。八神的祭所叫八主祠。其巡游路线是循八主祠。

这八个祠，分两组：

（1）西三祠在内陆：天主祠在临淄齐故城（在今淄博市临淄区），祠天齐（在齐故城南牛山下）；地主祠在汉梁父县（在今新泰市天宝镇古城村，位于梁父山的南边），祠泰山（在今泰安市泰山区）和梁父山（即今新泰市后寺村的映佛山）；兵主祠在汉东平陆县监乡（在今汶上县的西南，即春秋阚邑），祠蚩尤（有蚩尤冢，在汶上县西南的南旺镇）。

（2）东五祠在海边：阴主祠在汉曲成（在今莱州市），祠三山；月主祠在汉黄县（在今龙口市），祠莱山（在今龙口市东南）；阳主祠在汉腄县（在今烟台市福山区），祠之罘山（在今烟台市芝罘区北的芝罘岛上）；日主祠在汉不夜（在今荣成市北），祠成山（即今荣成市东北的成山头）；四时主祠在汉琅邪（在今胶南市西南），祠琅邪山（在今胶南市西南）。

山东半岛，小国林立，齐、鲁、莒最大。天主、日主、月主、阴主、阳主五祠，位于齐地；地主和兵主二祠，位于鲁地；四时主祠，位于莒地。战国晚期，三分归一统，先被齐统一，后被秦统一。齐八主祠和秦八主祠，是利用当地旧祠，按阴阳五行说加以整合，西三祠配三才，东五祠配日月、阴阳、四时。汉代也祭八主祠，汉武帝也四处巡游。

海，让人想到宇宙无穷、盈虚有数。秦始皇对大海充满好奇，不但派人入海求仙，还高挂云帆，亲游海上（他在海上射过鲸鱼）。

这些地点，我都调查过。其海边遗址，多选在海岬（promontory）或陆连岛（tombolo）上，内含很丰富。最近，我和山东大学考古文博学院的栾丰实教授和国家博物馆的王睿研究员又调查过两次，收获很大。

成山头

（三）始皇北巡（一次），是视察燕地，主要沿长城一线。

他到过碣石。碣石山有二。一为西碣石，在今河北省的东北角，渤海湾的西北角，是古籍通常说的碣石；[1] 一为东碣石，则在汉乐浪郡遂成县（在今朝鲜平壤西南），是秦长城的东端。[2]

始皇所游是前者。

始皇所游的碣石在哪儿？说法很多，仔细分析，其实只有两说：

---

[1]《书·禹贡》："夹右碣石入于河。"《山海经·北山经》也提到"碣石之山"。
[2] 古人常以面南论左右。《书·禹贡》"夹右碣石入于河"，"夹右碣石"怎么读，有不同理解，前人或以"右碣石"连读，用指东碣石。长城的西端是临洮，东端是碣石。《史记·蒙恬列传》说秦长城"起临洮，至辽东，延袤万余里"，辽东还不是最东，它的东端是在乐浪郡。《史记·夏本纪》索隐引《太康地理志》："乐浪遂城县有碣石山，长城所起。""所起"是以东端为起点。乐浪碣石才是最东。《通典》卷一八六以乐浪碣石为左碣石。

碣石山

(1) 骊成说，出自班固（东汉初人），谓碣石在西汉右北平郡骊成县的西南，[1] 西汉骊成县，东汉废，不知并于何县，旧有二说，一说在今乐亭，一说在今抚宁。抚宁，东汉属于临渝县。现在，骊成遗址已发现，就在抚宁县城西250米处，[2] 可见西汉骊成县是并入东汉临渝县（临渝县治在今抚宁县东榆关镇）。碣石山是燕山山脉向东延伸的余脉，大体在今卢龙、昌黎、抚宁三县交界处，西汉时位于今抚宁西南，后来各县省并，归属不一，明以来归昌黎县。学者多已指出，骊成碣石山就是昌黎碣石山。

(2) 絫县说或临渝说，出自文颖（东汉末人），谓碣石在西汉辽西郡

---

[1]《汉书·地理志下》于右北平郡骊成县下注："大揭石山在县西南。莽曰揭石。""大揭石"，《水经注·濡水》作"大碣石"。

[2] 张建勋《抚宁骊成遗址发掘获重要成果》，《中国文物报》1999年1月13日第1版。

从船想到的历史　273

絫县或东汉辽西郡临渝县。[1] 西汉絫县，在今昌黎南，东汉废，也并入临渝县。东汉临渝县，范围比较大，陆境包括今抚宁、秦皇岛和昌黎一带，海岸则主要在今秦皇岛和昌黎。秦皇岛市是1949年才设立，从前是个岛，清乾隆年间才与大陆相连，情况与连云港市类似。此说是以西汉初元元年（前48年）渤海湾地震引发的"海溢"为背景，认为碣石山被海淹没，只露出山顶，成为特立的海上礁石，时隐时现。

这两种说法，亦可简称为陆上说和海上说。陆上说，是以昌黎碣石山为碣石，汉代叫"大碣石"。海上说，则以昌黎、秦皇岛一带的海礁为碣石，前人也叫"小碣石"。

海上说晚出，本来只是汉魏之际的一种传说。因郦道元主文颖说，影响太大，很多人都遵信不疑。[2] 近年，因考古发现而提出的姜女坟说和金山嘴说，就是重拾海上说。

秦皇岛一带的海岸，西起北戴河，东到绥中万家镇南，绵延约100公里。这么长的海岸线上，一溜排开，大大小小，有许多宫殿遗址，都是始皇北巡的历史见证（汉武帝北巡，也到过这里，因其旧址，又有修建）。[3] 它有14个地点，山海关外6个（在辽宁绥中市最西端的万家镇南，靠近山海关），山海关内8个（一个在海港区，7个在北戴河区）。这些遗址多选在

---

[1]《汉书·武帝纪》注引文颖说："碣石在辽西絫县，絫县今罢，属临渝。此石著海旁。"
[2] 郦道元主文说，见《水经注》的《河水五》、《濡水》和《禹贡山水泽地所在》，杨守敬亦从而不改。清代讲地理，胡渭《禹贡锥指》名气很大，同样主碣石沦海说，《四库全书总目》卷一二评之，曰"渭必谓文颖所指临渝为是，《汉地理志》所指骊成为非，终无确验"。
[3] 辽宁省文物考古研究所《辽宁绥中县"姜女坟"秦汉建筑遗址发掘简报》，《文物》1986年4期，25—40页；辽宁省文物考古研究所姜女石工作站《辽宁绥中县"姜女石"秦汉建筑群址石碑地遗址的勘探与试掘》，《考古》1997年10期，36—46页；辽宁省文物考古研究所姜女石工作站《辽宁绥中县石碑地秦汉宫城遗址1993—1995年发掘简报》，同上，47—57页；辽宁省文物考古研究所姜女石工作站《辽宁绥中县"姜女石"秦汉建筑群址瓦子地遗址一号窑址》，同上，58—60页；河北省文物研究所等《金山嘴秦代建筑遗址发掘报告》，《文物春秋》1992年增刊，267—300页。

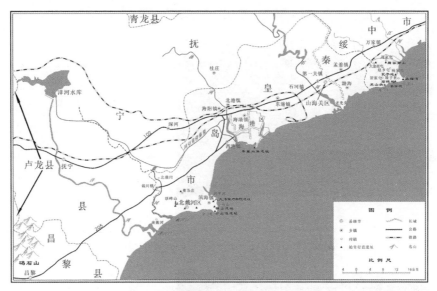

秦皇岛—绥中遗址群（马保春 绘）

海岬或岸边高地上，很多都有海上礁石。[1] 如山海关外，石碑地遗址最有名。遗址南，海上有三块礁石，俗称"姜女坟"或"望夫石"。有些学者说，这些礁石就是"碣石"和"碣石门"（并有呼为"秦东门"者），岸上的宫殿就是"碣石宫"。其实，这类礁石，不止一处。山海关外有，山海关内也有，沿海有很多处。比如北戴河区的金山嘴遗址，附近就有礁石，也有学者说，以地望求证，这才是郦道元所说"辽西临渝县南水中"的"碣石山"（《水经注·禹贡山水泽地所在》）。

姜女坟说和金山嘴说，都是海上说。如果说，礁石即碣石，碣石可就

---

[1] 这些遗址，早就被发现。1924年8月，美国弗利尔美术馆的毕士博（Carl Whiting Bishop）已经调查过金山嘴遗址。案：他是根据地质学家 G. B. Barbour 和 E. R. Tegengren 提供的线索。参看赛克勒美术馆档案部收藏的毕氏遗稿 Carl Whiting Bishop Paper Series 1: Manuscript, 2 Volumes, *Archaeological Research in China (1923-1934)*, pp. 197-208。

姜女坟

石碑地遗址

金山嘴遗址

多了。但碣石只有一个,是碣石山。海上说,从海岸环境的变化看,不能成立,地点也不合(金山嘴偏北,姜女坟更北),早有学者提出批评。[1]

今年8月8—10日,我到绥中、秦皇岛和昌黎做过调查,很多在书本上和地图上看不清的问题,通过调查,转为清晰。这里,讲几点不同意见:

(1)秦始皇游碣石,碣石是古代名山,《书·禹贡》、《山海经·北山经》等文献反复提到,绝不能说没就没。学者考察,这一带,海岸线一直东移,也并无大山沦海的迹象。[2]秦始皇之后,汉武帝、魏武帝、北魏文成帝、北齐文宣帝都曾来游。曹操来此,诗兴大发,有所谓"东临碣石,以观沧海"的遗篇(《步出夏门行》)。他说的"碣石"是什么?显然不是海礁,而是大山。北魏文成帝"登碣石山,观沧海"(《魏书·高宗纪》),北齐文宣帝"登碣石山,临沧海"(《北齐书·文宣纪》),他们登的,全都是山,不是礁石。碣石山,距海只有15公里,登山,完全可以看到海(古代的碣石山比现在离海更近)。

(2)秦始皇游碣石,他游的是碣石山,不是碣石宫。燕昭王筑碣石宫(《史记·孟子荀卿列传》),在当时的蓟县(今北京城的西南隅),与此无关。考古发现的始皇行宫,没有任何记载,若叫"碣石宫",不但没有根据,还易发生混淆。更何况,现已发现的14个地点(被破坏和未发现者还不止此数),绵延一线,文化内含相似(秦到西汉),是个遗址群,石碑地遗址只是遗址之一。这一带海礁很多,不能见个海礁就叫"碣石",到处都是"碣石宫"。我认为,在没有文献依据的情况下,按照惯例,还是以发掘地点命名更好,每个地点以每个地点命名,总体可叫"秦皇岛—

---

[1] 参看谭其骧《碣石考》(原载《学习与批判》,1976年2期),收入氏著《长水集》(下),北京:人民出版社,1987年,98—104页;王育民《碣石新辨》,《中华文史论丛》1981年第4辑,237—247页;刘起釪《碣石考》,收入氏著《古史续辨》(原载《江海学刊》1984年5期),北京:中国社会科学出版社,1991年,574—601页。

[2] 西汉末年的"海溢"并不是真正的"海侵"。这只是中国海岸线东移这个长程变化中的小插曲。参看陈雍《渤海西岸汉代遗存年代甄别》,《考古》2001年11期,66—76页。

琅邪刻石

绥中遗址群"。

（3）秦始皇"刻碣石门"，司马迁录其文（《史记·秦始皇本纪》）。这个"碣石门"，可能类似"秦东门"，只是表示秦帝国海域上的一个门。但它到底刻在什么地方，不清楚。这里并不是真正的"秦东门"，真正的"秦东门"在江苏赣榆县（详下节）。

（四）始皇南巡（两次），是视察楚、吴、越，主要顺长江一线。

秦始皇出巡，第二和第五次，都曾南巡。第五次，他从湖北顺江而下，"上会稽，祭大禹，望于南海"（《史记·秦始皇本纪》），可见长江口以下的会稽，以当时的概念而言，属于南海。这是他到过最远的海岸。句章（今余姚县的东南，挨近宁波）在会稽东，就是越国的出海口。

中国大陆海岸线的北段，他几乎走遍。他走过的地方，汉武帝也走过。很多遗址都是秦汉连用。

秦始皇喜欢宣传。他走过的地方，峄山、泰山、之罘山、成山、琅邪台、碣石门、会稽山，到处都留下了他的刻石，颂扬秦德（当时的"普世价值"）。

这些遗物，立于地面，古今凭吊者多。可惜，风吹日晒浪打，两千年过去，再硬的石头也经不住历史沧桑，现在只有《泰山刻石》和《琅邪台刻石》还有残石保留，《峄山刻石》和《会稽刻石》有宋代翻刻，其他，全都看不到了。

三、朐界刻石和孔望山遗址

朐县，即今连云港市，秦代就有这个县。琅邪和会稽之间，这个地点最重要。

此县得名于朐山（今连云港市海州镇的锦屏山），其东北，今云台山一带，原来是个大岛，《山海经·海内东经》叫"郁州"。《水经注·淮水》说朐县"东北海中有大洲，谓之郁洲"，就是这个岛。岛上的山，古人叫郁洲山，现在叫云台山（其主峰玉女峰，是江苏最高的山）。这个岛，一直在海中，明代仍如此（见《明史·地理志》和明隆庆《海州志》的《海州总图》）。清乾隆后，海岸线东移，岛、岸才连成一片。

《史记·秦始皇本纪》载，秦始皇三十五年（前212年），"于是立石东海上朐界中，以为秦东门"。《汉书·地理志上》也说，"朐，秦始皇立石海上以为东门阙"，都说"立石"是在"海上"。司马迁说的"朐界中"，当指朐县的县境之中。班固只说"朐"。汉代，朐县北分出赣榆县（在今江苏赣榆县北的盐仓城）。赣榆是琅邪郡海岸线上最南的县，朐县是东海郡海岸线上最北的县，两郡的分界线正好在两县之间。立石估计在赣榆东面的海州湾中。汉魏之际，崔琰来此，有"倚高舻以周眄兮，观秦门之将将"的咏叹，就是从海上看秦东门（《水经注·淮水》引崔琰《述初赋》）。

《水经注·淮水》提到一块石碑，"游水又东北迳赣榆县北，东侧巨海，有《秦始皇碑》在山上，去（海）〔岸〕百五十步，潮水至，加其上三丈，去则三尺。所见东北倾石，长一丈八尺，广五尺，厚三尺八寸，一行十二字"，[1] 也说石在赣榆县东的海上。今赣榆东，海上有孤岛，名叫秦山岛，岛上有"秦碑籀迹"（赣榆八景之一），传说就是崔琰、郦道元见过的秦东门。秦始皇以朐县（包括赣榆）一带为秦东门，再合适不过。赣榆在咸阳正东，两者几乎在同一纬度上（北纬34°—35°之间）。[2]

《秦东门刻石》今已不存，但连云港市东北有个东西连岛。岛上有两处新莽刻石，[3] 却保留至今：

（1）苏马湾刻石：

东海郡朐与1琅邪郡柜为2界：因诸山以南3属朐，水以北属4柜，西直况其，5〔朐〕与柜分，高6陌为界，东7各承无极。8始建国四年9四月朔乙卯，以10使者徐州牧11治所书造。12

（2）羊窝头刻石：

东海郡朐与1琅邪郡柜〔为〕2界：朐之（？）界尽（？）□3因诸山山□，水以北4柜，西直况〔其，朐〕5与柜分，高〔陌为〕6界，东各承7无极。8

---

[1]魏晋隋唐时期的地志多提到此碑。如《初学记》卷八引王隐《晋书》就有相同的记载。
[2]《太平御览》卷一六四引晋皇甫谧《三辅黄图》有秦始皇"表河以为秦东门，表汧以为秦西门"说（唐袁郊《三辅旧事》佚文也有此说）。这种秦东门是就秦之故土而言，不是就秦之"天下"而言。若就秦之"天下"而言，朐县才是秦东门。
[3]连云港市文管会办公室等《连云港市连岛东海郡琅邪郡界域刻石调查报告》，《文物》2001年8期，22—30页。

苏马湾刻石

羊窝头刻石

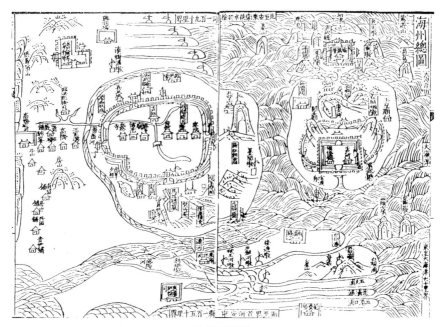

明《海州总图》

苏马湾刻石，铭文第一句，"东海郡朐与琅邪郡柜为界"，我理解，这是讲海域划分而非陆境划分。柜在今山东胶州南，与朐县相距甚远，不存在划界问题。划界是讲两郡海域的划界。朐县临海州湾，是东海郡最北的县。柜县临胶州湾（琅邪在其南），是琅邪郡最北的县。两郡海岸线，它们是各自的起点。

刻石所在的岛，是个陆连岛，明隆庆本《海州志》的《海州总图》把它画在郁州岛的上面，现在叫东西连岛。它是朐山到郁洲山一线的山地向大海延伸的终点（好像成山头）。铭文讲划界，界在哪里？就在立石之处。它是从这一地点讲海界四至：

（1）"因诸山以南属朐，水以北属柜"，这是讲南北。我怀疑，"诸山"是郁州岛。"水"是海州湾。郁洲岛，岛上多山，岛以北是海州湾。铭文是说，两郡海域大体以郁洲岛和海州湾划分：郁洲岛以南是东海郡的海岸线，归朐县管；海州湾以北，是琅邪郡的海岸线，归柜县管。

（2）"西直况其，朐与柜分，高陌为界，东各承无极"，则是讲东西。"况其"即东海郡的祝其县，祝其在今赣榆县的西南，正对着上面讲的分界线。"高陌"，疑指郁洲岛北的"捍海堰"（宋代舆地书经常提到这类堰）。铭文是说，东海郡和琅邪郡，两个海域一分为二，具体界线是西边对着祝其的这道堰，东边没有界线，两个海域，东面都是开放的。

此刻石有明确纪年，是"始建国四年"（公元12年），上距秦始皇立石已近200年。书铭者是徐州刺史，名治。当时，琅邪、东海二郡都归徐州刺史管。

羊窝头刻石，第三、第四行，不太一样，但大体相同，[1]估计时间相近。

王莽有四海郡，东海郡和南海郡是秦代就有，汉景帝增北海郡，王莽增西海郡。朐县是东海郡的第一大港。

古代祭海，有海庙，多在海边。今广州南海神庙建于隋，莱州东海神庙建于宋，秦皇岛老龙头北海神庙建于明，青海湖西海神庙建于清，年代比较晚。年代较早的海庙，《汉书·地理志上》有"海水祠"，在东莱郡临朐县（在今莱州市西北），按当时概念，是北海庙，西汉以后未闻。还有一个海庙是东汉朐县的东海庙。朐县东海庙在海州，毁于宋金之际，庙有

---

[1] 铭文第三行和第四行之间，石头断裂，简报作者说，这中间也许还缺一行，似非。

隸釋　卷第二　十

乃是次年再祭此云後不干時而功巳著蓋欲美其速成故不引年之祭也碑云有漢元男五侯之胄謝宏封壽張侯樊丹射陽侯樂卿孫玄樂父皮樊茂平望侯樊氏族者凡五國殺即申伯番番之後也水注云沘水西南流謝水注之詩所謂申伯番番既入于謝者樊丹封謝陽即其國又云廣陵出白馬湖逕山陽城西即射陽縣之故城高祖封項經為射陽侯乃其地據此則傳以丹為射陽誤也

東海廟碑

永壽元年春正月有漢東海相陽相桓君諱□□字□□□□□念四□□□時享祀有常廬舍毀壞川俊仍欲閒吏等黔首莫不□□□□祈福下念四飛室凡尊祇敬鬼神愛屬黎庶勤俊左殿非仁也故相帥四面區集立殿起□□□□經構既立俊畢成俊等黔石欲下榮非仁也故遂關而來顯縣典祠雖有汰出附□之□□絕請求姑息之源瀕海鹽□月有貴賤收貴侵伴民多□□限

隸釋　卷第二　十一

碑陰

右東海廟碑隸書嘉平元年立之泰東門闕者秦始皇所立名之秦東門關事左史記東海廟南相陽君崇飾殿宇起二楼作两傅俊俊山陽滿何俊左榮為鐫石而陽君止其厥俊永壽元年君墮其武嘉歡勸續為作碑頌矣別有數句載秦東門事乃頌所謂倾二名甘渝滅碑餘胸山有泰始皇碑云漢東海相任恭脩祠剓以是此也任君當又在滿君之後南陽于松碑陰似是此也任君當又在滿君之後南陽于

隸釋　卷第二　十二

從更十八年後人猶頌其美門模撫決非前然者予自京日將仕往來朐山者云海廟樣不存自今非四十年舊物不復見矣歐陽公時天下一家漢碑雖在邊陳窮谷無胼而至集古錄中巳屢言難得為可寶況今乎

桐柏淮源廟碑

延熹六年正月八日乙酉南陽大守中山盧奴君愛正好禮尊神敬祀以淮出平氏始於大復潛行地中見于陽口立廟桐柏春秋宗奏灾興吾恩水旱請求位比諸侯聖漢明尊受上帝大常變甲鄧守奉祀禱緊沈祭禮拜郎以來卅餘年不違司至遣丞行事鑒略不敬明神弗欲灾害以生五嶽四瀆與天合德仲氏慎祭常若神在君准則大聖規之桐柏見廟祠嵋狹開神問主關四達增廣壇場餞治華蓋高大殿宇□祖慶祀一年再至躬進三牲親玉引敵宮廟高峻□神□天地清和嘉祥昭格禽鳳以沈為民祈福靈祇親祀民用作頌其辭曰碩茂草木分芳榮□頼祖民用作頌其辭曰

《东海庙碑》

石碑座

东汉熹平元年的《东海庙碑》，见于宋代著录。[1]

孔望山遗址群，在连云港市海州区，可能就与东海庙有关。[2] 2000年以来，中国历史博物馆（现在属于中国国家博物馆）等单位在此做过调查和发掘，报告即将出版。我参加过他们的考察，留下深刻印象。

这个遗址群，内含很丰富，包括：

（1）摩崖造像群，在孔望山西南麓，有释道二教的形象。它的南面，发现一组大型建筑，年代为东汉晚期到东晋时期。[3]造像旁的"龙洞石室"，有宋元符二年（1099年）和明成化十年（1474年）题刻。宋刻称此地为"龙兴山寺"。

（2）山下，造像群附近，还有石象、石蟾蜍和"馒头石"。"馒头石"，调查者推测，就是《东海庙碑》的碑座。

（3）山上，还有"承露盘"和"杯盘"。[4]

这些遗迹，大部分都是东汉的东西，正与东海庙属于同一时期。

---

[1] 庙碑旧在海州，宋洪适《隶释》卷二录其文。碑文正面是记东汉永寿元年（155年）东海相桓君修庙事和熹平元年（172年）东海相满君刻碑事。碑文末有颂辞，曰"浩浩仓（沧）海，百川之宗……有司斋肃致力，四时奉祠，盖亦所以敬恭明神，报功"，可见庙是祠海之庙。洪适称之为《东海庙碑》（朐县所临之海，汉代叫东海）。其碑阴"阙者，秦始皇所立之东门阙，事在《史记》"等字，据说是后来的东海相任恭所撰，用以解释碑文中的"……阙，倚倾于铄"等字。此碑，宋赵明诚《金石录》卷十五亦著录，作《汉东海相桓君庙碑》，这种叫法是对的。《太平寰宇记》卷二二以此碑为"秦东门刻石"，大谬。误解的原因就在于背阴所刻。洪适说："予官京口日，将士往来朐山者云，海庙一椽不存。今非四十年前旧物，不复见此刻矣。"《隶释》刻于乾道三年（1167年），上推40年，恰为宋室南渡之时，知此庙毁于宋金之际。

[2] 2005年，广州市文物考古研究所发掘了宋代的南海神庙。参看：广州市文物考古研究所等编《南海神庙古遗址古码头》，广州：广州出版社，2006年。

[3] 承发掘者之一王睿先生告，他们的认识，现在有变化，报告是把遗址定为隋唐时期，并且不对遗址性质下判断。

[4] 国家文物局编《2001中国重要考古发现》，北京：文物出版社，2002年，96—103页。

孔望山汉代摩崖造像

孔望山石象

秦皇汉武时代的方士，寻仙访药，看重的是燕齐海上，后来，才以入山为主。

上述发现与东海庙是什么关系，与佛教的海上传播是什么关系，耐人寻味。

四、印山大墓

绍兴所在的杭州湾在长江口以南，大体位于秦汉的东海和南海之间。如果说，朐县是东海第一港，它东面的句章就是南海第一港。

绍兴，即古代的会稽。秦始皇巡海，最南一站是会稽。

1996—1998年发掘的印山大墓，就在会稽。[1]

这座大墓，早期被盗，遗物很少，但形制独特：因山为冢，环水为隍（四正阙如，有道出入），好像一座大船坞。墓穴从山顶开凿，有长墓道，从地面延伸到墓室。墓室，用木板搭建，有如巨舰的船舱。形状是两面坡，断面呈三角形，外壁贴140层树皮，里面放独木刳制的船棺（船棺葬在我国南方很普遍）。下葬后，用炭灰填墓，用青膏泥封顶，墓上起封土。

这种形制，与当时的各国都不一样，但与北欧的维京船葬颇多共同点。我考察过这座大墓，并拿这座大墓与维京船葬做过比较，指出这是一种模仿船舰的墓葬。[2] 维京船，也有把船舱做成"人字顶"，外贴树皮的例子。这是为了防水防潮、防寒防暑，设计很合理。

目前，这种"人字顶大墓"，福建和广东也有发现：

（1）闽越国"人字顶大墓"（牛山1号墓），位于福建武夷山市城村

---

[1] 浙江省文物考古研究所等《印山越王陵》，北京：文物出版社，2002年。
[2] 李零《印山大墓与维京船葬——读〈印山越王陵〉》，《中国历史文物》2007年3期，55—62页。

印山大墓　　　　　　　　　　　　　维京船葬

(属崇安古城),2001—2003年发掘。[1]

(2)南越国"人字顶大墓",位于广东广州市农林东路猫儿岗(属番禺古城),2004—2005年发掘。[2]

它们,规模比印山大墓小,年代也晚,都是汉代的墓葬。

印山大墓,发掘者推测,是越王勾践为其父允常修建的陵墓,古称"木客大冢"。"木客大冢"的"木客",可能就是指"人字顶大墓"的木构椁室。

古代海军(舟师或水师),吴、越最有名。它们曾动用海军,北上攻齐。

公元前485年,吴国的海军北上攻齐,被齐国打败(《左传》哀公十年)。但公元前473年,越灭吴(《左传》哀公二十二年)。次年(勾践二十五年),越王勾践成功登陆,迁都琅邪(《史记·秦始皇本纪》正义引

---

[1] 中国考古学会编《中国考古学年鉴》2004,北京:文物出版社,2005年,209页。
[2] 广州市文物考古研究所《广州市农林东路南越国"人"字顶木椁墓》,收入广州市文物考古研究所编《羊城考古发现与研究》(一),北京:文物出版社,2005年,35—47页。

《吴越春秋》)。

越国,造船业很发达,海军很发达。越王勾践拥有"戈船(装载干戈等武器的战船)三百艘"和"楼船"(甲板起重屋的大型战舰)若干。当时的造船工场,古人叫"舟室"或"船宫"。越王勾践说,越人"水行而山处,以船为车,以楫为马,往若飘风,去则难从"(《越绝书·越绝外传记地传》)。海是越人的生命线。

文献记载,越王勾践为允常营墓,为文种营墓,都是动用越国的"楼船卒"。前者用了2800人,后者用了2000人(同上)。

为什么用海军营墓?原来,越人的陵墓就是模仿舟船。

五、三越古城

中国南方,与北方国家接壤,长江一线,主要分三区:上游,巴、蜀为一区,当秦国之南;中游,楚国为一区,当晋、周之南;下游,吴、越为一区,当宋、卫、陈、蔡和齐、鲁之南。中游最发达。

北纬30°以南,这些国家的背后,也分三区。云贵高原是汉代所谓西南夷的居地(有夜郎、滇等国),与巴、蜀关系最密切。湖南一直是楚国的大后方。吴越依托什么,主要是群舒和百越。

这里,值得注意的是,越文化的分布,主要在沿海。中国大陆海岸线的南段,从江浙地区到福建、两广,一直延伸到越南,主要是越文化的分布区。汉代所谓的三个越国:南越王都番禺(今广东广州市),东越分两支:闽越王都东冶(今福建福州市),东海王都东瓯(今浙江台州市),都在沿海。

汉武帝征南越,从湘、赣和云、贵一带调兵,派出四路大军,分进合击,会师番禺。这四路大军,都是走水路,借重舟师。其中路之帅为路博德，号"伏波将军"；东路之帅为杨仆，号"楼船将军"；西路分两支，军帅皆越侯（越人归汉封的侯），也有"戈船将军"和"下厉（濑）将军"之名。"楼船"是大船，"戈船"是小一点儿的船，正是越地固有的叫法。应劭说："时欲击越，非水不至，故作大船。"（《史记·南越列传》）。

汉武帝征东越，除用楼船、戈船、下厉三师从内河分进合击，还派横海将军韩说从句章浮海，从海上包抄（《史记·东越列传》），可见也用海军。

汉武帝征朝鲜，是同样的例子。左将军荀彘发辽东兵，从陆路攻，楼船将军杨仆"从齐浮渤海"，从海上攻（《史记·朝鲜列传》）。

现在，三越古城都有发现：

（1）番禺古城，在广州老城区。1975—1976年发掘"秦汉造船工场遗址"（中山四路）。[1]1983年发掘南越王大墓（在象岗）。[2]1995—1997、2000、2005年发掘南越国的宫苑遗址（在中山四路和儿童公园）。[3]

（2）闽越古城，有新店古城和崇安古城。新店古城即闽越国的都城，东冶城，在福州市新店镇古城村，1984年发现，1996—1999年发掘（第一至第三次发掘）。[4]崇安古城，在福建武夷山市崇安县城村，1958年发现，1980—1984年发掘。[5]

---

[1] 广州市文物管理处等《广州秦汉造船工场遗址试掘》，《文物》1977年10期，1—17页。
[2] 广州市文物管理委员会等《西汉南越王墓》，北京：文物出版社，1991年。
[3] 南越王宫博物院筹建处等《南越宫苑遗址1995、1997年考古发掘报告》，北京：文物出版社，2008年；中国考古学会编《中国考古学年鉴》2001，北京：文物出版社，2002年，240—241页；中国考古学会编《中国考古学年鉴》2006，北京：文物出版社，2007年，324—325页。
[4] 福建省博物馆等《福建福州市新店古城发掘简报》，《考古》2001年3期，13—25页。案：这是第一至第三次发掘的发掘简报。第四至第六次的发掘，可参看：福建博物院等《福州新店古城遗址第五次发掘报告》，《福建文博》2003年1期，26—39页；福建博物院《福州新店古城遗址第六次发掘报告》，《福建文博》2005年3期，1—12页。
[5] 福建省博物馆《崇安城村汉城探掘简报》，《文物》1985年11期，37—47页；中国考古学会编《中国考古学年鉴》1990，北京：文物出版社，1991年，228—229页；杨琮《武夷山汉闽越城考古的主要收获》，《福建文博》1999年1期，36—42页。

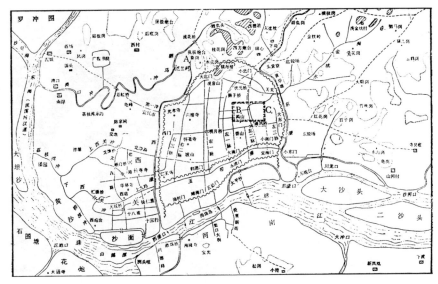

番禺古城

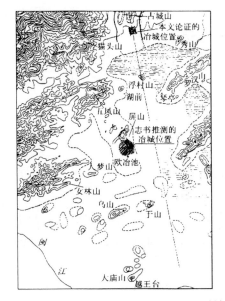
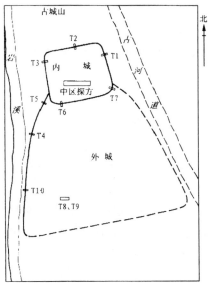

新店古城

崇安古城

大溪古城

(3) 东瓯古城,位于浙江温岭市大溪镇,2002年发掘。2008年5月6—8日参加"东瓯古城学术研讨会",我参观过这个遗址。[1]

六、中山古船

船,有海船,有河船。海船、河船都是船。古代更通用的说法是"舟"。

海军,西人叫navy,来源是拉丁语的"船",特别指"船队"。海上的武装船队,可以叫navy,内河的武装船队,也可以叫navy。现代汉语的

---

[1] 中国考古学会编《中国考古学年鉴》2007,北京:文物出版社,2008年,219—220页。

中山国古船遗迹

京师仓遗址

"海军"是借用日语。其实,我国古书上的"舟师"才更接近navy。它也不分外海和内河。

中国的古船,两种都有。1978年河北平山中山王墓1号墓的船葬坑出土过五艘中山古船,这些船就属于河船。[1]

中山是滹沱河上的国家。河北,现在的地理景观和古代不一样。古代河网密布,水很多。中山国灵寿古城南面的滹沱河,原来是条大河。

河船,历年发现比较多,但早期发现相当少。中山古船是现已发现年代最早的木板船(用木板拼接成船体的船)。

河船,可以载人,可以运货,尤以漕运最突出。漕运,粮食和食盐最重要。

古代,仓储是和漕运配套。如:

(1)1979年发掘的京师仓,遗址出土带"京师仓当"和"华仓"铭文的瓦当,位于陕西华阴市西泉店村,东临潼关古渡。[2]

---

[1] 河北省文物研究所编《䉖墓——战国中山国国王之墓》,北京:文物出版社,1996年,327—332页。
[2] 陕西省考古研究所《西汉京师仓》,北京:文物出版社,1990年。

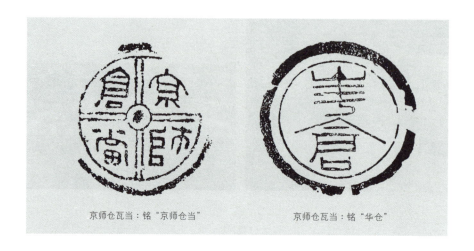

京师仓瓦当：铭"京师仓当"　　　　京师仓瓦当：铭"华仓"

函谷仓遗址

函谷仓瓦当：铭"关"

(2)1998—1999年发掘的函谷仓，位于河南新安县仓头乡盐东村，北靠黄河，西南是函谷关。遗址出土带"关"字铭文的瓦当，"关"即函谷关。遗址所在有二村，一名"盐仓东"，一名"盐仓西"。"盐东村"就是

陈仓仓遗址

盐仓东。仓中所储,可能主要是食盐。[1]

(3)2004年发掘的陈仓仓,位于陕西凤翔县长青乡孙家南头村,"汧渭之会"的东侧。[2] "汧渭之会"有陈仓城。陈仓可能就是以仓得名。看来,这也是个古老的漕运码头。

这些发现,都跟漕运有关。秦地,古有"河为东门,汧为西门"说(皇甫谧说),渭河自西往东流,注入黄河,是秦地横贯东西的漕运线。上述三仓就是位于这条漕运线上。

中国的大运河也用于漕运,只不过是南北线。

---

[1] 洛阳市第二工作队《黄河小浪底盐东村函谷关仓库建筑遗址发掘简报》,《文物》2000 年 10 期,12—25 页。

[2] 国家文物局编《2004 中国重要考古发现》,北京:文物出版社,2005 年,114—117 页。

有漕运,就一定有船。

宋以来,和航海有关,有妈祖崇拜。中国沿海,有船就有天后宫。海边如此,内河也如此,哪怕远到东北,远到甘肃,远到云南,很多搞航运的地方都有。比如,辽宁桓仁县的天后宫,我去过。这种天后宫,松花江、乌苏里江和黑龙江,到处都有。

上文,主要是谈海,江河上的船也值得调查。

七、波斯风格的银豆

中国的金银器,真正属于容器,是春秋战国之际才突然出现,比欧洲和西亚晚。它们和外来文化是什么关系,值得探讨。

金器,有两个较早的例子,大家都熟悉:绍兴306号墓出土的春秋末年的金钏、曾侯乙墓出土的战国初年的金盏和金杯。[1] 三件金器都是南方的东西。

银制容器,主要是战国晚期的东西,出土发现较多,主要是盘、匜,特别是匜。一般比较小。

值得注意的是,出土银器,有一种裂瓣纹(lobed decoration,或称"凸瓣纹",或称"水波纹")银豆(或称银盒),是地地道道的外来风格,颇受中国上流社会欢迎,这类器物,现在有七个例子,五个是银的,两个是仿银器制造的铜器:

(1)铜豆一,范铸,镀锡,仿银器制造,1956—1957年云南晋宁石寨

---

[1] 金钏,见浙江省文物管理委员会等《绍兴306号战国墓发掘简报》,《文物》1984年1期,10—26页(器形见图版五,1和23页:图31)。金盏,见湖北省博物馆编《曾侯乙墓》,北京:文物出版社,1989年,上册,390页(器形见上册,391页:图二四二,下册,彩版一七,图版一四七,1、2)。金杯,见《曾侯乙墓》,390页(器形见上册,392页:图二四三,2;下册,彩版一八,1;图版一四七,3、4)。

西汉齐王墓随葬坑出土裂瓣纹银豆

山滇国墓（11号墓）出土，三鸟纽。[1]

（2）铜豆二，工艺相似，也是仿银器制造，1956—1957年云南晋宁石寨山滇国墓（12号墓）出土，三豹纽。[2]

（3）银豆一，1979年山东淄博市临淄区大武乡窝托村西汉齐王墓的随葬器物坑出土，三兽纽，有汉代铭文。同出银器，还有盘3，也有汉代铭文。[3]

（4）银豆二，1983年广州象岗南越王墓出土（D2），三纽阙如，但已做好焊接点，有汉代铭文，提到"名曰百卌一"，似乎原来数量很大。[4]

（5）银豆三，2004年山东青州市东高镇西辛村战国墓出土，三兽纽。[5]

（6）银豆四，2004年山东青州市东高镇西辛村战国墓出土，三兽纽。同出银器，还有盘2、匜1、残器1，盘和残器有战国铭文。[6]

（7）银豆五，1966、1998年巢湖汉墓北头山1号墓出土（BM1∶22），三

---

[1] 云南省博物馆编《云南晋宁石寨山古墓群发掘报告》，北京：文物出版社，1959年，69页（器形见69页：插图二一，1）。2009年11月25日，云南省博物馆王永胜先生来信，向我介绍过这两件铜器的铸造工艺。

[2] 云南省博物馆编《云南晋宁石寨山古墓群发掘报告》，北京：文物出版社，1959年，69页；中国国家博物馆等编《云南文明之光——滇王国文物精品集》，北京：中国社会科学出版社，2003年，195页。

[3] 山东省淄博市博物馆《西汉齐王墓随葬器物坑》，《考古学报》1985年2期，223—266页（器形见258页：图二九，5；图版十四，3）；齐国历史博物馆编《临淄文物集粹》，济南：齐鲁书社，2002年，58页。

[4] 广州市文物管理委员会等《西汉南越王墓》，北京：文物出版社，1991年，卷上，209—210页；器形见208页：图一三八；彩版23，1；图版一二二，1。

[5] 国家文物局编《2004中国重要考古发现》，北京：文物出版社，2005年，75—79页。

[6] 国家文物局编《2004中国重要考古发现》，北京：文物出版社，2005年，75—79页。

纽阙如，有汉代铭文。同出银器，还有盘1、匜2、洗1（正确名称应叫盂），除洗，也有汉代铭文。[1]

这七件器物，五件出于汉墓（三件有汉代铭文），很容易被当成汉代的器物。

舶来品经常是奢侈物，往往会被进口方按本地口味模仿和改造。这在文化传播史上是司空见惯的例子，不足为奇。

它们，大小相近。[2] 一般只有11—12厘米高，很小，多与汉式的银盘、银匜同出，在功用上，可能属于古人所谓的"弄器"。这些样品，广州所出最典型，"出土时盒内尚存一些圆粒状（直径3毫米）的药丸"，看来是作药盒用。[3] 盒是锤揲而成，作裂瓣纹，与中国的工艺不同，但盖纽和圈足皆铜制，是由中国工匠后配，用锡焊上去。整个器物，已按中国器形概念中的盖豆加以改造，属于"中西合璧"的器物。而且有趣的是，各地所出，都经过类似改造。

南越王墓的报告整理者认为，银豆是波斯系统的东西。[4] 孙机先生也说，这类器物，属于古伊朗地区的银"筐罍"（phialae），波斯有，安息也有，从中国墓葬的年代考虑，更可能是与西汉相当的安息帝国的东西。[5] 国内学者对此多所讨论，多数认为器物是从海路或陆路从西亚或中亚传入。[6]

[1] 安徽省文物考古研究所编《巢湖汉墓》，北京：文物出版社，2007年，105—107页，106页：图七六，1，彩版四八，3、4。
[2] 如：例（2）高12.5、口径14厘米，例（4）高12.1、口径13厘米，例（7）高11.4、口径11.2厘米。
[3] 《南海神庙古遗址古码头》，156—157页。
[4] 有学者说，埃及法老图坦卡蒙墓和伊朗哈马丹（Hamadan）出土的银器早就有这类造型。后者有阿塔薛西斯一世的铭文，相当我国的战国早期。见《南海神庙古遗址古码头》，159—160页。案：前说有误。
[5] 参看：孙机《凸瓣纹银器与水波纹银器》，收入氏著《中国圣火》，沈阳：辽宁教育出版社，1996年，139—155页。
[6] 赵德云对有关讨论有综述。参看氏著《凸瓣纹银、铜盒三题》，《文物》2007年7期，81—88页。

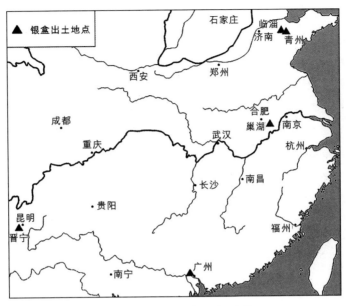

裂瓣纹银豆和仿银铜豆出土地点分布图

现在,由于临淄西辛战国墓的发现,我们又有新的认识。这座大墓,是战国末年的齐国墓,银豆与银盘同出,盘上的铭文,我在青州市博物馆目验,毫无疑问,是战国文字。可见这两件银豆的实际年代要早于汉代。

上述银豆,或许有早有晚,有些还可能是仿制,稳妥起见,似以称为"被改造的波斯风格的银豆"更合适。其出土地包括晋宁、广州、巢湖、临淄、青州。值得注意的是,这五个地点都是靠海或离海比较近的地方。

我怀疑,这类器物可能与海路传播有关。

2009 年 7 月 27 日写于北京蓝旗营寓所,9 月 7 日改定补记：

最近，在南京博物院看大云山汉墓（西汉江都王墓）出土文物展，展出文物中又出现一件裂瓣纹银豆和一件裂瓣纹银盘。

回顾以往出土的八件裂瓣纹银豆和铜豆，我的印象是：

（1）这类器物多出土于沿海或与海岸邻近的地区。

（2）这类器物是当时的奢侈品，多出土于规格较高的墓葬。它们除巢湖汉墓是地方高官的墓，其他多是西汉时期的诸侯王墓。

（3）这类器物，只有滇王墓所出是铜豆。这两件铜豆，器壁外表皆镀锡，锡皮脱落的地方露出的底色是铜绿。镀锡工艺是云南的传统。滇王是少数民族的王，降格以求之，只能以铜代银，但镀锡是为了仿银。其标准器物仍是银器。

（4）这类器物，最豪华者要属西辛大墓、南越王墓和大云山汉墓所出。它们的盖器都有鎏金的麦穗纹器口（即所谓"金釦"）。其次是齐王墓所出，制作精良，但器口无纹饰，也不鎏金。相反，巢湖所出比较粗糙，器口花纹被简化，也不鎏金。地位不同，就是不一样。

（5）这类器物有基本相同的设计，区别只是在于，有些器物未配器纽（南越王墓、大云山汉墓、巢湖汉墓所出）或未配器足（大云山汉墓所出），有些器物没有鎏金器口（滇王墓、齐王墓和巢湖汉墓所出）。

现在，国内学者多认为这类器物是从伊朗地区进口，但尼克鲁（Lukas Nickel）的看法正好相反。[1] 他认为这类器物都是中国制造，理由是：

第一，伊朗的裂瓣纹银器只有盘、碗，没有豆或盒，上述银豆是中国器物。

第二，南越王墓所出，器壁太厚（3毫米），器口呈90°，没有锤揲痕，显然是铸造。

---

[1] Lukas Nickel, "The Nanyue Silver Box," *Arts of Asia*, 42(3), pp. 98-107.

第三，南越王墓所出，器腹有泡状气孔，但器盖光滑，可见不是腐蚀造成，而是范铸不精所致。

看来，这批器物还应该做进一步检测。

目前，我对这个问题的看法是：

（1）尼克鲁提出的问题，最关键的问题是，伊朗地区是否有类似的器物，这个问题还要做进一步调查。

（2）中国早期的纹饰传统，其中没有裂瓣纹。这批银豆的盒体，和战国秦汉时期的器物风格完全不同。单从艺术风格看，绝非中国风格。

（3）这批银豆，器壁上有孔眼，目前只见于南越王墓所出。我们不能单凭某一件器物的外表印象就下结论，说它们全部都是铸造而成或锤揲而成，我问过南越王宫署遗址博物馆的全洪先生。他说，此器有明显的锤揲痕迹，孔眼是腐蚀所致。器物腐蚀严重，照片上看不见破损的另一面。

（4）这批银豆是从外国进口还是在本地制造，是由外国工匠按中国口味订做，还是由中国工匠参考外国设计仿制，要做进一步考察。战国时期，中国已有一定数量的银盘（一般比较大）、银匜（一般比较小），它们是铸造还是锤揲，值得做比较。

总之，器物还要做进一步检验。[1]

论文提交法国远东学院、中国国家博物馆考古部中国水下考古队、中国社会科学院考古研究所联合举办的"船与人"国际学术讨论会（北京，2009年11月9—11日；宁波，11月12—13日）。

---

[1] 李零《记西辛战国墓裂瓣纹银豆——兼谈我国出土的类似器物》，《文物》2014年9期，58—69页。案：此文对有关发现有全面综述，但插图编排有误，请参看《文物》2014年12期92页的更正。